»Rebecca Solnit ist die Stimme des Widerstands.« *New York Time Magazine*

Rebecca Solnit, Jahrgang 1961, ist eine der bedeutendsten Essayistinnen und Aktivistinnen der USA. Sie ist Herausgeberin des Magazins *Harper's* und schreibt regelmäßig Kolumnen für den *Guardian*. Für ihre Werke erhielt sie zahlreiche Preise und Auszeichnungen. Bei Hoffmann und Campe erschienen unter anderem ihre Bände *Wenn Männer mir die Welt erklären* (2015) und *Unziemliches Verhalten. Wie ich Feministin wurde* (2020). Rebecca Solnit lebt in San Francisco.

Bettina Münch arbeitete als Kinder- und Jugendbuchlektorin. Heute lebt sie als freiberufliche Übersetzerin und Autorin in Bad Vilbel. Zu den von ihr übersetzten Autoren gehören V. S. Naipaul, Joseph Boyden und Amy Liptrot.

Kirsten Riesselmann ist Kulturjournalistin und Übersetzerin, u. a. von Leslie Jamison, Katie Roiphe, Kristin Dombek und John Jeremiah Sullivan. Sie lebt in Berlin.

Rebecca Solnit

Die Dinge beim Namen nennen

Aus dem amerikanischen Englisch
von Bettina Münch und Kirsten Riesselmann

Hoffmann und Campe

Die Originalausgabe erschien 2018 unter dem Titel
Call Them by Their True Names. American Crises (and Essays)
im Verlag Haymarket Books, Chicago.

1. Auflage 2021

www.hoffmann-und-campe.de
Einbandgestaltung: Sarah M. Hensmann
© Hoffmann und Campe
Satz: Pinkuin Satz und Datentechnik, Berlin
Gesetzt aus der Albertina MT
Druck und Bindung: GGP Media GmbH, Pößneck
Printed in Germany
ISBN 978-3-455-01075-6

HOFFMANN UND CAMPE

Ein Unternehmen der
GANSKE VERLAGSGRUPPE

Inhalt

Vorwort

Politik und amerikanische Sprache

Der Klassifikation des Aarne-Thompson-Uther-Index zufolge geht es in einem bestimmten Typus von Volksmärchen immer darum, dass »ein geheimnisvoller oder bedrohlicher Helfer in dem Moment besiegt wird, in dem der Held oder die Heldin seinen Namen herausfindet«. In alter Zeit wussten die Menschen, dass Namen Macht besitzen. Manche wissen das noch immer. Indem wir Dinge bei ihrem wahren Namen nennen, durchbrechen wir die Lügen, mit denen Untätigkeit, Gleichgültigkeit oder Weltfremdheit entschuldigt, abgeschwächt, vertuscht, verdeckt oder umgangen werden oder die sie befördern. Dies ist zwar nicht das alleinige Mittel zur Veränderung der Welt, aber doch ein wesentlicher Schritt.

Wenn es um düstere Themen geht, betrachte ich den Akt des Benennens als eine Art Diagnose. Auch wenn nicht alle diagnostizierten Krankheiten heilbar sind, ist man, sobald man weiß, womit man es zu tun hat, deutlich besser gerüstet, sich entsprechende Gegenmaßnahmen zu überlegen. Recherche, Unterstützung und effektive Behandlung können auf diesen ersten Schritt ebenso folgen wie die Möglichkeit, die Krankheit und ihre Bedeutung neu zu definieren. Sobald man eine Störung benennt, kann man mit der Gruppe der Menschen in Verbindung treten, die davon betroffen ist, oder eine aufbauen. Und manchmal kann das, was diagnostiziert wurde, auch geheilt werden.

Das Benennen ist der erste Schritt des Befreiungsprozesses. Als Rumpelstilzchen seinen wahren Namen ausgesprochen hört, bekommt es einen selbstzerstörerischen Wutanfall, der die Heldin von seiner Erpressung erlöst. Obwohl man allgemein annimmt, Märchen handelten von Verzauberung, ist das Ziel doch häufig die Entzauberung: Flüche werden gebrochen, die Täuschung oder Verwandlung einer Person aufgehoben, die dadurch stumm oder unkenntlich wurde oder ihr menschliches Äußeres verlor. Die Benennung dessen, was Politiker und andere mächtige Führungspersönlichkeiten in aller Heimlichkeit getan haben, führt häufig zu Rücktritten und Veränderungen des Machtgefüges.

Etwas offen zu benennen, bedeutet, das aufzudecken, was brutal oder korrupt sein mag – oder auch wichtig und möglich. Wer die Welt verändern will, muss auch die Begriffe und die Art, wie eine Geschichte erzählt wird, verändern, muss neue Namen, Formulierungen und Redewendungen finden und populär machen. Zu einem Befreiungsprozess gehört auch, neue Bezeichnungen zu prägen oder eher vage Begriffe zu konkretisieren. Inzwischen sprechen wir von Normalisierung, Extraktivismus, unbenutzbaren Kohlenstoffreserven, »Racial Profiling«, »Gaslighting«, der privaten Gefängnisindustrie und »The New Jim Crow«[1], positiver Diskriminierung, Cisgender, Konzerncontrolling, von der mit Gegenfragen operierenden Ablenkungstechnik »Whataboutism«, Manosphäre und vielen anderen Schlagwörtern.

Das Ganze funktioniert in beide Richtungen. Man denke nur daran, wie die Trump-Regierung den Begriff der Familienzusammenführung, der sich nach etwas durchaus Positivem anhört, in die dubios und ansteckend klingende »Kettenmigration« verwandelt hat. Erinnern Sie sich, wie die zweite Bush-Regierung den Begriff Folter in »erweiterte Verhörmethoden« umdefinierte und wie viele Presseorgane diesen Begriff übernahmen. Oder denken Sie an die hohle Phrase der

---

1 Anm. d. Übers.: Der Begriff »Jim Crow« bezeichnet das historische System allumfassender Diskriminierung Schwarzer Amerikaner nach dem Ende der Sklaverei in den USA. Die unter diesem Begriff subsumierten Gesetze regelten bis in die sechziger Jahre hinein die Rassentrennung. Heute bezieht sich der Begriff auf ein neues System von unter dem Deckmantel der Kriminalitätsbekämpfung etablierten rassistischen Ausgrenzungsmechanismen. (Quelle: Bundeszentrale für Politische Bildung)

Clinton-Regierung vom »Brückenschlag ins einundzwanzigste Jahrhundert«, mit der die schöne neue Welt der technischen Errungenschaften gefeiert werden sollte, die jedoch verschleierte, dass sie uns auch das wirtschaftliche Gefälle und die Räuberbarone des neunzehnten Jahrhunderts zurückbringen würde. Ronald Reagan erfand die Figur der »Wohlfahrtskönigin« (analog den deutschen »Sozialschmarotzern«), eine mythische Gestalt, deren unverdiente Gier die Beschneidung der Zuwendungen für Arme rechtfertigen sollte und dabei die Realität der weitverbreiteten Armut ausblendete.

Es gibt so viele Möglichkeiten, eine Lüge zu erzählen. Man kann lügen, indem man sämtliche Auswirkungen großflächig ignoriert, entscheidende Informationen weglässt oder Ursache und Wirkung entkoppelt; man kann Informationen verfälschen, indem man sie verzerrt oder in ein Missverhältnis setzt, Gewalt beschönigt oder absolut legale Handlungen verunglimpft, sodass Weiße Jugendliche »abhängen«, Schwarze dagegen »herumlungern« oder irgendwo »lauern«. Sprache kann ausradieren und verdrehen, in die falsche Richtung weisen, sie kann falsche Köder auslegen und vom Eigentlichen ablenken. Sie kann Leichen vergraben oder sie hervorholen.

Man kann sich einreden, die Daten über den Klimawandel könnten so oder so interpretiert werden und die Spindoktoren der Unternehmen seien ebenso ernst zu nehmen wie die überwältigende Mehrzahl der Wissenschaftler auf diesem Gebiet. Man kann es vermeiden, eins und eins zusammenzuzählen, wie es in diesem Land lange Zeit beim Thema Gewalt gegen Frauen geschah, sodass das obszöne Ausmaß der häuslichen Gewalt und sexuellen Übergriffe gegen Frauen zu zahllosen unerheblichen, nicht öffentlich gemachten Einzelfällen wird, die nichts miteinander zu tun haben. Man kann dem Opfer die Schuld geben oder die Geschichte so umdeuten, dass Frauen permanent unehrlich oder wahnhaft sind, statt zuzugeben, dass sie permanent angegriffen werden. Ersteres bestätigt den Status quo, während Letzteres ihn demontiert – was uns daran erinnert, dass es manchmal konstruktiv sein kann, etwas niederzureißen. Es gibt eine Vielzahl von Worten, die Frauen verunglimpfen – *zänkisch, schrill, nuttig, hysterisch* sind nur einige Beispiele – und nur selten auf Männer angewendet werden; andere Begriffe, wie etwa *»rassig«* oder *»exotisch«*, sind eindeutig rassistisch aufgeladen.

Man kann Konflikte erfinden, wo es keine gibt: Eine Politik, die »Klasse gegen Identität« ausspielt, ignoriert, dass wir alle in beide Kategorien gehören und ein Großteil derjenigen, die man der Arbeiterklasse zuordnen mag, auch Frauen und / oder People of Color sind. Der Slogan der Occupy-Wall-Street-Bewegung »We are the 99 percent« bestand auf der Vision einer Gesellschaft, die nicht in verschiedene Klassen aufgeteilt werden muss, in der jedoch das »eine Prozent« – eine Phrase, die sich erhalten hat und inzwischen in den allgemeinen Sprachgebrauch eingegangen ist – gegen den Rest von uns ankämpft.

Präzision, Genauigkeit und Klarheit der Sprache sind von Bedeutung, nicht nur als Gesten des Respekts gegenüber unseren Gesprächspartnern, sondern auch gegenüber dem Thema – gleichgültig, ob es um eine Person oder die Erde selbst geht – und gegenüber der historischen Wahrheit. Darüber hinaus sind sie Ausdruck der Selbstachtung; in vielen alten Kulturen gibt es Redewendungen, in denen es darum geht, ob ein Mensch zu seinem Wort steht, ob er Wort hält oder sein Wort bricht. »Unser Wort ist unsere Waffe« war der Titel einer Sammlung von Schriften des zapatistischen Anführers Subcomandante Marcos. Jemand, dessen Worte unzuverlässig, gelogen, leeres Geschwätz oder heiße Luft sind, ist ein Niemand – ein Windbeutel, ein Schwindler, dem man selbst dann nicht mehr glaubt, wenn er die Wahrheit sagt.

Jedenfalls war es früher so, und genau deshalb ist eine der jetzigen Krisen eine linguistische. Worte verkommen zu einem Brei schwammiger Aussagen. Das Silicon Valley greift zu Phrasen, um sich selbst schönzureden und gleichzeitig seine Agenden voranzutreiben: *Sharing Economy, disruptive Innovationen, Konnektivität, Offenheit* – und Begriffe wie *Überwachungs-*

kapitalismus feuern zurück. Der jetzige Präsident der Vereinigten Staaten beleidigt die Sprache selbst mit seinem gelallten, hingeklatschten, halbgaren Wortsalat und seinem Beharren darauf, dass er sich nach Belieben aussuchen kann, was er als Wahrheit und Fakt ansieht, selbst wenn es am Tag davor noch etwas ganz anderes war: Was auch immer er sonst noch damit bedient, er leistet in jedem Fall der Bedeutungslosigkeit Vorschub.

Die Suche nach Bedeutung drückt sich nicht nur darin aus, wie wir unser Leben leben, sondern auch darin, wie wir unser Leben und was uns sonst noch umgibt beschreiben. Es ist, wie ich in einem der folgenden Essays sage: »Sobald wir eine Sache beim Namen nennen, können wir anfangen, uns ernsthaft über unsere Prioritäten und Werte zu unterhalten. Denn der Aufstand gegen Brutalität beginnt mit einem Aufstand gegen die Sprache, die diese Brutalität verdeckt.«

Ermutigung bedeutet im wahrsten Sinne des Wortes Mut zu machen; *Desintegration* bedeutet den Verlust von Integrität oder Integration. Der sorgfältige und genaue Umgang mit Sprache ist eine Möglichkeit, sich dem Bedeutungsverlust entgegenzustellen, die Gemeinschaft, die man liebt, zu ermutigen und generell Gespräche zu fördern, die Hoffnungen und Visionen säen. In den folgenden Essays habe ich versucht, die Dinge bei ihrem wahren Namen zu nennen.

Achselschmiere

2014

Man kann eine Frau aus der Kirche vertreiben, aber *ihr* die Kirche austreiben kann man nicht. Das dachte ich jedenfalls, wenn meine vom Glauben abgefallene katholische Mutter durch Eiscreme und Brokkoli ausgelöste Dramen der Versuchung, Sünde und Buße durchlebte oder bei dem Gedanken, etwas falsch gemacht zu haben, vor Angst erstarrte. Sie hatte zwar die Riten und Zelebrationen hinter sich gelassen, aber nicht die Vorstellung, dass Fehler grundsätzlich unverzeihlich sind. Viele von uns glauben an Perfektion, obwohl sie alles ruiniert, denn das Perfekte ist nicht nur der Feind von allem, was gut ist, sondern auch dessen, was realistisch und möglich ist und uns Vergnügen bereitet.

Der strafende Gott meiner Mutter war der Feind von Kojote, dem lüsternen und ewig vom Pech verfolgten Schelm, der mitsamt seinen Vettern in den Mythen der amerikanischen Ureinwohner als unberechenbarer Schöpfer der Welt gilt. Sie verhalfen mir zu einer Vorstellung von dieser Welt als etwas, das ganz und gar nicht perfekt, sondern durch Ränke und Zänkereien entstanden ist. Als der Konzeptkünstler Lewis DeSoto, dessen Vater zum Stamm der Cahuilla gehörte, mich vor einem Vierteljahrhundert bat, über seine Arbeit zu schreiben, gab er mir dafür die Kopie einer Version der Entstehungsgeschichte der Cahuilla, die jemand nach mündlicher Überlieferung aufgezeichnet hatte. Die Cahuilla waren einer der zahllosen kleineren Stämme, die einst das riesige Gebiet des heutigen Kaliforniens bevölkerten. Sie lebten im Westen der Mojave-Wüste, und in der Geschichte, die Lewis mir schickte, beginnt die Welt mit Dunkelheit und »wunderschönen, entrückten Klängen – Klängen, wie sie von fernen Sängern kommen mochten«. Dann heißt es – der biblischen Schöpfungsgeschichte nicht unähnlich: »Und die Erde war leer und ohne Form; und Dunkelheit lag über dem Antlitz der Tiefe«, bis sich die mütterliche Dunkelheit zu gebären bemüht, was ihr zwei Mal misslingt, ehe sie Zwillingsbrüder gebiert, die in ständigem Streit darüber aufwachsen, wer als Erster auf die Welt kam.

Während sie die Welt und alles, was in ihr ist, gestalten, streiten sich die beiden darüber, ob es auch Krankheit und Tod geben soll. Der siegreiche Bruder fürchtet eine Überbevölkerung. Der Verlierer verlässt beleidigt die Erde und vergisst in seiner Eile einige seiner Schöpfungen, darunter auch Kojoten, Palmen und Fliegen. Der verbliebene Bruder wird zu einem Problemfall; er stellt seiner Tochter, dem Mond, nach; versieht Klapperschlangen mit giftigen Reißzähnen und stattet Menschen mit Waffen aus, die sie später aufeinander richten, sodass seine Schöpfungen darüber nachdenken, wie sie ihn beseitigen können. Niemand ist uneingeschränkt gut, und das fängt bei den Göttern an.

Der Stamm der Ohlone aus der Bay Area von San Francisco, wo ich wohne, sieht im Kojoten das Urwesen, das zusammen mit Adler und Kolibri die Erde schuf. Letzterer macht sich über Kojotes Versuche lustig, herauszufinden, wie genau er seine Frau schwängern kann. (Er ist nicht immer so naiv. In den Geschichten der Winnebago von den Großen Seen schickt Kojote seinen abnehmbaren Penis auf lange heimliche Penetrationsausflüge, wie eine Drohne aus der Traumzeit.) Der kalifornische Dichter Gary Snyder formulierte es einmal so: »Der alte Doktor Kojote … ist nicht geneigt, zwischen Gut und Böse zu unterscheiden.« Aber er besitzt eine ansteckende Ausgelassenheit und große kreative Kraft. In einem anderen kalifornischen Entstehungsmythos streiten sich die Götter über die Fortpflanzung: Einer postuliert, ein Mann und eine Frau sollten nachts einen Stock zwischen sich legen, der sich beim Aufwachen am nächsten Tag in ein Baby verwandelt hat. Ein anderer findet, zum Kindermachen sollten auch jede Menge nächtliches Geschmuse und Lachen gehören.

Diese raffinierten Geschichten, ohne Scheu vor Improvisation, Versagen und Sex, erinnern mich an Jazz.

Im Gegensatz zu ihnen ist der Schöpfer des Alten Testaments ein tyrannischer Komponist, dessen Partitur nur auf eine einzige Weise richtig gespielt werden kann. Wir wurden vom Engel mit dem Flammenschwert aus dem Garten Eden vertrieben, weil wir mit Schlangen geredet und uns für die falsche Obstsorte entschieden haben. Alles, was danach kam, war körperliche Qual und ein Fluch. Buße war gefordert, weil Perfektion das Maß aller Dinge war. An das nichts heranreicht.

Fast alle, die von der biblischen Schöpfungsgeschichte geprägt wurden, und das ist mehr als die Hälfte der Weltbevölkerung, glauben an irgendeine Version des Sündenfalls. Selbst viele weltliche Geschichten beruhen häufig auf dieser Struktur. Bei den Konservativen kommt das Paradies vor dem Fall – üblicherweise mit starken Vätern und sittsamen Ehefrauen und ohne irgendwelche nicht-heterosexuellen Menschen –, aber auch Liberale haben ihre Geschichten über Zeiten, in denen es noch keine Korruption gab, dafür aber matriarchale Gemeinschaften, Paläo-Diäten und handgefertigtes Allerlei, vom Käse bis zum Klappstuhl. Doch wenn man sich vom Konzept der Sünde verabschiedet, erübrigt sich auch der Fall. Und man kann anfangen, sich an Dingen zu erfreuen, die einfach nur ziemlich gut sind.

Dem nordkalifornischen Stamm der Pomo zufolge entstand die Welt aus der Achselschmiere des Schöpfers, die dieser zu einer Kugel rollte. Und nach den Maidu, die hauptsächlich in den Bergen der Sierra Nevada leben, entstand sie aus dem Dreck unter den Krallen einer Schildkröte, den diese am Grund der Ursuppe zusammengekratzt hatte.

Diese alten Mythen sind nicht die Geschichten, mit denen ich aufgewachsen bin, doch sie laden dazu ein, genau diese noch einmal zu überdenken. Wenn das Perfekte der Feind des Guten ist, dann ist das Unvollkommene vielleicht sein Freund.

1

Wahlkatastrophen

Die Einsamkeit des Donald Trump

2017

Es war einmal ein Kind, das reich geboren wurde und dem es an nichts mangelte, doch der Knabe war besessen von einer abgrundtiefen, grenzenlosen alles an sich reißenden Raffgier. Er wollte mehr und bekam mehr, wollte noch mehr und bekam noch mehr. Er war ein gezacktes oranges Scherenpaar, das pausenlos über den Meeresgrund trippelt, hinlangt und stiehlt, eine Aaskrabbe, ein Hummer und kochender Hummertopf zugleich, eine Termite, ein tyrannischer Herrscher über seine eigene kleine Welt. Am Anfang profitierte er von dem Reichtum, der ihm vermacht worden war, dann bewegte er sich unter Gaunern und Gangstern, die ihm nichts übel nahmen, solange er ihnen von Nutzen war; es könnte auch sein, dass Nachsicht herrscht in Kreisen, in denen Menschen untereinander loyal sind, bis sie betrügen oder selbst betrogen werden und sich nicht mehr an Gesetze und die Bibel halten. Sieben Jahrzehnte lang stillte er also seine Gier und nutzte seine Lizenz zu lügen und zu betrügen, zu stehlen und ehrliche Menschen um ihren Lohn zu prellen. Er setzte Dinge in den Sand, kümmerte sich nicht darum, griff nach der nächsten goldenen Kugel und ließ Trümmerhaufen hinter sich zurück.

Er galt als großer Macher, doch vor allem war er ein Zerstörer. Er legte sich Gebäude, Frauen und Firmen zu, behandelte alle auf die gleiche Weise, lobte sie in den Himmel und stieß sie wieder ab, geriet in Pleiten und Scheidungen, sprang von Prozess zu Prozess wie einst die Flößer über ihre Baumstämme, wenn sie den Fluss hinunter zum Sägewerk trieben. Doch solange er sich in der Unterwelt der Geschäftemacher bewegte, waren die Regeln flexibel, ihre Durchsetzung noch flexibler, und er ging nicht baden. Doch er war unersättlich, er wollte mehr, also pokerte er darum, der mächtigste Mann der Welt zu werden, und gewann, ohne Gespür für das, was er sich gewünscht hatte.

Wenn ich an ihn denke, fällt mir Puschkins Nacherzählung des alten Märchens vom Fischer und seiner Frau ein. Ein goldener Fisch, der sich im Netz eines alten Fischers verfangen hatte, versprach dem alten Mann, seine Wünsche zu erfüllen, wenn er den Fisch dafür ins Meer zurückwarf. Der Fischer bat um nichts, erzählte jedoch seiner Frau später von der Begegnung mit dem Zauberwesen. Die Frau schickte den Ehemann zurück, damit er um einen neuen Waschtrog für sie bitte. Dann ein zweites Mal, damit der Fisch ihre Erdhütte durch ein richtiges Haus ersetze, und ihre Wünsche wurden Mal um Mal erfüllt. Doch die Frau war eitel und gierig und schickte ihren Mann wiederum aus, den Fisch zu bitten, sie in eine Edelfrau mit einem Herrenhaus und Dienerschaft zu verwandeln, die sie anschließend schlug. Dann schickte sie ihren Mann wieder aus. Hin- und hergerissen zwischen seiner Scham und der Unersättlichkeit seiner Frau bat der alte Mann den Fisch um Gnade. Seine Frau wurde Zarin und ließ den Ehemann von ihren Edelleuten und Bojaren aus dem Palast werfen. Man könnte im Ehemann auch das Gewissen sehen – das Bewusstsein für andere und sich selbst im Verhältnis zu anderen –, während die Ehefrau für die Gier steht.

Am Ende verlangte sie, zur Herrscherin über das Meer und den goldenen Fisch zu werden. Und der alte Mann kehrte an den Strand zurück, um dem Fisch von den jüngsten Wünschen zu erzählen – und ihm sein Leid zu klagen. Diesmal antwortete der Fisch nicht mehr, er schlug lediglich mit der Schwanzflosse, und als sich der alte Mann umdrehte, sah er seine Frau mit ihrem zerbrochenen Waschtrog vor der alten Erdhütte sitzen.

Es ist gefährlich, die Dinge zu übertreiben, sagt uns diese russische Geschichte; genug ist genug. Und zu viel ist Nichts.

Der Knabe, der zum mächtigsten Mann der Welt wurde, oder zumindest die Immobilie bewohnte, die schon von einer ganzen Reihe mächtiger Männer bewohnt worden war, hatte zuvor ein Familienunternehmen geleitet. Dann spielte er die Hauptrolle in einer Unreality-Show, die auf der Fiktion beruhte, er sei keine Witzfigur, sondern ein würdiger Vertreter des Großkapitals, und jede dieser Stationen war ein Spiegelkabinett, dazu da, seinem Selbstgefühl zu schmeicheln, dem einzigen Konstrukt, an dem er immer weiter baute und von dem er nie abließ.

Ich bin schon oft Männern begegnet (und selten, wenn auch mehr als einmal einer Frau), die so mächtig geworden waren, dass es niemanden mehr gab, der ihnen sagte, wenn sie sich grausam, falsch, töricht, absurd oder abstoßend verhielten. Am Ende gibt es in der Welt dieser Menschen nur noch sie allein, denn wer nicht bereit ist zu erfahren, wie sich andere Menschen fühlen und was sie brauchen, der ist auch nicht bereit, die Existenz anderer Menschen anzuerkennen. So ist es um die Einsamkeit an der Spitze bestellt. Es ist, als lebten diese kleingeistigen Tyrannen in einer Welt ohne Spiegel, ohne Mitmenschen, ohne Anker – abgeschirmt von den Folgen ihres Tuns.

»Sie waren leichtfertige Menschen«, steht in F. Scott Fitzgeralds *Der große Gatsby* über das reiche Paar im Zentrum seines Romans. »Sie zerstörten Dinge und Lebewesen, und dann zogen sie sich wieder in ihr Geld oder ihre grenzenlose Leichtfertigkeit zurück oder was immer es war, das sie zusammenhielt, und ließen andere das Chaos beseitigen, das sie angerichtet hatten.«

Manche von uns sind von zerstörerischen Menschen umgeben, die uns einreden, wir wären wertlos, obwohl wir unendlich wertvoll sind, wir wären dumm, obwohl wir klug sind, wir wären Versager, selbst wenn wir Erfolg haben. Doch das Gegenteil von Menschen, die uns herabziehen, sind nicht jene, die uns auf einen Sockel stellen und uns Honig um den Bart schmieren. Es sind Gleichgestellte, die großmütig sind, ohne uns aus der Verantwortung zu entlassen, Spiegel, die uns zeigen, wer wir sind und was wir tun.

Indem wir aufeinander reagieren, uns gegen Gemeinheit und Falschheit wehren und verlangen, dass die Menschen, mit denen wir zusammen sind, uns respektvoll zuhören und antworten – so wie wir es selbst tun, wenn es uns zugestanden wird und wir geschätzt werden –, sorgen wir gegenseitig dafür, dass wir ehrlich und gut bleiben. Es gibt eine Demokratie des sozialen Diskurses, durch die wir gewahr werden, dass nicht nur wir selbst, sondern auch andere Begierden, Gefühle und Ängste verspüren. In der Occupy-Wall-Street-Bewegung engagierte sich eine alte Frau, an deren Worte ich immer wieder denken muss. Sie sagte: »Wir kämpfen für eine Gesellschaft, in der alle wichtig sind.« Genauso sähe eine Demokratie aus, die nicht nur eine wirtschaftliche und politische ist, sondern auch eine Demokratie des Geistes und des Herzens.

Seit Trumps Sieg ist Hannah Arendt in beunruhigendem Maße aktuell geworden; ihre Bücher verkaufen sich gut, vor allem *Elemente und Ursprünge der totalen Herrschaft*. In der Radiosendung *On Being* verwies Lyndsey Stonebridge im Gespräch mit der Moderatorin Krista Tippett auf die Bedeutung eines inneren Dialogs mit sich selbst bei Arendt, eines kritischen »Sich-in-Zwei-Spalten[s]«, mit dem man sich selbst erforscht – als echtes Gespräch zwischen dem Fischer und seiner Frau sozusagen. »Leute, die das vermögen, sind dann auch in der Lage, mit anderen Menschen Gespräche zu führen und mit ihnen zu einem Urteil zu gelangen«, schloss sie. »Was [Arendt] die ›Banalität des Bösen‹ nannte, war die Unfähigkeit, eine andere Stimme zu hören, die Unfähigkeit, mit sich selbst ins Gespräch zu kommen oder die Phantasie aufzubringen, mit der Welt, der moralischen Welt, in einen Dialog zu treten.«

Manche Menschen nutzen ihre Macht, um diesen Dialog zum Verstummen zu bringen, und leben in der Leere ihrer sich zunehmend verschlechternden und immer abwegiger werdenden Wahrnehmung von sich selbst und ihrer Bedeutung. Es ist, als verlöre man auf einer einsamen Insel den Verstand, allerdings mit Schleimern und Zimmerservice. Als hätte man einen gehorsamen Kompass, der den Norden immer dort anzeigt, wo man ihn gerade haben will. Ob man der Tyrann einer Familie, einer kleinen Firma, eines riesigen Unternehmens oder gar der Tyrann einer ganzen Nation ist –

Macht korrumpiert, und absolute Macht korrumpiert häufig das Bewusstsein jener, die sie innehaben. Oder sie reduziert es: Narzissten, Soziopathen und Egomanen sind Menschen, für die andere nicht existieren.

Ein Bewusstsein für uns selbst und andere gewinnen wir durch Rückschläge und Schwierigkeiten. Durch sie gewöhnen wir uns daran, dass sich die Welt nicht immer nur um uns dreht. Menschen, die damit nicht umgehen müssen, sind zerbrechlich, schwach und unfähig, Widerspruch zu ertragen, weil sie von der Notwendigkeit durchdrungen sind, stets zu bekommen, was sie wollen. Die reichen Studenten, mit denen ich im College zu tun hatte, schlugen dort über die Stränge, als wären sie auf der Suche nach Wänden, die ihnen Grenzen setzen. Sie sprangen von ihren ererbten Höhen, als wünschten sie sich Schwerkraft, die sie auf dem Boden aufschlagen ließe, doch ihre Eltern und ihre Privilegien warfen immer wieder Sicherheitsnetze und Aufprallkissen aus, sie polsterten die Wände und sammelten die Scherben auf, sodass alles, was die Studenten taten, bedeutungslos wurde, im wahrsten Sinne des Wortes folgenlos. Sie trieben dahin wie Astronauten im Weltraum.

Ebenbürtigkeit lässt uns ehrlich bleiben. Es sind Gleichrangige, die uns daran erinnern, wer wir sind und wie wir uns verhalten, die im persönlichen Bereich also das übernehmen, was eine freie Presse in einer funktionierenden Gesellschaft leistet. Ungleichheit schafft

Lügner und Täuschung. Die Machtlosen werden gezwungen zu heucheln – so kamen Sklaven, Diener und Frauen in den Ruf, verlogen zu sein –, und die Mächtigen verblöden durch die Lügen, die sie ihren Untergebenen abverlangen, und durch ihr mangelndes Bedürfnis, etwas über andere zu erfahren, die nichts darstellen, nicht von Bedeutung sind und zum Verstummen gebracht oder darauf getrimmt wurden, gefällig zu sein. Deshalb gehören Privilegiertheit und Weltfremdheit für mich zusammen; Weltfremdheit ist die privilegierte Form des Mangels. Wenn wir andere nicht hören, werden sie für uns unwirklich, und wir bleiben in der Ödnis einer Welt zurück, in der es nur noch uns gibt. Das löst mit Sicherheit ein Mangelgefühl aus, nur weiß eine Person, die sich nicht mehr vorstellen kann, dass auch andere auf eine wahre, echte Art existieren, nicht, woran es ihr mangelt. Für dieses Bedürfnis nach ebenbürtigem Kontakt fehlt uns die Sprache, zumindest sind wir nicht daran gewöhnt, darüber zu sprechen.

Ein Mann wollte der mächtigste Mann der Welt werden und durch Zufall, Einmischung und eine Reihe von Katastrophen wurde ihm sein Wunsch gewährt. Gewiss hatte er sich vorgestellt, dass mehr Macht auch mehr Schmeicheleien und ein höheres Ansehen, also einen noch größeren Spiegelsaal bedeuten würde, um seine Großartigkeit widerzuspiegeln. Doch er verwechselte Macht mit Prominenz. Dieser Mann hatte Freunde und Bekannte malträtiert, Ehefrauen und Angestellte, und er malträtierte Fakten und Wahrheiten, indem er darauf bestand, dass er bedeutender sei als die Wahrheit, dass selbst sie sich seinem Willen zu beugen habe. Das tat sie nicht, aber von ihm malträtierte Menschen taten so als ob. Vielleicht war er auch bloß ein Verkäufer, der einen Spruch nach dem anderen heraushaute, nur um ihn wieder zu vergessen, sobald er ihn ausgespuckt hatte. Ein hungriges Gespenst giert immer nach dem Nächsten, nie nach dem, was es schon bekommen hat.

Dieser Mann bildete sich ein, die Macht würde sich in ihn einbetten und ihn groß machen, so wie Midas' Berührung alles in Gold verwandelte. Doch die Macht der Präsidentschaft war, was sie schon immer war: ein System von Beziehungen, eine Macht, die von der Bereitschaft der Menschen abhängt, die Befehle des Präsidenten auszuführen; und diese Bereitschaft wiederum speist sich aus dem Respekt des Präsidenten für das Gesetz, die Wahrheit und das Volk. Ein Mann, dessen Befehle nicht befolgt werden, stellt seine Machtlosigkeit zur Schau wie dreckige Wäsche auf der Leine. Einen Tag vor dem Amtsantritt dieses Präsidenten verkündete einer seiner Lakaien, die Macht des Präsidenten sei substanziell und könne nicht infrage gestellt werden. Es gibt Tyrannen, die ihre Untertanen durch eine solche Aussage mit Furcht erfüllen können, weil sie zuvor genug Furcht verbreitet haben.

Ein wahrer Tyrann braucht keine Machtbündnisse, er erteilt Befehle, die von Gaunern, Schlägern, Stasi- und SS-Leuten oder Todesschwadronen ausgeführt werden. Ein echter Tyrann hat die Regierung sich selbst unterstellt und auf sich persönlich eingeschworen statt auf die Gesetze und Ideale des Landes. Dieser Möchtegern-Tyrann hingegen verstand nicht, dass er sich innerhalb eines Systems bewegte, in dem viele von jenen, die für die Regierung arbeiteten – vielleicht sogar die meisten, abgesehen von seinen Parteigenossen in der Legislative –, sich Recht und Moral verpflichtet fühlten und nicht ihm. Als der Trump-Mitarbeiter Stephen Miller erklärte, der Präsident könnte nicht infrage gestellt werden, lachten wir ihn aus. Wie Höflinge bestellte der Präsident die führenden Köpfe des FBI und der NSA sowie den Direktor der Nachrichtendienste und seinen eigenen Rechtsberater zu sich, um ihnen aufzutragen, Beweise zu unterdrücken und Untersuchungen einzustellen, doch er musste feststellen, dass ihre Treue nicht ihm galt. Zu seiner Verbitterung stellte sich heraus, dass wir immer noch so etwas wie eine Republik sind und er die freie Presse nicht ganz so einfach aufhalten kann; die Öffentlichkeit lässt sich nicht einschüchtern und überschüttet ihn bei jeder Gelegenheit mit bitterem Spott.

Ein wahrer Tyrann sitzt jenseits des Meeres, im Land von Puschkin. Er manipuliert Wahlen in seinem Land, eliminiert seine Feinde (besonders Journalisten) durch

Kugeln, Gift und mysteriöse Todesfälle, die wie Unfälle aussehen sollen, er verbreitet Angst und malträtiert die Wahrheit erfolgreich und strategisch. Doch auch er übernahm sich mit seiner Einflussnahme auf die amerikanische Präsidentenwahl, und das, was seinem Wunsch nach unbemerkt hätte bleiben sollen, sorgte dafür, dass die ganze Welt ihn, seine Taten und seine Vergangenheit unter die Lupe nahm und darauf mit Sorge und sogar Zorn reagierte. Möglicherweise hat Russland durch seine Einflussnahmen auf die amerikanischen und europäischen Wahlen alles verspielt, was es je an Ansehen und Vertrauen besaß.

Die Befehle der amerikanischen Witzfigur wurden missachtet, seine Geheimnisse sickerten in einem solchen Ausmaß durch, dass sein Büro den Brunnen von Versailles glich, vielleicht auch nur einem einfachen Sieb. Kurz nach seinem Amtsantritt wurde in der *Washington Post* ein bemerkenswerter Artikel veröffentlicht, der sich aus *dreißig* anonymen Quellen speiste. Seine Agenda wurde unterlaufen, selbst von einer Minderheitspartei, die eigentlich über keine sonderliche Macht verfügen sollte; die Gerichte hoben seine Dekrete immer wieder auf, und ein Skandal jagte den nächsten. In noch nie da gewesenem Ausmaß übten sich die Bürger*innen der Vereinigten Staaten in verschiedensten Arten des Widerstands, innerhalb und außerhalb des wahlpolitischen Geschehens. Der Diktator der kleinen halbseidenen Schönheitswettbewerbe, der Kasinos, Luxuswohnungen und Scheinuniversitäten, die Scheinbildung gegen echte Schulden anboten, der scheinbaren Reality-Shows, in denen er sich zum Herrn über die Scheinschicksale anderer aufspielte, ein Gebieter über Wert und Bedeutung, wurde zum Narren des Schicksals.

Er ist der meistverspottete Mensch der Welt. Nach dem Marsch der Frauen, am 21. Januar 2017, scherzten die Leute, noch nie sei ein Mann an einem einzigen Tag von mehr Frauen zurückgewiesen worden; er wurde im Fernsehen, in Zeitungen, in Karikaturen und von fremden Staatsoberhäuptern verspottet; er war die Zielscheibe von Millionen Witzen, und jeder einzelne seiner Tweets erfuhr augenblicklich eine Welle von Angriffen und Beleidigungen durch Bürger*innen, die sich diebisch darüber freuten, der aufgeblähten Macht die unverblümte Wahrheit entgegensetzen zu können.

Er ist das alte Fischerweib, das alles haben wollte, und er wird früher oder später mit leeren Händen dastehen. Die Frau, die wieder vor ihrer Erdhütte hockt, ist nach ihren Wünschen ärmer als zuvor, weil sie nun nicht nur mit ihrer Armut leben muss, sondern auch mit ihren Fehlern und ihrem zerstörerischen Stolz. Obwohl sie es anders hätte machen können, hat sie Ruhm und Macht verspielt, sie hat sich die ekelhafte Suppe selbst eingebrockt und muss sie nun auslöffeln.

Der Mann im Weißen Haus sitzt nackt und bloß im

harschen Licht, ein Eiterpickel aus Selbstgefälligkeit, ein Mann, der nach mehr griff, als sein vom Luxus eingelulltes Begriffsvermögen zu fassen vermag. Irgendwo unter der Oberfläche, über die er dahinschlittert, muss ihm klar sein, dass er das Bild von sich zerstört hat und dass auch er, genau wie Dorian Gray, seinem eigenen Verfall zum Opfer fallen wird, wenn es so weit ist. Auf die eine oder andere Art wird es ihn zerstören, auch wenn er dabei Millionen andere mit sich reißen mag. Auf die eine oder andere Art weiß er, dass er über eine Klippe getreten ist, dass er sich zum König der Lüfte erklärt hat und sich nun im freien Fall befindet. Unten wartet ein Scheißhaufen auf ihn; und die Scheiße stammt von ihm allein. Wenn er dort hineinklatscht, ist es so weit: Dann ist er wirklich ein Selfmademan.

Coda (16. Juli 2018)

Diesen Schluss schrieb ich am 16. Juli 2018, jenem Morgen, an dem Trump nach seinem privaten Treffen mit Wladimir Putin die Welt mit seiner offenkundigen Unterwürfigkeit schockierte (auch wenn er die meisten von uns damit nicht überraschte):

Es war einmal ein Mann, der einen Pakt schloss. Er würde der König der Welt werden, aber nur, wenn er zuließ, dass ein gefährlicher anderer Mann über ihn herrschen durfte, weil dieser alle seine Geheimnisse, seine gesamte Vorgeschichte kannte und ihn jederzeit vernichten konnte. Der Mann regierte, brüstete sich und prahlte, er schwamm in seiner öligen Selbstverliebtheit stromabwärts, bis es Zeit wurde, seinen Schöpfer zu treffen. Bei einem Privatgespräch fixierte ihn dieser Schöpfer mit funkelnden Augen und erinnerte ihn daran, wie die Dinge standen, wem er gehörte und wo die Leichen vergraben lagen. Ihr Grab lag offen, und die Grube selbst blickte grinsend, mit gefletschten perlmuttfarbenen Grabsteinzähnen zu ihm hoch.

Als er den Raum verließ, wusste der Mann, dass ein König, der über alles herrscht, aber nicht über sich selbst, kein König ist, sondern die Schachfigur eines anderen, und seine Leine fühlte sich in diesem Moment sehr kurz an, sein Hemdkragen sehr eng und seine Erhabenheit wie Hohn. Unglücklich, schlecht gelaunt und eingeschüchtert schlich er aus dem Raum, und seine Stimme, die sonst so gern quengelte, protzte und schrie, klang mit einem Mal geschlagen, tonlos und ängstlich. Sein Herrscher betrachtete ihn mit unheilvoller Nachsicht, er lächelte wie eine Katze beim Anblick ihrer Beute, und nicht eines der gottesfürchtigen Monster um den Mann herum kam auf die Idee, ihn im entscheidenden Moment zu fragen, was es einem Menschen hülfe, wenn er die ganze Welt gewönne, seine

Seele aber jemandem verkaufte, der sie noch zu Lebzeiten einfordern könnte?

Seine Anhänger wandten sich ab – sie huschten davon, um ihn zu verleugnen –, denn er hatte nichts Neues erreicht, außer dass nun alle Welt sehen konnte, wie tief er in die Falle der Grinsekatze neben sich getappt war, daher wagten sie nicht länger, bei ihm zu bleiben oder abzustreiten, dass es eine Falle gewesen war. Das war der Tag, der seine Ära beendete und eine neue begründete: die seines Niedergangs, der ebenso dramatisch, seltsam und unvorhersehbar verlaufen würde wie sein Aufstieg. Es war der Tag, an dem seine Anhänger Kommentare abgaben, die neue Fallen waren, Fallen, die verhindern sollten, dass sie zu ihren alten Lügen zurückkehrten, mit denen sie ihn freigesprochen hatten. Sie versuchen sich von seinen Verbrechen reinzuwaschen, doch die Flecken blieben an ihnen haften. Sie versuchten, sich von sich selbst reinzuwaschen. Doch die Diener und früheren Diener der Regierung, der er mehr oder weniger vorstand – die Mitarbeiter seiner Verwaltung, die er wieder und wieder beleidigt hatte, wenn sie die Wahrheit darüber aussprachen, was er verloren hatte, nur um dieses Amt zu erlangen –, sie erhoben sich einer nach dem anderen und verurteilten ihn als Betrüger, Lügner und Narren, als Saboteur all dessen, was er eigentlich bewahren sollte.

An jenem Tag veränderte sich etwas. Die Verschiebungen waren ebenso gewaltig und spürbar wie unberechenbar. Vielleicht würden sie berechenbarer sein, wenn die Geschichte der nächsten Jahre geschrieben wäre, doch an jenem Tag war sie fast unvorstellbar.

Meilensteine der Frauenfeindlichkeit

2016

Mehrere Frauen haben mir erzählt, dass nach der zweiten Präsidentschaftsdebatte vom 9. Oktober 2016 schreckliche Erinnerungen in ihnen wach wurden, dass sie nachts nicht schlafen konnten oder unter Albträumen litten. Die Worte, die in dieser Debatte fielen, waren so bedeutsam wie die Art ihrer Äußerung. Donald Trump unterbrach Hillary Clinton achtzehn Mal (im Vergleich zu einundfünfzig Unterbrechungen während der ersten Debatte). Auf die Frage des Moderators nach seinen in einem Video festgehaltenen Prahlereien darüber, dass er Frauen »an die Pussy« fasse, erwiderte Trump: »Das war Umkleiden-Gequatsche, das sind halt so Sachen. Ich werde dem IS die Hölle heiß machen … Außerdem sollten wir uns wichtigeren Dingen zuwenden, größeren Dingen.« Dann versprach er, »Amerika wieder sicher zu machen« – allerdings nicht vor sich selbst. In jener Woche wurden Frauen und der IS zusammengeworfen als Dinge, die Trump anzugreifen versprach.[2]

---

2 Einer der außergewöhnlichsten Tage in der jüngeren amerika-

Doch Worte waren nichts im Vergleich zu den Taten. Trump tigerte herum, er baute sich auf, machte ein finsteres Gesicht, er fletschte die Zähne und schien mit seinem Podium zu kopulieren, das er mit beiden Händen packte, während er die Hüften schwenkte und dabei kurzzeitig völlig entrückt wirkte. Die von ihm ausgehende Bedrohung wirkte so dramatisch, so Hitchcock-artig, dass der Hollywood-Komponist Danny Elfman einen Soundtrack für einen Videomitschnitt verfasste, der die unheimlichsten Momente untermalt. »Zu beobachten, wie sich Trump während der Debatte unmittelbar hinter Hillary aufbaute, hatte etwas von einem Zombiefilm«, sagte Elfman. »Als wollte er jeden Moment auf sie losgehen, ihr den Kopf abreißen und ihr Gehirn fressen.« Freunde erzählten mir, dass sie ebenfalls geglaubt hätten, er könnte sie angreifen, und auch ich hielt es für möglich, als ich ihn so herumtigern

---

nischen Geschichte war der 7. Oktober 2016, als die Obama-Regierung offiziell bekannt gab, dass sich das Regime von Wladimir Putin in die amerikanischen Wahlen einmische. Diese Neuigkeit hätte einschlagen müssen wie eine Bombe, wurde aber unverzüglich von der Veröffentlichung des Videomitschnitts aus der Sendung *Access Hollywood* an den Rand gedrängt, dessen widerwärtige Schlüpfrigkeit die Aufmerksamkeit der Medien auf sich zog. Der Videoclip wiederum verschwand schnell wieder aus dem Fokus, als Wikileaks die gehackten E-Mails der Demokraten veröffentlichte, was sorgfältiger arbeitende Medien vielleicht mit der Warnung der Obama-Regierung in Verbindung gebracht hätten.

und schäumen sah. Er war in ihre Wohlfühlzone eingedrungen, wie man so schön sagt, und ihre Fähigkeit, ruhig und konzentriert zu bleiben, war heldenhaft. Wie viele Männer in diesem Wahlkampf schien auch Trump darüber empört zu sein, dass sie die Stellung hielt. Im Wahlkampf wie in ihrer Wohlfühlzone.

Während der neunzigminütigen Debatte schlingerte Trump über die Bühne, manipulierte, diskreditierte und fiel Clinton beständig ins Wort, um sie der Lüge zu bezichtigen oder einfach nur, um ihre Worte oder Stimme zu übertönen. Er versuchte sie bloßzustellen (es war jene Debatte, in der er sich bemüht hatte, auf den für seine Familie reservierten Plätzen drei Frauen unterzubringen, die Bill Clinton der sexuellen Belästigung beziehungsweise Nötigung beschuldigt hatten) und drohte, sie ins Gefängnis werfen zu lassen. Kurz zuvor hatte er seine Anhänger bei einer Wahlkampfveranstaltung dazu angestachelt, sie zu erschießen. »Hillary will den Zweiten Zusatzartikel über das Recht auf Waffenbesitz abschaffen, ganz und gar abschaffen«, hatte er bei einer seiner aufpeitschenden Kundgebungen gedröhnt, um seiner offenkundigen Lüge ganz beiläufig noch eine Drohung hinterherzuschicken: »Übrigens, Leute, wenn sie sich ihre Richter selbst aussuchen darf, gibt es nichts, was ihr dagegen tun könnt. Wobei – die Unterstützer des Zweiten Verfassungszusatzes vielleicht doch, keine Ahnung.« Auf dem Parteitag der Republikaner führte der frühere Gouverneur von New Jersey, Chris Christie, den Singsang an: »Sperrt sie ein!« Im Frühling teilte Trump den Tweet eines Unterstützers, der fragte: »Wenn Hillary Clinton ihren Ehemann nicht befriedigen kann, wie kommt sie auf die Idee, Amerika befriedigen zu können?« Vielleicht ist der Präsident auf mysteriöse Art und Weise mit der Nation verheiratet; falls ja, war Amerika im Begriff, eine misshandelte Ehefrau zu werden, bedrängt, bedroht, manipuliert, hintergangen und ausgeraubt von einem Gauner.

Trump ist das hemdsärmelige Patriarchat, mit Schmerbauch, Schlabberanzug und schmierigen Haaren, er schürzt die Lippen und verzieht das Gesicht zu albernen Grimassen, wenn er spottet, wütet oder sich selbst lobt. Als Stellvertreter wählte er das zuknöpfte Patriarchat, den schlanken, kurzgeschorenen, ewig strammen Mike Pence, der sogar über Regierungserfahrung verfügt. In seinen vier Jahren als Gouverneur von Indiana unterzeichnete er acht Gesetzesanträge gegen Abtreibung und setzte der Organisation Planned Parenthood ebenso verbissen zu wie Trump glücklosen Schönheitsköniginnen. Die republikanische Plattform war wie üblich erpicht darauf, reproduktive oder praktisch sämtliche Rechte zu beschneiden, wenn sie Menschen zustanden, die nicht hetero, männlich oder Weiß waren.

Die Frauenfeindlichkeit war überall. Sie kam von

rechts und von links, mit Clinton im Mittelpunkt der Angriffe, doch sie griff auf Frauen des gesamten politischen Spektrums über. Schon früh richtete sich Trumps Zorn gegen Megyn Kelly, eine Moderatorin des Fernsehsenders Fox, die ihn wegen seiner verächtlichen Kommentare über das Aussehen verschiedener Frauen zur Rede gestellt hatte. Daraufhin machte er in einem Interview auf CNN die bizarre Bemerkung, man habe sehen können, »wie aus ihren Augen Blut floss. Überall aus ihr floss Blut.« Zudem verunglimpfte er die Frauen seiner Konkurrenten sowie das Aussehen von Carly Fiorina, seiner republikanischen Konkurrentin während der Vorwahlen. In einem wahren nächtlichen Tweetgewitter griff Trump Alicia Machado an, eine frühere Schönheitskönigin, nachdem er von Hillary Clinton während der zweiten Fernsehdebatte für seinen Umgang mit Machado gerügt worden war; und er attackierte jene Frauen, die ihm nach der Veröffentlichung des »Pussy-Grabscher«-Videos sexuelle Belästigung vorwarfen.

Trumps Stellvertreter und Hauptunterstützer bildeten eine Art frauenfeindliche Armee – oder wie Star Jones, eine ehemalige Moderatorin der Unterhaltungssendung *The View*, es formulierte: »Newt Gingrich, Giuliani und Chris Christie sind eine Art Hattrick der Frauenfeindlichkeit.« Zu dieser Armee gehörte auch Steve Bannon, der als Kopf des rechten Onlineportals

Breitbart News Milo Yiannopoulos anheuerte und so dazu beitrug, dass sich die Frauenfeindlichkeit der Männerrechtsbewegung mit Weißem Vorherrschaftsanspruch und Antisemitismus zu einer neuen Kabale ultrarechten Zorns vereinte. Roger Ailes – im Juli 2016 von Fox News entlassen, nachdem er von mehr als zwei Dutzend Frauen beschuldigt worden war, seine weiblichen Angestellten über Jahrzehnte sexuell belästigt, auf groteske Art erniedrigt und ausgebeutet zu haben – wurde Trumps Debattencoach, mit dem er sich jedoch bald zerstritt. Einigen Berichten zufolge war Ailes frustriert über Trumps Unfähigkeit, sich zu konzentrieren. Die Nachrichtensprecherin Andrea Tantaros erklärte, unter Ailes sei Fox »eine Playboy-Villa gewesen – wie ein Kult, durchdrungen von Einschüchterung, Schamlosigkeit und Frauenfeindlichkeit«. Es erscheint entlarvend, dass der Aufstieg der Ultrarechten und der Niedergang der wahrheitsgemäßen Berichterstattung in gravierendem Maße von einem Fernsehsender vorangetrieben wurden, der selbst nur ein trauriges Ein-Mann-Bordell darstellte. Doch dass alte rechtsgerichtete Männer frauenfeindlich sind, ist in etwa so überraschend wie die Tatsache, dass Alligatoren beißen.

Hillary Clinton wurde permanent für Eigenschaften gescholten, die bei Männern kaum Erwähnung finden, etwa für ihren Ehrgeiz – einen Wesenszug, von dem man getrost annehmen kann, dass sie ihn mit allen

Menschen teilt, die sich je um ein öffentliches Amt beworben haben. Möglicherweise, so eine Schlagzeile der Zeitschrift *Psychology Today*, sei Hillary »pathologisch ehrgeizig«. Sie wurde auch dafür kritisiert, eine Stimme zu haben. Während Bernie Sanders schimpfte und Trump schrie und kicherte, beklagte sich der Fox-Kommentator Brit Hume über Clintons »scharfen, belehrenden Ton«, der »nicht sehr attraktiv« sei; Lawrence O'Donnell von MSNBC belehrte Clinton vor aller Augen darüber, wie man ein Mikrofon richtig benutze; Bob Woodward lästerte, sie würde »schreien«, und Bob Cusack, der Redakteur der politischen Zeitung *The Hill*, erklärte: »Sobald Hillary Clinton die Stimme erhebt, verliert sie.« Man konnte den Eindruck gewinnen, eine Frau sollte ihren Wahlkampf am besten mit sinnlichem Geflüster führen, doch natürlich würde sie dann keine Macht ausstrahlen. Strahlt sie hingegen Macht aus, versagt sie als Frau, da Macht in diesem Bezugsrahmen ein männliches Vorrecht ist, was nichts anderes bedeutet, als dass Frauen in diesem Spiel gar nicht vorgesehen sind.

Es ist, wie die Journalistin und Autorin Sady Doyle sagt: »Sie darf weder traurig noch wütend sein, aber sie darf auch nicht fröhlich sein oder amüsiert – und all diese Gefühle unterdrücken darf sie auch nicht. Es gibt buchstäblich keine Lösung. Alles, was sie tut, ist falsch.« Man muss sich nur vorstellen, eine weibliche Präsidentschaftskandidatin hätte getan, was Trump getan hat, angefangen bei den Lügen bis hin zu den Anzüglichkeiten, und schon versteht man, welchen Freiraum Männlichkeit genießt. »Kein Schritt nach vorn, den Frauen je unternahmen, wurde so bitter bekämpft wie das öffentliche Sprechen«, erklärte Susan B. Anthony im Jahr 1900. »Für nichts, was sie anstrebten, selbst dann nicht, als es um die Sicherung des Frauenwahlrechts ging, wurden sie derartig geschmäht, verurteilt und angefeindet.« Oder, wie die britische Historikerin Mary Beard es vor einigen Jahren formulierte: »Wir haben uns von einem gewissen kulturellen männlichen Verlangen nach weiblichem Schweigen nie freimachen können.«

Trump ritt beständig auf der Tatsache herum, dass Clinton dreißig Jahre lang an der Macht gewesen sei, und schien sie damit persönlich mit Feminismus, Liberalismus oder einer anderen im Entstehen begriffenen Kraft gleichsetzen zu wollen, die er zu besiegen gedachte. Nach seiner Darstellung war ihre Macht riesig und alles übersteigend, sie ragte ebenso bedrohlich über der Nation auf wie er während der zweiten Fernsehdebatte über ihr. Figuren auf beiden Seiten des politischen Spektrums schrieben Hillary Clinton für die Politik ihres Mannes mehr Verantwortung zu als ihm selbst, sie trug mehr Verantwortung für den Krieg im Irak als die kaum erwähnte Bush-Regierung, sie verantwortete die Politik Obamas, als wäre er ihrer Agenda gefolgt und nicht sie seiner. Alle diese Narrative stellten sie als Dämonin mit unbeschränkter Macht oder als böse Frau dar, denn sie hatte schon einmal Macht besessen und strebte nun wieder danach. Es schien, als wäre jede Macht, die eine Frau besitzt, zu viel und als fänden eine Menge Männer Frauen sehr beängstigend.

Hillary Clintons bloße Existenz scheint viele Menschen wütend zu machen, und das mindestens seit 1992. Es ist nicht einfach, über Frauenfeindlichkeit und Clinton zu sprechen, denn sie ist eine komplexe Figur, die im Laufe der Jahrzehnte viele Rollen innehatte. Es gibt gewiss Gründe, Dinge, die sie getan oder gesagt hat, zu missbilligen oder abzulehnen, aber das erklärt keineswegs die aufgeheizte Emotionalität, die sie umgibt. Als Republikanerin aufgewachsen und bei manchen Linken verhasst, weil sie als »Goldwater Girl« den Wahlkampf des erzkonservativen Präsidentschaftskandidaten Barry Goldwater aus Arizona unterstützte, obwohl sie damals noch zur Highschool ging und nicht einmal wahlberechtigt war, wandelte sie sich bald zu einer Radikalen und unterstützte 1968 und 1972 die am weitesten nach links tendierenden demokratischen Kandidaten. Für die Wahl 1972 registrierte sie in Texas hispanische Wähler*innen; sie schrieb eine Arbeit über den Bürgerrechtler Saul Alinsky, der ihr anschließend einen Job anbot; sie setzte sich für die Rechte von Frauen und Kindern ein und driftete schließlich in den achtziger Jahren nach rechts; möglicherweise um sich dem politischen Klima von Arkansas anzupassen, dem Heimatstaat ihres Mannes, oder an die Reagan-Ära.

Man könnte aus ihrer Laufbahn ebenso viele feministische Highlights wie neoliberale wirtschaftspolitische Tiefpunkte herauspicken, doch für all jene, die sich mehr für die Zukunft der Vereinigten Staaten und der Welt interessieren, war vermutlich ihr Programm von 2016 das bedeutsamste, auch wenn niemand etwas darüber zu wissen schien. Obwohl die wichtigen Fernsehsender in Hunderten von Sendestunden über den Wahlkampf berichteten, widmeten sie dem politischen Programm der Kandidat*innen nur ganze zweiunddreißig Minuten. Schon viele Politiker haben sich mit ihrer Politik und ihren politischen Ansichten unbeliebt gemacht, doch waren Clintons Ansichten oft nicht weit von Bernie Sanders' entfernt, und sie entsprachen oder bewegten sich sogar links von den Ansichten aller anderen hochrangigen männlichen Demokraten der letzten Jahre, darunter denen ihres eigenen Ehemanns, Barack Obamas, Joe Bidens, John Kerrys und Howard Deans. Doch was bei diesen akzeptiert oder schlicht abgelehnt wurde, war bei ihr ein Skandal. Die Ablehnung, die die Männer hervorriefen, war nichts gegen die hysterische Wut, die Hillary Clinton entgegenschlug, während sie auf wundersame Weise immer weitermachte.

Trumps Slogan »Make America great again« schien

die Rückkehr in eine Phantasiewelt der Weißen Vorherrschaft zu beschwören, in der Kohle noch als toller Brennstoff galt, Fabrikjobs noch das waren, was sie 1956 gewesen waren, Frauen an den Herd gehörten und die Bedürfnisse Weißer Männer an erster Stelle standen. Nach der Wahl stimmten viele Linke in diesen Chor mit ein und versicherten, Clinton habe nur deshalb verloren, weil sie der sogenannten Weißen Arbeiterklasse zu wenig Aufmerksamkeit geschenkt habe – ein Begriff, der angesichts der Tatsache, dass ihr niemand je vorwarf, Frauen zu ignorieren, nur ein Codewort für »Weiße Männer« sein konnte. Diese haben am Sieg Trumps mehr Anteil als jede andere Gruppe (63 Prozent von ihnen stimmten für Trump; 31 Prozent für Clinton).

Man könnte auch argumentieren, Clinton habe verloren, weil die im Laufe vieler Jahre ausgeklügelten Strategien der Republikaner dafür sorgten, dass Millionen People of Color von der Wahl ausgeschlossen blieben, indem man die Zahl der Wahllokale reduzierte, den Zeitraum der Stimmabgabe verkürzte, zukünftige Wähler*innen schikanierte und bedrohte und die Registrierung von People of Color durch die Einführung von Programmen zur Wähleridentifikation wie etwa dem Crosscheck-Programm massiv erschwerte. Oder es lag an der schmierigen Einmischung durch den FBI-Direktor James Comey zehn Tage vor der Wahl oder der jahrelangen negativen Berichterstattung durch die Medien; oder an der Einflussnahme ausländischer Mächte, die darauf abzielte, Clintons Chancen zu sabotieren; oder es lag an Frauenfeindlichkeit. Doch stattdessen hören wir nur zwei Geschichten darüber, warum sie die Wahl verlor (und praktisch nichts darüber, warum sie trotz allem bei der Gesamtzahl der abgegebenen Wählerstimmen – der sogenannten Popular Vote – um fast drei Millionen Stimmen vorn lag und damit mehr Stimmen errang, als irgendein Weißer Mann jemals in einer US-Wahl erhielt).

Die Wir-müssen-die-Weiße-Arbeiterschicht-mehr-beachten-Analyse fand, Clinton habe verloren, weil sie Weißen Männern nicht genügend Beachtung schenkte. Für die 37 Prozent der Amerikaner, die nicht Weiß sind, oder die 51 Prozent Frauen schienen sich die Vertreter dieser These nicht zu interessieren. Mir haben Fernsehen, Filme und Zeitungen, der Sport, Bücher, meine Ausbildung, mein Privatleben und mein Wissen darüber, wer wie viel besitzt und auf sämtlichen Ebenen meines Landes welche Ämter innehat, immer den Eindruck vermittelt, dass Weiße Männer auch so bereits jede Menge Beachtung erfahren.

Die andere Geschichte drehte sich um Weiße Frauen, die zu 43 Prozent für Clinton und zu 53 Prozent für Trump stimmten. Wir wurden dafür angegriffen, Trump gewählt zu haben, mit der Begründung, alle Frauen – aber auch nur Frauen – hätten Feministinnen zu sein. Dass es in den Vereinigten Staaten viele Frauen gibt, die keine Feministinnen sind, wundert mich nicht. Um Feministin zu sein, braucht es den Glauben an die eigene Gleichwertigkeit und die eigenen Rechte. Für Frauen, die in einer Familie, einer Gemeinde, einer Glaubensgemeinschaft oder in einer Gegend leben, in der die Leute anderer Ansicht sind, kann dieser Glaube für das eigene Leben unangenehm oder sogar gefährlich werden. Für viele Frauen ist es sicherer, diese Überzeugung nicht zu vertreten, schließlich wird in unserem Land etwa alle elf Sekunden eine Frau geschlagen und Partner wie Ex-Partner sind nach wie vor die Hauptverursacher der Verletzungen von Frauen zwischen fünfzehn und Ende vierzig. Zudem ist der Glaube an die eigene Gleichwertigkeit und die eigenen Rechte nicht überall zugänglich, weil der Feminismus in unserem Land unentwegt dämonisiert und verzerrt wird. Wie es scheint, ist es auch schlimmer, als Frau für einen Rassisten zu stimmen, denn anders als die dafür kritisierten Weißen Frauen wurden die Weißen Männer nicht in die Pflicht genommen (quer durch alle ethnischen Kategorien stimmten mehr Männer als Frauen für Trump; insgesamt gesehen unterstützten 54 Prozent aller Frauen Clinton; 53 Prozent aller Männer wählten Trump).

Frauen wurden also für ihre fehlende Geschlechterloyalität verdammt. Das Witzige daran, eine Frau zu sein, ist jedoch, dass man uns auch dann verdammt, wenn wir Geschlechterloyalität beweisen. Man hat Frauen schon vorgeworfen, mit ihren Geschlechtsorganen abzustimmen, wenn sie einer weiblichen Kandidatin den Vorzug gaben, während Männer im Verlauf der gesamten amerikanischen Geschichte fast ausnahmslos männliche Kandidaten bevorzugten, ohne dass ihnen je unterstellt worden wäre, mit ihrem Penis abzustimmen. Penisse wurden lediglich einmal in einer republikanischen Debatte während der Vorwahlen zum Thema, als Marco Rubio andeutete, Trump hätte einen kleinen, und dieser sich brüstete, das sei keineswegs so. »Ich wähle nicht mit meiner Vagina«, erklärte Susan Sarandon, nur um bei der Präsidentschaftswahl ihre Stimme der Vertreterin der Grünen Jill Stein zu geben, die man für eine ebenso »vaginale« Kandidatin hätte halten können wie Clinton, es aber offensichtlich nicht war.

»Eine der vielen Lektionen des jüngsten Präsidentschaftswahlkampfs und seines abscheulichen Ergebnisses ist«, schrieb der Wirtschafts- und Politikwissenschaftler Mark Lilla in der *New York Times*, »dass das Zeitalter des Identitätsliberalismus ein Ende finden muss.« Er verurteilte Clinton dafür, bei jeder Veranstaltung explizit Schwarze, Latinx, LGBT und Wählerinnen angesprochen zu haben. »Das«, sagte er, »war ein strategischer Fehler. Wenn man in Amerika Gruppen ansprechen will, sollte man besser alle ansprechen.«

Und wer steht nicht auf dieser Liste, auch wenn diese Gruppe die Mehrheit aller Amerikaner abdeckt? Vor allem heterosexuelle Weiße Männer, denn es ist schwer vorstellbar, Lilla könnte sich darüber empören, dass Clinton amerikanische Ureinwohner außer Acht ließ.

»Identitätsliberalismus« hat sich zu einem Schimpfwort für das Thematisieren von Rasse, Geschlecht oder sexuelle Orientierung entwickelt, was mehr oder weniger der Art und Weise entspricht, wie wir in den Vereinigten Staaten in den letzten 160 Jahren über Emanzipations- und Freiheitsstreben gesprochen haben. Demnach waren Frederick Douglass, Harriet Tubman, Elizabeth Cady Stanton, Susan B. Anthony, Ida B. Wells, Rosa Parks, Bella Abzug, Ella Baker, Bayard Rustin, Malcolm X, Winona LaDuke, Vine DeLoria, Del Martin und Marvey Milk nur unbedeutende Vertreter*innen jener Identitätspolitik, die wir endlich überwinden sollen. Kurz nach der Wahl erklärte Bernie Sanders, der auf den Schluss-mit-der-Identitätspolitik-Zug aufgesprungen war: »Es ist nicht gut genug zu sagen: ›He, ich bin Latina, wählt mich.‹ Das ist nicht gut genug. Ich muss wissen, ob diese Latina sich für die Arbeiterklasse in diesem Land einsetzen wird … Es ist nicht gut genug zu sagen: ›Ich bin eine Frau, wählt mich.‹ Nein, das ist nicht gut genug.« Tatsächlich hat Clinton das nie gesagt, während man durchaus argumentieren könnte, Trump habe unentwegt und auf aggressive Weise verkündet:

»Ich bin ein Weißer Mann, wählt mich.« Und selbst Sanders vermittelte implizit die gleiche Botschaft oder profitierte zumindest von ihr, ohne sie ausdrücklich in Worte fassen zu müssen. Der *Vox*-Journalist David Roberts kam bei einer Untersuchung der Worthäufungen in Clintons Wahlkampfreden zu dem Schluss, dass sie vor allem über Arbeiter*innen, Arbeitsplätze, Bildung und die Wirtschaft gesprochen hatte, ebenjene Dinge, die man ihr vorwarf vernachlässigt zu haben. Über Arbeitsplätze sprach sie fast sechshundert Mal, über Rassismus, Frauenrechte und Abtreibung ein paar Dutzend Mal. Dennoch stellte man es dar, als hätte sie unentwegt über ihr Geschlecht gesprochen, dabei waren es alle außer ihr, die einfach nicht aufhören konnten, sich darüber die Mäuler zu zerreißen.[3]

Wie der im Winter 2015 von Sanders' Versprechen geweckte utopische Idealismus sich derartig schnell in einen manichäischen Hass auf Hillary Clinton als eine Art Anti-Bernie verwandeln konnte, war ein Aspekt des

3 Ein Jahr später erklärte die Journalistin, Politikerin und Musikerin Danica Roem, die als erste offen transgender lebende Kandidatin ins Abgeordnetenhaus von Virginia gewählt wurde: »Ich habe ununterbrochen über Arbeitsplätze geredet. Über Straßen, Schulen, Gesundheitsversorgung. Und über Gleichheit. Das weiß ich, weil Lee Carter und ich uns im Wahlkampf immer wieder begegnet sind. Trotzdem seid ihr uns permanent dafür angegangen, dass wir ›Kindergartenkindern Transgender und Sozialismus beibringen‹ wollten.«

Unerklärlichen an dieser so unerklärlich verheerenden Wahl; doch der von Wut und Abscheu erfüllte Hass war so überzeugend, dass viele Leute erst aus den demokratischen Vorwahlen zu erwachen schienen, als Trump bereits die Präsidentschaft gewonnen hatte. Sie hatten bis zum Schluss geglaubt, Clinton befinde sich immer noch im Wettstreit mit Sanders. Womöglich hielten sie Clinton auch für einen Menschen, der einfach nicht wegzudenken war, wie die eigene Mutter, sodass man sie von ganzem Herzen hassen und trotzdem davon ausgehen konnte, sie würde gewinnen.

Viele um mich herum verehrten Sanders mit einer, wie es schien, bedingungslosen religiösen Hingabe und hassten Clinton dafür umso leidenschaftlicher. Auf der rechten Seite entlud sich der Hass auf Trump-Kundgebungen immer wieder in echter Gewalt, doch auch die Linke verspritzte ihren Teil an Gift.

Ringsum beobachtete ich eine Mob-Mentalität, ein irrationales Gruppendenken, das sich selbst speiste, sich selbst bestätigte und Zweifel, Opposition oder Komplexität bestrafte. Es erinnerte mich an die Zwei-Minuten-Hass-Sendung in George Orwells Roman *1984*:

> Das Schreckliche an der Zwei-Minuten-Hass-Sendung war nicht, dass man gezwungen wurde mitzumachen, sondern im Gegenteil, dass es unmöglich war, sich ihrer Wirkung zu entziehen. Eine

> schreckliche Ekstase der Angst und der Rachsucht, das Verlangen zu töten, zu foltern, Gesichter mit einem Vorschlaghammer zu zertrümmern, schien die ganze Versammlung wie ein elektrischer Strom zu durchfluten, sodass man gegen seinen Willen in einen Grimassen schneidenden, schreienden Verrückten verwandelt wurde. Und doch war der Zorn, den man empfand, eine abstrakte, ziellose Regung, die wie der Schein einer Blendlaterne von einem Gegenstand auf den anderen gerichtet werden konnte.

Dieses Gefühl war auf Clinton gerichtet und bereit, jeden mitzuerfassen, der sie unterstützte, begleitet von Verratsvorwürfen und anderen Arten von Beleidigungen. Viele Unterstützer*innen verstummten oder gingen dazu über, sie heimlich zu unterstützen, was nicht die Art von Unterstützung ist, die eine Kandidatin braucht. Eine Freundin aus San Francisco schrieb mir:

> Sämtliche Frauen, die ich kenne, und fast alle Journalist*innen oder Kommentator*innen, die für sie stimmen wollten, ergänzten jede einzelne positive Aussage über sie – egal, ob es um Facebook-Posts oder ausführliche Zeitungsartikel ging – mit einer Bemerkung wie: »Natürlich ist sie keine perfekte Kandidatin, aber …« oder »Natürlich habe ich

ernsthafte Probleme mit verschiedenen Aspekten ihrer Bilanz, aber …« Es wurde der Textbaustein, den man voranstellen musste, um den schlimmsten Hasstrollen zuvorzukommen (von denen irgendwann dennoch einer aufploppte, um einem vorzuwerfen, man versuche doch nur, anderen die Wahl der eigenen Heldin schmackhaft zu machen, aber wenigstens zögerte der Textbaustein es ein wenig hinaus).

Die Erwähnung, dass Clinton die meisten Wählerstimmen erhalten, also die Popular Vote gewonnen hatte, verstimmte viele Männer, mit denen ich zu tun habe, auch wenn sie es selbst nicht erkennen wollten oder konnten. Damals schrieb ich: »Mit ihrem festen Glauben an ihr spezielles Monopol auf Objektivität versichern mir etwas zu viele Weiße Männer, dass ihre subjektiven Einschätzungen nichts Frauenfeindliches an sich hätten, ja nicht einmal etwas Subjektives, dass sie auch nicht von einem Gefühl angetrieben würden und es daher keinen Grund für andere Meinungen gebe, weil ihre gar keine Meinung sei.« Dann fuhren diese Männer fort, sich darüber auszulassen, was für eine Verliererin Clinton doch sei, ein Standpunkt, der sie ebenso erotisch zu stimulieren schien, wie Clintons möglicher Sieg bei ihnen offenbar eine erotische und tief emotionale Verachtung hervorrief.

Es gab beachtliche Hinweise darauf, dass wir keine freie und faire Wahl erlebt hatten, Beweise, die es uns vielleicht ermöglicht hätten, sie anzufechten und Trump aufzuhalten. Doch diese Männer der Linken waren so auf Clintons Verliererstatus fixiert, dass sie Trumps Sieg wollten, denn er bestätigte etwas, was tiefer ging als ihre Bindung an fast alles andere. Sie beharrten auf einer Tautologie – Clinton habe verloren, weil sie eine Verliererin sei –, alle anderen Faktoren taten sie ab.

Trump war als Kandidat so schwach, dass sein Minderheitssieg[4] nur zustande kam, indem man Millionen

---

4 Falls er denn gewonnen hat. Später schrieb ich darüber: »In vielen Swing States, wie etwa in Florida, North Carolina, Pennsylvania und Wisconsin, gab es außerordentliche Diskrepanzen zwischen den Nachwahlbefragungen und den tatsächlichen Wahlergebnissen. Auch wenn es üblich ist, Letztere für verlässlicher zu halten, gelten Wählerbefragungen in anderen Teilen der Welt als wichtige Faktoren zur Überprüfung der Ergebnisse. Hätte Clinton diese Staaten für sich gewonnen, wäre ihr ein überwältigender Wahlsieg sicher gewesen. Kurz nach der Wahl berichtete das Anwalts- und Journalisten-Gespann Bob Fitrakis und Harvey Wasserman: »In 24 von 28 Staaten wiesen abweichende Wählerbefragungen Clinton ebenfalls mehr Stimmen zu als das offizielle Ergebnis. Die Wahrscheinlichkeit, dass dies in einer nicht-getürkten Wahl passiert, bewegt sich im Bereich der statistischen Unmöglichkeit.« Ich weiß nicht, ob diese Aussage zutrifft, denn es hat keine relevanten Untersuchungen gegeben, und die von Jill Stein veranlassten Neuauszählungen in Michigan, Wisconsin und Pennsylvania wurden von einer offensichtlich in Panik geratenen Republikanischen Partei gestoppt.«

Schwarzen Wählern das Wahlrecht entzog, was das Ende des Voting Rights Act[5] bedeutet, indem eine lang geplante Kampagne des rechten Flügels Clintons Nutzung eines privaten E-Mail-Servers – mit Sicherheit der lahmste und unspektakulärste Skandal der Geschichte – zu einem epischen Verbrechen hochstilisiert wurde, und durch das späte Eingreifen des FBI-Direktors James Comey, das offensichtlich als Störmanöver geplant war. Durch Comeys ungeheuerlichen Schachzug haben wir gelernt, dass es schädlicher ist, eine Frau mit einer Assistentin zu sein, deren Noch-Ehemann ein Widerling ist, als ein aktiver Frauenjäger, dem mehr als ein Dutzend Frauen vorwerfen, sie begrabscht zu haben oder sexuell übergriffig geworden zu sein.

Hillary Clinton war alles, was zwischen uns und einem rücksichtslosen, instabilen, ignoranten, dummen, grenzenlos vulgären nationalistischen Weißen Klimawandelleugner und Frauenfeind mit autoritären Tendenzen und kleptokratischen Absichten stand. Eine Menge Leute, ganz besonders Weiße Männer, konnten sie nicht ausstehen, und das allein reicht als Grund für Trumps Sieg. Immer wieder habe ich Männer erklären hören, Hillary Clinton habe es versäumt, sie auf ihre

5 Anm. d. Übers.: Das Wahlrechtsgesetz von 1965 sollte die gleiche Beteiligung von Minderheiten, besonders Afroamerikanern, bei US-Wahlen gewährleisten.

Seite zu ziehen. Diese Männer sahen den Schaden auf Clintons Seite, nicht auf unserer, und sie gaben ihr die Schuld. Als sei gewählt zu werden ein Geschenk, das sie Clinton vorenthielten, weil sie es nicht verdient oder sie ihnen nicht gefallen hatte. Bei sich selbst, dem Wahlvolk oder dem System sahen sie keine Schuld, Trump nicht aufgehalten zu haben.

Zwanzig Millionen fehlende Stimmen

2018

Die meisten neuen Ideen beginnen am Rand oder im Schatten und wandern dann ins sichtbare Zentrum. Sie sind häufig etwas, das zunächst nur wenige dachten, das radikal, ausgefallen oder ein bisschen übertrieben wirkte, oder etwas, das einfach nur kaum jemandem auffiel oder kaum jemanden berührte. Wenn sich diese Ideen um Gerechtigkeit drehten, hielt man sie für extrem oder unrealistisch. Doch die Idee bahnte sich ihren Weg, und am Ende der Reise war sie das, was alle dachten. Oder zumindest das, von dem alle *dachten,* sie hätten es schon immer gedacht, denn es wird gern darüber hinweggesehen, dass man einer Idee früher überhaupt keine Beachtung geschenkt oder eine Ansicht über sie vertreten hat, die heute diskriminierend oder ahnungslos wirkt. Eine neue Idee ist wie eine neue Spezies: Sie entsteht, sie dehnt ihren Lebensraum aus, verändert das Ökosystem um sich herum und passt schließlich so gut dazu, als hätte es sie schon immer gegeben, als hätten wir als Nation schon immer die Sklaverei verdammt oder die Überzeugung vertreten, dass Frauen wählen sollten und queeren Menschen die gleichen Rechte zustehen wie Heterosexuellen.

Im Herbst 2017 begannen wir uns abermals darüber Gedanken zu machen, wie Gewalt, Hass und Diskriminierung Menschen verdrängen und inwiefern die Geschichten, die wir kennen, von den Geistern jener Geschichten umspukt werden, die wir nie erfuhren. Dies war die Kernerkenntnis der Analyse über die Auswirkungen der Geschlechtergewalt eines Harvey Weinstein und anderer mächtiger Männer in Hollywood. Rebecca Traister war eine von jenen, die es früh aussprachen, als sie schrieb:

> Die Beschuldigten sind allesamt Männer, die mitbestimmen, welche Kunst gesehen und geschätzt – und, ganz entscheidend, bezahlt wird. Sie entscheiden, welche Geschichten auf die Leinwand gebracht werden … Außerdem sind sie die Männer mit der größten Entscheidungsmacht darüber, welche Botschaften über Politiker*innen in einem Land verbreitet werden, das sich dann in Wahlen für diese oder jene Politiker*innen entscheidet … Weder können wir all die Frauen zurückholen, die ihren Arbeitsplatz aufgegeben haben, die ganze Karrieren aufgegeben haben, weil der Umgang mit den Risiken und die täglichen Herabsetzungen und Angriffe sie vertrieben haben. Noch können

wir im nachhinein die Filme sehen, die sie womöglich gedreht, oder die Kunst, die sie gefördert hätten, oder die Nachrichtenbeiträge lesen, so wie sie sie verfasst hätten.

Vielen Menschen, darunter auch Traister und der bekannten Rechtsanwältin und Autorin Jill Filipovic, fiel auf, dass einigen der mächtigsten Männer der US-amerikanischen Medienwelt gravierende und wiederholte Fälle von sexueller Belästigung nachgewiesen worden waren und dass es sich dabei um ebenjene Männer handelte – etwa den Journalisten und Fernsehmoderator Charlie Rose, den Nachrichtensprecher Matt Lauer und den Journalisten und politischen Analysten Mark Halperin –, die dem feindseligen Narrativ über Hillary Clinton Gestalt gegeben hatten. Die Idee begann mit den Männern, die darüber entschieden, wer Filme drehen würde und welche Geschichten wir hören sollten; sie wanderte weiter zu jenen Männern, die festlegten, wie Politiker*innen dargestellt werden sollten, was man in den Fokus rücken würde (Clintons E-Mails) und was nicht (Trumps Mafiaverbindungen, seine Lügen, Insolvenzen, Rechtsstreitigkeiten, sexuellen Übergriffe). Sie prägte eine Wahl; und hätten andere Menschen das Sagen gehabt und die Frames gesetzt, hätte man sich auch einen anderen Ausgang vorstellen können.

Ende 2017 war Richard Brody vom *New Yorker* von

dieser Art des Framings, der medialen Einordnung unserer damaligen Situation in ein bestimmtes Deutungsraster, so gebannt, dass er es zum zentralen Punkt seiner Rezension der besten Filme des Jahres machte – nicht gerade der übliche Ort, um radikale politische Reformen zu fordern. Dass die Idee sogar dort ankam, zeigt, wie weit und wie schnell sie in jenem Herbst gewandert war. Brody erklärte:

> Jede Liste der besten Filme des Jahres hat Lücken – durch jene Filme, Aufführungen und andere Schöpfungen, die fehlen, weil sie nicht verwirklicht wurden. Sie blieben unverwirklicht, weil die Karrieren von Frauen (und ja, auch einiger Männer), die dabei waren, sich einen Weg in die Regiearbeit, das Producing oder andere wichtige Bereiche der Filmwelt zu bahnen oder, die bereits als Schauspieler*innen, Drehbuchschreiber*innen oder in anderen kreativen Positionen arbeiteten, an mächtigen Männern scheiterten, indem diese sie – ihre Macht zum eigenen Vergnügen oder Vorteil missbrauchend – bedrohten, einschüchterten, zum Schweigen brachten oder auf andere Weise aus dem Metier drängten.

Das Fehlen ist inzwischen in vielen Köpfen präsent.

Doch wer fehlt im amerikanischen Narrativ? Es sind

nicht nur die Regisseur*innen, die Schwarzen Drehbuchschreiber*innen, die nicht-ganz-so-frauenfeindlichen Leitartikler*innen des Mainstreams.

Es sind Wählerinnen und Wähler.

Wählen ist eine Form der Rede, eine Art auszudrücken, woran man glaubt und welche Art von Welt man sehen möchte. Eine Stimme zu haben, bedeutet nicht nur im wörtlichen Sinne, Dinge aussprechen zu können, es bedeutet auch, eine Rolle zu spielen, Handlungsmacht zu besitzen, Dinge sagen zu können, die Einfluss haben, ob es sich um »Ich bin Zeuge dieser Polizeigewalt geworden« oder »Nein, ich will nicht mit dir schlafen« oder »Das ist meine Vision einer Gesellschaft« handelt.

Nach meiner Einschätzung wurden bei der letzten Wahl etwa zwanzig Millionen Wahlberechtigte vom Wählen abgehalten. Gesetze, die eine Registrierung mit Lichtbildausweis vorschreiben, die Diskreditierung legitimer Wähler*innen durch die Datenbank des Crosscheck-Programms, die Säuberung von Wählerverzeichnissen, die Entscheidung des Obersten Gerichtshofes von 2013, die mitten ins Herz des Wahlrechtsgesetzes stach, die Reduzierung der Anzahl von Wahllokalen, die Verkürzung des Zeitraums zur Stimmabgabe, das Schikanieren von Menschen, die in diesen Wahllokalen erschienen, die Aberkennung des Wahlrechts ehemaliger Krimineller … Es gibt viele Methoden, und sie alle führten dazu, dass vielen Menschen ihre

Rechte verwehrt wurden, und zwar in einem Ausmaß, dass man vom neuen Jim Crow sprechen kann. (Es gibt keine eindeutigen Zahlen, wie viele Wählerstimmen fehlen. Zudem wird das Ganze dadurch verkompliziert, dass bestimmte Teile der Bevölkerung – mehr als sechs Millionen Amerikaner beispielsweise, die eine Haftstrafe verbüßen oder verbüßt haben – grundsätzlich nicht wählen dürfen, während andere mit Hindernissen und Schikanen zu kämpfen haben, was die Gesamtzahl der Wähler*innen weiterreduziert.)

Unter Politik verstehen wir die Narrative, die wir wählen und nach denen wir leben: ob wir die Gesundheit und das Wohlergehen von Kindern wertschätzen oder nicht, ob wir das Selbstbestimmungsrecht von Frauen über ihren eigenen Körper und die Gleichwertigkeit des Lebens achten oder nicht; ob wir die Dreamer, die als kleine Kinder hierherkamen, beschützen wollen oder nicht; ob wir etwas gegen den Klimawandel unternehmen oder nicht. Wählen zu gehen ist keineswegs die einzige Möglichkeit, aber ein entscheidendes Instrument, das Narrativ unseres Landes mitzugestalten. Wir entscheiden uns für eine Geschichte, in der festgelegt ist, wer und was für uns von Bedeutung ist; wir handeln nach dieser Geschichte, um die Welt entsprechend zu gestalten – und so kommt es zu Steuersenkungen für Milliardäre und zu Kindern, die aus der Krankenversicherung fliegen, oder aber es gibt Abkommen über

Klimaschutz, die Ausweisung großer Naturschutzgebiete und Zuschüsse für die Universitäten. Wir leben in dem, was in der Blütezeit der Postmoderne Meistererzählungen oder Metanarrative genannt wurde; die Frage ist also immer, wer die Geschichte erzählt, wer über das Narrativ bestimmt und was passiert, wenn sich das ändert.

Wenn Journalisten wie Ari Berman vom linksliberalen Magazin *Mother Jones* – die beste Stimme zu diesem Thema – über die Unterdrückung von Wählerstimmen schreiben, schließen manche Leute daraus, sie würden damit eigentlich sagen, Hillary Clinton hätte die letzte Präsidentschaftswahl gewinnen müssen. Hätten 2016 andere Menschen Zugang zu den Wahlurnen gehabt, wäre dies womöglich das Ergebnis gewesen, doch die Geschichte geht weit darüber hinaus, und die möglichen Ergebnisse sind wesentlich radikaler.

Die Republikanische Partei bewahrt ihren Zugang zur Macht, indem sie die Wählerstimmen von People of Color seit Jahrzehnten systematisch, strategisch und immer vehementer unterdrückt. Die Republikaner sind eine Minderheitspartei. Mit ihrer derzeitigen politischen Agenda aus Weißer Grantelei, Frauenfeindlichkeit und Gefälligkeiten für jene, die an den Schalthebeln der Macht sitzen, könnten sie niemals eine faire Wahl gewinnen, also machten sie sich daran und sorgten für unfaire Wahlen. Mit Hilfe des »Gerrymandering«

haben sie in vielen Bundesstaaten die Wahlkreise zurechtmodelliert, dass einem Hören und Sehen vergeht, und sich auf diese Weise auf bundesstaatlicher wie auf nationaler Ebene ihre Mehrheiten gesichert. 2012 beispielsweise errangen sie im Unterhaus des Kongresses die Mehrheit, obwohl sie insgesamt weniger Stimmen erhielten als die Demokraten.

Stellen Sie sich vor, diese 20 Millionen Wählerstimmen würden nicht unterdrückt, und man würde stattdessen eine einfache Stimmabgabe ermöglichen und Menschen zum Wählen ermutigen, statt das Gegenteil zu tun. Die Partei der Weißen Grantler wäre überholt oder im Vergleich zu heute nicht wiederzuerkennen. Doch auch die Demokratische Partei wäre eine andere. Stellen Sie sich vor, die Demokraten müssten sich vor mehr jungen Menschen verantworten, mehr Armen und Nichtweißen, mehr Menschen, die an eine Stärkung der Menschenrechte und der sozialen Grundversorgung glauben, an ökonomische Gerechtigkeit und mehr Engagement beim Klimaschutz. Stellen Sie sich ein Land vor, in dem Demokraten nicht um moderate bis konservative Wähler*innen buhlen müssen, weil die Wählerschaft insgesamt viel progressiver ist – was tatsächlich der Fall wäre, wenn all die Menschen, die ihr Wahlrecht verloren haben, es noch besäßen (und, ja, wenn mehr jüngere Menschen in die Wahllokale kämen). Es würde nicht nur das Ergebnis der Wahl von

2016 verändern. Es würde auch neue politische Parteien hervorbringen, mit anderen Agenden und anderen Kandidat*innen, eine andere Berichterstattung, andere Ergebnisse. Es würde das Narrativ verändern und auch, wer die Geschichte erzählen darf und wie sie erzählt wird.

Wir sind ein Land, in dem immer mehr nichtweiße Menschen leben, und nichtweißen Wählern liegt tendenziell mehr an sozialer, wirtschaftlicher und umweltpolitischer Gerechtigkeit. Ich glaube, dass wir ein Land voller großzügig denkender, progressiver Menschen sind, wie jene, die im November 2017 acht Transgender-Kandidat*innen wählten und die kurz danach in Alabama, im Rennen um den von Jeff Sessions geräumten Sitz im Senat, den gemäßigten Demokraten Doug Jones dem durchgeknallten rechten Republikaner Roy Moore vorzogen. Eine Freundin bemerkte, dass Jones ohne die Unterdrückung der Schwarzen Stimmen nicht nur mit zwei, sondern wesentlich mehr Prozentpunkten Vorsprung gewonnen hätte. Doch wer weiß, ob Moore und Jones überhaupt die einzigen Kandidaten gewesen wären und Alabama so aussähe, wie es heute aussieht, hätte man diese Stimmen nicht auf die eine oder andere Weise unterdrückt, seit der Fünfzehnte Zusatzartikel Schwarzen Männern 1870 das Wahlrecht zugestand und der Neunzehnte Artikel 1920 allen Frauen eine Stimme gab.

In der *Teen Vogue* berichtete Sarah Mucha: »Deuel Ross, ein Rechtsanwalt der einflussreichen Schwarzen Bürgerrechtsorganisation National Association for the Advancement of Colored People … schätzt, dass bei der Nachwahl für den US-Senat im Dezember 2017 118 000 registrierte Wähler in Alabama ihre Stimme nicht abgeben konnten, weil sie nicht den in Alabama vorgeschriebenen Lichtbildausweis besitzen.« Das sind etwa 10 Prozent der Wählerstimmen. Ihr Fehlen veränderte das Ergebnis des Spiels, genau wie etwa in Wisconsin, wo 2016 rechtmäßige Wählerinnen und Wähler massenhaft von den Wahlurnen ferngehalten wurden (eine Untersuchung geht davon aus, dass dort 200 000 Menschen mehr abgestimmt hätten, wären die Bedingungen 2016 noch die gleichen gewesen wie 2012). Im ganzen Land registrierten die Menschen, wie heldenhaft die Schwarzen Bürger Alabamas gegen die Hindernisse ankämpften, die ihnen die Teilnahme an der Wahl erschwerten, doch dazu hätte es gar nicht erst kommen dürfen.

Graswurzelbewegungen und Bürgerrechtsorganisationen leisten auf bundesstaatlicher Ebene gute Arbeit, doch sie müssten noch viel sichtbarer, viel leidenschaftlicher diskutiert werden und in unseren Köpfen präsenter sein. Denen, die fehlen, ihre Stimme zurückzugeben, sollte einer der großen Kämpfe unserer Zeit sein. Schon aus Prinzip sollten wir darum kämpfen, weil es darum geht, eine große Ungerechtigkeit auszuräumen, aber auch, weil diese Wähler*innen, insgesamt gesehen, Menschen mit großartigen Visionen von Gerechtigkeit, Inklusion und Gleichheit sind, und weil sie eine andere Geschichte darüber schreiben werden, was die Vereinigten Staaten von Amerika sind, sein können und sein sollten. Eine andere Geschichte darüber, wer und was uns wichtig ist.

Wenn man sein angepeiltes Ziel zu Beginn des Wegs nur um wenige Grade verschiebt, landet man schon nach kurzer Zeit an einem völlig anderen Ort, von ein paar Jahrzehnten oder anderthalb Jahrhunderten ganz zu schweigen. Die Beschneidung des Wahlrechts von Bürgerinnen und Bürgern hat uns kontinuierlich nach rechts gedrängt, sodass wir schließlich an einem Punkt gelandet sind, an dem wir niemals hätten ankommen dürfen. Auf dem Weg dorthin wurden viele Leben zerstört, Stimmen unterdrückt und Kriege geführt, das drängende Problem des Klimawandels wurde vernachlässigt und verleugnet. Wir können das Geschehene nicht rückgängig machen. Die Geschichte ist erzählt, der Weg abgeschritten. Doch wir können die Richtung korrigieren. Und wir können anfangen, indem wir davon erzählen, dass Millionen fehlende Wählerstimmen wichtig sind, und indem wir uns dafür einsetzen, diese Wählerinnen und Wähler wieder ins Spiel zu holen.

2

Amerikanische Gefühlslagen

Die Ideologie der Isolation

2016

Wenn man die merkwürdige Suppe der zeitgenössischen rechten Ideologie einköchelt, bis nur noch eine Art Brühwürfel übrig bleibt, stößt man auf die Vorstellung, dass Dinge nicht mit anderen Dingen und Menschen nicht mit anderen Menschen verbunden seien und es allen losgelöst voneinander besser gehe. Ihre Grundwerte sind individuelle Freiheit und individuelle Verantwortung: Jeder kämpft für sich selbst und für sich allein. Dieser glorreichen Losgelöstheit entspringen alle möglichen Varianten unlogischen Denkens. Zu Ende gedacht, gebietet diese Weltsicht, dass sogar Fakten losgelöste Waren sind, die der Selfmademan nach Belieben fabrizieren kann.

Dies ist die moderne Ideologie, die wir immer noch konservativ nennen, obwohl es sich in Wirklichkeit um eine Art durchgeknallten Libertarismus handelt, der einige der gemäßigteren Thesen früherer konservativer Denker auf den Kopf stellt. »So etwas wie eine Gesellschaft gibt es nicht«, sagte Margaret Thatcher in einem Interview 1987. Der Rest ihres berühmten Ausspruchs wird nicht ganz so häufig zitiert: »Es gibt [einen] lebenden Bildteppich aus Männern, Frauen, Leuten; und die Schönheit dieses Teppichs und unsere Lebensqualität werden davon abhängen, inwiefern jeder von uns bereit ist, Verantwortung für sich selbst zu übernehmen, und ob wir bereit sind, um uns herumzublicken und aus eigener Kraft jenen zu helfen, die nicht so glücklich dran sind.«

Während des gesamten Interviews mit der Zeitschrift *Woman's Own* vollführte Thatcher eine Gratwanderung zwischen dem Konservatismus alter Schule – wir sind alle in einem zarten Bildteppich miteinander verwoben, der zerreißen könnte, wenn die Regierung zu stark darauf einwirkt – und seiner neueren Version: »Zu vielen Kindern und Leuten hat man zu verstehen gegeben: ›Wenn ich ein Problem habe, ist es an der Regierung, es zu lösen.‹« An irgendeinem Punkt verschob sich das Gleichgewicht in den darauffolgenden Jahrzehnten von »staatliche Hilfe sollte soziale Bindungen nicht ersetzen« zu »zum Teufel mit den anderen und ihren Problemen«. Oder, wie es in einer alten Cowboy-Ballade über verwaiste Kälber heißt: »Das ist dein Pech / Und nicht meins.«

Der Cowboy ist die amerikanische Verkörperung dieser Ideologie der Isolation, auch wenn der Archetyp des auf sich selbst gestellten Individuums – ebenso wie die heutige Waffenbesessenheit der Rechten – weniger in der tatsächlichen amerikanischen Geschichte wurzelt als in einer imaginierten Geschichte, wie sie die vom Kalten Krieg geprägten Western darstellen. Der amerikanische Westen war indigenes Land, das die US-Regierung an Weiße Siedler verteilte, nachdem die US-Armee es für sie freigeräumt hatte. Es war überzogen mit Eisenbahnlinien, deren Bau mit Regierungsgeldern subventioniert wurde, und übersät mit Wasserbauprojekten und anderen riesigen gemischtwirtschaftlichen Unternehmungen. All das hatte mit Shane und dem Sheriff in *High Noon* oder dem Mann ohne Namen in Sergio Leones Italowestern-Trilogie nur wenig zu tun. Aber was soll's; ein Cowboy mit Sonnenuntergang im Rücken sieht einfach gut aus, egal ob es sich um Ronald Reagan oder den Marlboro-Mann handelt. Der einsame Cowboy nimmt nichts und gibt nichts; er hasst die Gesellschaft und verlässt sich nur auf sich selbst.

Er. Frauen sind nach dieser Denkweise viel zu beziehungsorientiert, mit ihren fließenden Grenzen und ihrem Hang, sich zusammenzutun und zu verbünden, statt zu kämpfen oder zu fliehen. Genau genommen ist das, was in der rechten Programmatik mitunter als Widerspruch wahrgenommen wird – der Wunsch, die weibliche Sexualität im Allgemeinen und das Fortpflanzungsverhalten im Speziellen zu kontrollieren, während alles andere dereguliert werden soll –, nur dann ein Widerspruch, wenn man Frauen als Menschen betrachtet. Betrachtet man sie als allgemeinen Bestandteil der Natur, ist ihr Körper nur ein weiterer Ort, an dem ein Mann jederzeit zutrittsberechtigt ist.

Nachdem sich Richter Clarence Thomas bei den Debatten des Obersten Gerichtshofes eine ganze Dekade lang in Schweigen gehüllt hatte, äußerte er sich Ende Februar 2016 das erste Mal öffentlich, indem er sich eindringlich mit der Frage auseinandersetzte, ob das Verbot des Waffenbesitzes für Menschen, die wegen minderschwerer Fälle von häuslicher Gewalt verurteilt wurden, nicht gegen deren verfassungsmäßige Rechte verstoße. Die Tatsache, dass die Verfassung Individuen das Recht zugesteht, Waffen zu besitzen, ist eine Folge der radikal-revisionistischen Auslegung des Zweiten Verfassungszusatzes durch Richter Antonin Scalias im Jahr 2008, die sich direkt auf den Cowboy-Ethos stützt, demzufolge Waffen unglaublich nützlich sind, um sich vor bösen Menschen zu schützen, und das Recht, Kugeln auszuschicken, das Recht anderer überwiegt, keine Kugeln abzubekommen. Die Fakten belegen, dass nur sehr wenige Menschen in diesem Land Waffen erfolgreich nutzen, um sich vor »bösen Menschen« zu schützen – es sei denn, man betrachtet die Selbstmorde, die fast zwei Drittel aller Todesfälle durch Waffengewalt ausmachen, als eine eigentümliche Art der Selbstverteidigung. Doch die Isolations-Ideolog*innen interessieren sich nicht für solche Fakten oder für die Tatsache, dass die Mehrheit der Frauen, die von ihrem Partner getötet werden, durch Waffengewalt sterben.

Aber ich war bei den Cowboys. In ihrer Monographie über Wildwestfilme und Westernliteratur *West of Everything* beschreibt die feministische Literaturwissenschaftlerin Jane Tompkins, dass Taten in Western mehr geschätzt werden als Worte und schweigsame Männlichkeit mehr als kommunikative Weiblichkeit, woraus sie schließt: »Nicht zu sprechen, demonstriert nicht nur Kontrolle über die eigenen Gefühle, sondern auch über die körperlichen Grenzen. Der Mann … bewahrt die Integrität der Grenze, die ihn von der Welt trennt. (Es passt, dass diese Kontrolle im Western dann verloren geht, wenn ein Mann den Körper eines anderen durchlöchert.)« Die Angst vor Penetration und der Traum von einer nicht zu durchbrechenden Isolation kennzeichnen sowohl die Homophobie als auch den xenophoben Drang, »die Grenze dicht zu machen«. Mit anderen Worten: Isolation ist gut, Freiheit bedeutet Loslösung, und gute Zäune, vor allem an der US-amerikanisch-mexikanischen Grenze, sorgen für gute Nachbarschaft.

Sowohl Mitt Romney als auch Donald Trump haben sich als Selfmademen angepriesen, als einsame Cowboys in der Prärie des freien Marktes, obwohl beide aus reichen Familien stammen. 2012 beschimpfte Romney in einer heimlich mitgeschnittenen Rede vor seinen Wahlkampfspendern jene Menschen, »die vom Staat abhängen, die sich für Opfer halten, die glauben, die Regierung müsse sich um sie kümmern; die glauben, sie hätten ein Anrecht auf Gesundheitsversorgung, Nahrung, Unterkunft oder was auch immer«.

Steuern stehen für gesellschaftlichen Zusammenhalt: Sie sind das, was jeder von uns zum Wohle aller gibt. Diese besondere Form des Gemeinschaftsinteresses wird spätestens seit Ronald Reagan als Unterdrückung gebrandmarkt, als dieser in seiner Antrittsrede ein Steuersystem beklagte, »das erfolgreiche Leistungen bestraft.« Der Hass auf Steuern innerhalb des rechten Flügels wurde auch dadurch verbreitet, dass man den Anschein erweckte, Steuereinnahmen würden für Faulenzer und »Sozialschmarotzer« ausgegeben, die der konservativen Vorstellung von Unabhängigkeit zuwider sind, statt für Dinge, die Konservative mögen (insbesondere ein Militär, das alle anderen in den Schatten stellt), oder für Infrastruktur, die alle brauchen (insbesondere Straßen und Brücken).

Ich begegnete dieser Verachtung von Bedürftigkeit bei einer Online-Diskussion über den Fall des Obdachlosen Luis Góngora Pat, der 2016 in San Francisco von Polizisten ermordet wurde. Nach mehr als hundert Beiträgen innerhalb dieses recht zivil verlaufenden Austauschs, das ein Zeuge der Erschießung initiiert hatte, brach es aus einem Kommentator heraus: »Mir hängen Leute wie ihr zum Hals heraus, die finden, dass Obdachlose sich einbilden dürfen, sie wären frei, obwohl sie weder für sich noch für ihre Familien sorgen können und es uns steuerzahlenden Bürgern überlassen, uns um sie zu kümmern. Wer nicht mehr für sich sorgen kann und von anderen erwartet, dass sie seine Last mittragen, der hat seine Freiheit verloren. Wacht auf.« Derselbe Kommentator erklärte etwas später: »Habt ihr jemals Schulden gehabt? In dem Moment ist es aus mit der Freiheit. Ihr steht in jemandes Schuld. Das nennt man persönliche Verantwortung.«

Alle in diesem Nachbarschaftsforum, die Verfasserin mit eingeschlossen, schuldeten ihren Vermietern Geld für die Miete oder einer Bank Geld für eine Hypothek, was sie zu größeren Schuldnern macht als die Obdachlosen in ihren Zelten. Wer in einer amerikanischen Stadt lebt, profitiert zudem von einer ganzen Reihe von Dienstleistungen wie etwa Wasser und der Kanalisation, von den dafür zuständigen Behörden, aber auch von Ampeln, Verkehrsregeln und Bauvorschriften – all dem Zeug, das mit Steuern bezahlt wird. Wer jedoch vergisst, was er von der Gemeinschaft erhält, der kann sich einbilden, ihr nichts schuldig zu sein und es auch allein zu schaffen.

All das hätte die Tirade des Kommentators unsinnig erscheinen lassen, wäre ihre Botschaft nicht so vertraut. Das ist die Rhetorik der modernen Konservativen: Freiheit ist ein durch Reichtum bescherter Luxus; Reichtum kommt von harter Arbeit; und wer nicht arbeitet, egal aus welchem Grund, hat auch nichts verdient (jene, die reich sind, obwohl sie nicht arbeiten, sind dieser Analyse durch die Lappen gegangen). Wo Freiheit und Unabhängigkeit das Ideal darstellen, wird Bedürftigkeit nicht nur verachtet, sondern leidenschaftlich gehasst. In ihrem literarischen Lobgesang auf das freie Unternehmertun *Atlas wirft die Welt ab* (2012 unter dem Titel *Der Streik* neu aufgelegt) bezeichnet Ayn Rand Bedürftige als Parasiten und Plünderer. »Wir wollen das soziale Netz nicht in eine Hängematte verwandeln, die arbeitsfähige Menschen zu einem Leben in Bedürftigkeit und Bequemlichkeit verleitet«, formulierte es der Kongressabgeordnete Paul Ryan, ein Bewunderer Rands.

Die moderne Rechte mag sich wünschen, jedermann sei eine Insel, ganz für sich allein, doch in Wirklichkeit ist niemand ganz und gar unabhängig. Wir können nicht überleben, ohne Luft zu holen, wir haben uns nicht selbst auf die Welt gebracht oder großgezogen, wir werden uns auch nicht selbst beerdigen und dazwischen den Großteil der Güter und Dienstleistungen hervorbringen, die wir zum Leben brauchen. Unsere Gedärme sind voller Mikroorganismen, ohne die wir all die – höchstwahrscheinlich von anderen Menschen gezüchteten – Pflanzen und Tiere nicht verdauen könnten, die wir essen, um zu überleben. Wir sind Knotenpunkte in verschachtelten Systemen, Synapsen in einem großen, kollektiven Gehirn; wir sitzen alle in einem Boot, in guten wie in schlechten Zeiten.

Natürlich gibt es so etwas wie eine Gesellschaft, und Sie befinden sich mitten darin. Jenseits davon, darunter und darüber, drum herum, in ihr und in uns existieren ökologische Systeme, innerhalb derer unsere Gesellschaft existiert und mit denen sie häufig kollidiert. Ökologisches Denken benennt die Wechselbeziehungen und Vernetzungen von allen Dingen. Das kann eine traumhafte Symbiose sein, etwa wenn eine spezielle Art von Yuccapalme zur Bestäubung eine bestimmte Motte benötigt, deren Larven wiederum für ihre erste Mahlzeit auf die Samen der Yuccapalme angewiesen sind. Es kann aber auch ein Albtraum sein, wenn es zum Beispiel darum geht, wie hochgiftige polychlorierte Biphenyle in die Arktis gelangen konnten, wo sie sich in menschlicher Muttermilch anlagerten und in Raubtieren wie den Eisbären, die an der Spitze der Nahrungskette stehen. Als John Muir 1896 durch den Yosemite Nationalpark wanderte, formulierte er es so: »Wenn wir irgendetwas Einzelnes herauszupicken versuchen, stellen wir fest, dass es mit allem anderen im Universum verbunden ist.«[6]

---

6 Die Präsenz der Native Americans in jener Landschaft erkannte Muir hingegen nicht als wesentlich an, als ihn dort seine Erleuchtung überkam; eine beunruhigende Tilgung, auf der die These meines Buches *Savage Dreams* von 1994 beruht.

Man könnte diese traditionelle Weltsicht für mystisch oder spirituell halten, doch die überaus treffende Beschreibung der natürlichen Systeme innerhalb dessen, was wir heute Biosphäre nennen, wird von der modernen Wissenschaft gestützt. Wenn die Wölfe im Yellowstone-Park getötet werden, explodiert die Zahl der Rothirsche, und viele andere Pflanzen und Tiere müssen darunter leiden. Sprüht man DDT auf Getreide, tötet es zwar, wie gewünscht, das Ungeziefer ab, doch wie Rachel Carson uns 1962 in ihrem Sachbuch *Stummer Frühling* erklärte, sterben davon auch die Vögel, die sonst ihrerseits einen Großteil der Insekten und Nagetiere in Schach gehalten hätten.

All das fährt der Ideologie der Isolation kräftig in die Parade. Es beeinträchtigt das Recht auf die maximale individuelle Freiheit, von den Bedürfnissen anderer nicht tangiert zu werden. Aus diesem Grund leugnen moderne Konservative so beharrlich die Realitäten einer ökologischen Vernetzung; sie weigern sich anzuerkennen, dass eine Umwelt, der ein einzelnes Element entnommen oder hinzugefügt wird, sich als Ganzes verändert, und zwar auf eine Weise, die sich irgendwann rächen könnte. Die Argumentation zur Rechtfertigung dieses Pestizids oder jener Ölplattform lautet üblicherweise, es handle sich dabei um ein einzelnes, losgelöstes Element und nicht um den Bestandteil eines weitreichenden Systems. Mitunter – und inzwischen immer häufiger – wird sogar behauptet, dass es dieses System von Interdependenzen gar nicht gebe.

Kein Problem veranschaulicht den Aberwitz individualistischen Denkens so deutlich – und verlangt nach einer ebenso deutlichen Reaktion – wie der Klimawandel. Die Isolations-Ideolog*innen stehen angesichts dieses Phänomens gleich vor einer doppelten Herausforderung. Sie lehnen die Lösungsvorschläge im Kampf gegen den Klimawandel ab, weil sie sich gegen die Notwendigkeit von Produktions- und Verbrauchseinschränkungen sträuben, von Regularien, von Kooperationen zwischen Industrie und Regierung und von internationalen Partnerschaften. 2011 besuchte Naomi Klein ein Treffen im Heartland Institute, einer konservativen, libertären amerikanischen Denkfabrik, die den Klimawandel nicht für menschengemacht hält und unter anderem von der Tabakindustrie und der Erdölindustrie finanziert wird. Anschließend verfasste sie einen bahnbrechenden Essay darüber, warum sich Konservative so vehement dagegen sträuben, etwas gegen den Klimawandel zu unternehmen. Sie zitiert einen Vertreter des Competitive Enterprise Institute, einer weiteren konservativen Denkfabrik, der erklärte: »Keine freie Gesellschaft würde sich antun, was diese Agenda verlangt … Der erste Schritt besteht so auch darin, all diese lästigen Freiheiten zu beseitigen, die ständig in die Quere kommen.« Klein berichtet weiter: »Vor allem aber bekomme ich dort allerlei Versionen jener Meinung zu hören, die der Landrat aus der vierten Reihe äußerte: Der Klimawandel sei ein Trojanisches Pferd, das gebaut wurde, um den Kapitalismus abzuschaffen und ihn durch eine Art Öko-Sozialismus zu ersetzen.«

Auf einer grundsätzlicheren Ebene ist schon die *Vorstellung* eines Klimawandels für Isolationisten ein rotes Tuch, weil dieser uns so machtvoll und drängend wie kein anderes Phänomen zuvor klarmacht, dass alles miteinander verbunden ist und nichts losgelöst voneinander existieren kann. Alles, was aus Ihrem Auspuff, Ihrem Kamin oder Ihrer undichten Fracking-Anlage entweicht, sorgt dafür, dass sich die Zusammensetzung unserer Atmosphäre weiter verändert, wo die zunehmende Konzentration von Kohlendioxid und anderen Treibhausgasen bewirkt, dass die Erde mehr Sonnenwärme aufnimmt, was nicht nur jenes Phänomen zur Folge hat, das wir globale Erwärmung nennen, sondern zu einem Klimachaos führen wird.

Da es die Fakten immer schwieriger machen, den Klimawandel zu leugnen, sind die Isolations-Ideolog*innen dazu übergegangen, stattdessen unsere Verantwortung für das Problem und die Möglichkeit abzustreiten, es könnte uns gelingen, gemeinsam etwas dagegen zu unternehmen. »Der Klimawandel passiert so oder so«, befand Paul Ryan vor einigen Jahren. »Die Frage ist, ob die Regierung etwas dagegen unternehmen kann und soll? Ich würde argumentieren, dass sie es mit ihren ganzen Steuervorschriften und Regulativen nicht kann.« Natürlich kann sie es, aber Ryan ist es lieber, sie lässt es bleiben – deshalb wehrt er sich gegen die Vorstellung, dass Menschen den Klimawandel herbeigeführt haben könnten und gefälligst etwas dagegen unternehmen sollten.

Was die Ideologie der Isolation aufrechterhält, ist der Extremismus ihrer Mittel. Wer damit anfängt, soziale und ökologische Systeme zu leugnen, leugnet am Ende auch die Realität von Fakten, die schließlich Teil eines Netzwerkes systemischer Beziehungen zwischen Sprache, physischer Realität und Empirie sind und den Gesetzen der Evidenz, Wahrheit, Grammatik, Wortbedeutung und so weiter unterliegen. Man leugnet die Beziehung zwischen Ursache und Wirkung, Beweis und Schlussfolgerung; genauer gesagt redet man sich ein, beides seien Produkte, die auf dem freien Markt nach Belieben hergestellt und konsumiert werden können. Bedeutung wird dem freien Wettbewerb überlassen.

Absolute Freiheit bedeutet, dass Sie jede Wahrheit haben können, die Sie wollen – und die Isolationist*innen mögen Wahrheiten, die den Marktfundamentalismus aufrechterhalten. Sie können es also halten wie jener ungenannte Berater (vermutlich Karl Rove), der dem Journalisten Ron Suskind während der Bush-Ära 2004 in einem irren Moment des Triumphes erklärte: »Wir sind jetzt ein Weltreich, und sobald wir am Zug sind, schaffen wir unsere eigene Wirklichkeit.« Seiner Weltanschauung zufolge ist Realität ein Produkt, das den Regeln des Marktes oder des Militärs unterliegt, und wenn man den Markt beherrscht oder das Reich regiert, darf die eigene Realität alle anderen Optionen verdrängen. »Freiheit« ist nur ein anderes Wort dafür, dass nichts sie mehr einzuschränken vermag. Auf diese Weise wird die Ideologie der Isolation zum Nihilismus, der mit einer aus totaler Losgelöstheit gewonnenen Zuversicht versucht, den Planeten und den Großteil seiner Lebewesen zu töten.

Naiver Zynismus

2016

Am Ostermontag, dem 24. April 1916, begannen irische Republikaner in Dublin und einer Handvoll anderer Orte in ganz Irland einen bewaffneten Aufstand gegen die britische Besatzungsmacht. Zu diesem Zeitpunkt war das British Empire das mächtigste Reich der Welt; Irland war seine älteste und nächstgelegene Kolonie. Dass die mickrige kleine Kolonie den Riesen vertreiben könnte, erschien ziemlich weit hergeholt, und das ganze Unterfangen war tatsächlich in vielerlei Hinsicht ein Fehlschlag. Die Anführer wurden hingerichtet, die britische Besatzung fortgesetzt. Doch nicht mehr lange: Der Osteraufstand gilt gemeinhin als Wendepunkt eines Prozesses, der 1937 zur Unabhängigkeit fast ganz Irlands führte. Mehr als hundert Jahre später sehen einige im Aufstand von 1916 den Anfang vom Ende des Britischen Weltreichs.

Auch bei den Aufständen des Arabischen Frühlings scheint man ganz selbstverständlich davon auszugehen, dass diese ein Fehlschlag waren, da die Zustände in vielen der betroffenen Länder heute lediglich auf andere

Weise schrecklich sind als zuvor. Doch die öffentliche Demonstration des leidenschaftlichen Wunsches nach einer partizipatorischen Regierung, die Demonstration der Macht des Volkes und der Schwäche der despotischen Regime sowie die schiere (wenn auch kurzlebige) Begeisterung, die sich 2011 Bahn brach, haben möglicherweise Samen gesetzt, die nur noch nicht aufgegangen sind.

Ich plädiere weder dafür, über die Gewalt und Instabilität hinwegzusehen, unter denen Nordafrika und der Mittlere Osten leiden, noch bin ich optimistisch, was die nahe Zukunft dieser Regionen angeht. Weder ich noch sonst jemand weiß, welche Langzeitfolgen der Arabische Frühling haben wird. Wir leben in einer Zeit, in der das Nachrichtenwesen und andere Lieferanten gängiger Weisheiten sich vorzugsweise mit der Zukunft beschäftigen statt mit der Vergangenheit. Gestützt auf Umfragen und falsche Analogien erklären sie uns, was als Nächstes passieren wird, und selbst ihre häufigen Irrtümer – sei es im Hinblick auf die Unwählbarkeit eines Schwarzen Präsidentschaftskandidaten oder die Unvermeidbarkeit dieser oder jener Ölpipeline – scheinen ihre Kaffeesatzleserei und unsere Bereitschaft, sie hinzunehmen, nicht abstellen zu können. »Wir wissen es nicht«, ist der Satz, der ihnen am schwersten über die Lippen geht.

Auch Nicht-Experten verwenden schlechte Daten

und noch schlechtere Analysen, um mit großer Gewissheit zukünftige Unvermeidbarkeiten zu verkünden und uns Unmögliches und vergangene Fehlschläge zu präsentieren. Die hinter solchen Verlautbarungen stehende Geisteshaltung ist das, was ich naiven Zynismus nenne. Er saugt den Menschen den Sinn für das Mögliche und vielleicht auch das Verantwortungsgefühl aus.

Zynismus ist in erster Linie eine Form der Selbstdarstellung, und mehr als alles andere sind Zyniker stolz darauf, sich weder für dumm verkaufen zu lassen noch dumm zu sein. Doch die Arten des Zynismus, die mir begegnen, beinhalten häufig beides. Dass die Haltung, sich der eigenen weltmüden Lebenserfahrung zu rühmen, in Wahrheit häufig so naiv ist, zeigt, wie sehr der Schein inzwischen über die Substanz triumphiert, die Attitüde über die Analyse.

Vielleicht sagt es auch etwas über den Hang zur Übersimplifizierung aus. Wenn Simplifikation bedeutet, die Dinge auf ihr Wesentliches zu reduzieren, dann wirft die Übersimplifizierung das Wesentliche gleich mit über Bord. Es ist die unentwegte Suche nach Sicherheit und Klarheit in einer Welt, die nichts von beidem zu bieten hat, und der Drang, Nuancen und Komplexes in eindeutige Kategorien zu pressen. Mir bereitet der naive Zynismus Sorge, weil er Vergangenheit und Zukunft verflacht und einem jede Motivation raubt, sich am öffentlichen Leben, der öffentlichen Debatte zu beteiligen, ja sogar an klugen Gesprächen, in denen Grautöne, Mehrdeutigkeiten, Widersprüchlichkeiten, Ungewissheiten, Unbekanntes und Möglichkeiten Raum haben und wahrgenommen werden. Stattdessen führen wir unsere Gespräche wie Kriege, und das schwere Geschütz der grimmigen Gewissheit ist die Waffe, nach der viele dabei greifen.

Naive Zyniker schießen Möglichkeiten über den Haufen, darunter auch die Möglichkeit, Situationen in ihrer ganzen Komplexität auszuleuchten. Sie nehmen weniger zynische Menschen ins Visier, sodass Zynismus zu einem Mittel der Abwehr und Vermeidung von Meinungsverschiedenheiten wird. Zyniker rekrutieren mit Brutalität. Wer sich Reinheit und Perfektion zum Ziel setzt, hat damit ein fast narrensicheres System, an das alles andere zwangsläufig nicht heranreicht. Doch es ist naiv, Perfektion zu erwarten; und den Wert einer Handlung nicht zu erkennen, nur weil man sich unrealistische Standards gesetzt hat, ist es noch viel mehr. Zyniker sind häufig enttäuschte Idealisten und Hüter unrealistischer Standards. Sie fühlen sich unwohl mit Siegen, weil diese meist nur vorübergehend und unvollständig sind oder auf Kompromissen beruhen – aber auch, weil die mit Hoffnung verbundene Offenheit gefährlich ist, weil doch im Krieg die Selbstverteidigung an erster Stelle steht. Naiver Zynismus ist absolutistisch; seine Vertreter gehen davon aus, dass andere alles, was sie nicht in Bausch und Bogen ablehnen, voll und ganz gutheißen. Doch wer alles, was nicht perfekt ist, für moralisch kompromittierend erklärt, will sich damit nur selbst erhöhen, sich aber nicht mit aller Kraft für einen Ort oder ein System oder eine Gemeinschaft engagieren.

Unterschiedliche Lager praktizieren unterschiedliche Arten von naivem Zynismus. So missachtet die Allgemeinheit beispielsweise politische Aktionen, die jenseits der üblichen Kanäle der Macht stattfinden. Als die Occupy-Wall-Street-Bewegung vor einigen Jahren ihren Anfang nahm, wurde sie verspottet, verächtlich gemacht und absichtlich missverstanden, ehe man sie eilig für tot erklärte. Im Laufe der Jahre wurden Dutzende Nachrufe auf sie verfasst, und zwar von Leuten, denen es lieber wäre, der »Pöbel«, der die Grenze zwischen Obdachlosen und jenen, die lediglich wütend sind, verwischt, würde politisch keine Rolle spielen.

Doch die Früchte der Occupy-Bewegung sind zahllos. Von Leuten, die in hiesigen Zeltdörfern aktiv waren, weiß ich, dass das, was ihren Aktionen entspross, noch immer Wirkung zeigt. Allein in Kalifornien geht man von mehr als 140 Occupy-Gruppen aus; was jede Einzelne von ihnen bewirkt hat, lässt sich unmöglich ermessen. Es gab so unmittelbare Resultate wie die Unterstützung von Obdachlosen und mittelbare wie die Veränderung der landesweiten Debatten über Wohnungswesen, durch Studium oder Krankheit angehäufte Schulden, wirtschaftliche Ungerechtigkeit und Ungleichheit. Auch konkrete Aktionen zu diesen Themen haben Erfolge verzeichnet – von Schuldenstreiks bis hin zu einzelstaatlichen Gesetzen. Occupy hat mit dazu beigetragen, Politiker wie Bernie Sanders, Bill de Blasio und Elizabeth Warren in den Mainstream zu befördern.

Die Unfähigkeit, die Erfolge von Occupy konkret einzuschätzen, ist teilweise auf die Annahme zurückzuführen, historische Ereignisse würden entweder unmittelbare und eindeutig messbare Resultate erzielen oder aber schlicht keine Rolle spielen. Es ist, als ginge es ums Bowling: Entweder haut die Kugel die Kegel von der Bahn oder nicht. Doch historische Kräfte sind keine Bowlingkugeln. Wenn sie es wären, um bei dieser Metapher zu bleiben, wäre Bowling eine Art metaphysisches Spiel, von Nebel umhüllt und auf Jahrzehnte hin nicht zu deuten. Die Kugel könnte einen Kegel umwerfen und fünfzehn Jahre später den nächsten und womöglich auf einer anderen Bahn, die die meisten von uns schon fast vergessen hatten, komplett abräumen. Die Kegel wiederum würden Nachwuchs hervorbringen, beziehungsweise geistige Erben, und so würde es immer weitergehen, sich jenseits unseres Blickfeldes fortschreiben, ohne dass wir in der Lage wären, es vorherzusehen. So ähnlich war es beim Osteraufstand 1916 und so geschieht es derzeit mit der Occupy- und der Black-Lives-Matter-Bewegung.

Wie die naiven Zyniker des Mainstreams zweifeln auch jene, die an den Rändern stehen, dass sie in der Lage sein könnten, Veränderungen herbeizuführen; eine bequeme Sichtweise, die ihnen die harte Arbeit erspart, die solche Veränderungen erfordern. Kürzlich postete ich in einem sozialen Medium eine Passage aus einer Ausgabe der Zeitschrift *Nature Climate Change*. Darin umreißt eine Gruppe von Wissenschaftlern die Folgen des Klimawandels im Verlauf der nächsten zehntausend Jahre. Ihre Beschreibung klingt furchterregend, aber nicht verzweifelt: »Dieser Langzeitblick zeigt, dass, auf die nächsten Jahrzehnte begrenzt, noch ein kurzes Zeitfenster offensteht, um massive und eventuell verheerende Klimaveränderungen zu minimieren, die sich länger auswirken werden, als die Existenzspanne der gesamten Zivilisation bislang währt.« Es ist ein Satz über eine Katastrophe, aber auch über Hoffnung. Der erste Kommentar, den ich erhielt, lautete: »Nichts wird die Folgen dessen, was wir schon getan oder nicht getan haben, aufhalten.« Das ist eine andere Art zu sagen: »Ich stelle meine eigene flüchtige Einschätzung über abgesicherte wissenschaftliche Erkenntnisse; ich lese nicht sorgfältig und haue mit meiner vermeintlichen Allwissenheit mal kräftig auf die Pauke.« Derartige Kommentare spiegeln eine reflexartige Reaktion, mit der völlig unterschiedliche Impulse befriedigt werden können. Naiver Zynismus reagiert starrsinnig auf veränderte

Ereignisse, von denen manche positiv, andere negativ, wieder andere gemischt und eine ganze Menge noch gar nicht abgeschlossen sind.

Die Klimabewegung ist inzwischen äußerst mächtig und vielgestaltig. In Nordamerika sorgt sie für die Schließung von Kohlekraftwerken und verhindert, dass neue gebaut werden. Sie hat die Vergabe von Fracking-, Öl- und Gaslizenzen zur Förderung auf öffentlichem Boden verhindert, Ölbohrungen in Alaska, Pipelines und Ölzüge für den Transport des Zeugs, das ansonsten durch die ausgebremsten Pipelines geflossen wäre. Siebenundvierzig US-amerikanische Städte sowie der Bundesstaat Hawaii haben sich verpflichtet, in naher Zukunft ganz auf erneuerbare Energie umzustellen; fünf Städte haben dieses Ziel bereits erreicht.

Selbst auf nationaler Ebene wurden bemerkenswerte Gesetzesvorlagen auf den Weg gebracht. Das zeigen die Entwürfe des Senats und des Repräsentantenhauses, die ein Verbot neuer Maßnahmen zur Förderung fossiler Brennstoffe auf öffentlichem Grund vorsehen. Zwar werden diese Entwürfe im derzeitigen Kongress höchstwahrscheinlich keine Mehrheit finden, doch sie konfrontieren die Allgemeinheit mit einer Einstellung, die noch vor wenigen Jahren undenkbar war. Epochale Veränderungen nehmen häufig auf diese Weise ihren Anfang, mit Anstrengungen, die im direkten Anlauf scheitern, aber dafür sorgen, dass sich die Diskussion verändert und Raum für weitere Aktionen geschaffen wird. Diese Kampagnen und Erfolge sind noch lange nicht genug; sie müssen wachsen, und Wachstum bedeutet, mehr Menschen an sich zu binden, die erkennen, dass es tatsächlich Gelegenheiten gibt, die zu ergreifen sich lohnt.

Gegen Ende 2015 verkündete die Regierung einige bedeutende Vorhaben: Ölbohrungen in Alaska sollten eingeschränkt und der Bau einer Pipeline für aus Teersand gewonnenes Öl verhindert werden. Die naiven Zyniker taten diese Entscheidungen ab, sie seien allein dem fallenden Ölpreis geschuldet. Die Umweltbewegung hätte nichts damit zu tun, wurde mir wiederholt erklärt. Doch ohne Umweltbewegung hätte man in Alaska längst gebohrt und die Pipeline zum Abtransport des schmutzigen Rohöls aus der Provinz Alberta gebaut, bevor der Ölpreis fiel. Es ging nicht um entweder – oder; es war beides.

David Roberts, ein Klimaspezialist, der für den Sender *Vox* arbeitet, weist darauf hin, dass die Verunglimpfung der Kampagne gegen die Keystone XL Pipeline auf der Annahme beruht, die Aktivisten hätten nur den Bau dieser einen Pipeline verhindern wollen, und da die Verhinderung eines einzelnen Projekts die Welt nicht retten könne, sei die Aktion umsonst gewesen. Roberts nannte diese Lehnstuhl-Strategen des Klimaschutzes die Falschmacher-Brigade. Er verglich ihre Kritik damit,

»den Busboykott von Montgomery infrage zu stellen, weil er nur eine überschaubare Zahl von Schwarzen unmittelbar betroffen habe. Die Bürgerrechtskampagnen zielten jedoch nicht darauf ab, einzelne Menschen aus diskriminierenden Strukturen zu befreien. Sie wollten die Kultur verändern.«

Der Kampf um die Keystone-Pipeline war eine transnationale Lehrstunde nicht nur in Sachen Teersand-Pipeline-Politik, sondern auch im Hinblick auf die größeren Dimensionen der Klimaproblematik. Er war ein erfolgreicher Bestandteil einer Kampagne, die die Menschen aufrütteln und dazu bewegen sollte, sich mit dem auseinanderzusetzen, was in diesem Konflikt auf dem Spiel steht. Er veränderte die Kultur.

Auf ähnliche Weise wurde im Dezember 2015 auch die Entscheidung des Kongresses verurteilt, den Export von Rohöl zu genehmigen – was in der Tat eine schlechte Entscheidung war. Doch viele Kommentatoren übersahen dabei, dass sie Teil eines Quidproquo war, das zugleich höhere Steuergutschriften für Solar- und Windprojekte mit einschloss. Diejenigen, die sich näher mit der Sache beschäftigten, wie Michael Levi und Varun Sivaram vom Rat für Auswärtige Beziehungen, sind überzeugt, dass die erweiterten Steuergutschriften »in den nächsten fünf Jahren weit mehr zur Reduzierung des Kohlendioxidausstoßes beitragen werden als die Aufhebung des Exportstopps zu ihrer Steigerung«.

Um mit Veränderung und Unsicherheit fertigzuwerden, braucht es eine flexible Persönlichkeit, die Fähigkeit, variabel zu reagieren. Vielleicht bringen eingeschränkte Erfolge Menschen mit festgefahrenen Meinungen deshalb so aus dem Konzept. Das Beharren auf einem Fehlschlag ist eine Selbstschutzmaßnahme. Es dient letztendlich dazu, sich von den stets unvollkommenen, aber häufig wichtigen Siegen zu distanzieren, die das Leben auf der Erde mit sich bringt – und alles über einen Kamm zu scheren. Wenn Korruption allgegenwärtig ist, dann gibt es keine adäquate Reaktion – oder vielmehr braucht es dann überhaupt keine Reaktion. Diese Einstellung ist so verbreitet, dass der Journalist Bill McKibben Ende 2015 einen Präventivschlag gegen sie führte, als er sich das erste Mal zu den Enthüllungen über Exxon äußerte, der heutige ExxonMobil-Konzern habe bereits in den 1970er Jahren vom Klimawandel gewusst, ihn selbst erforscht und in den darauffolgenden Jahren nicht nur vertuscht, sondern die Leugner des Klimawandels aktiv unterstützt: »Einige Beobachter, vor allem Dauerabgestumpfte auf der linken Seite, haben die Story als kalten Kaffee abgetan: als etwas, das bekannt war, auch wenn nichts davon bekannt war. ›Natürlich haben sie gelogen‹, sagte jemand zu mir. Doch dieser Zynismus ist für Exxon der wirksamste Schutz überhaupt.«

Auch ich habe viele Leute angesichts der Exxon-Nachricht leichthin sagen hören: »Ach, die Konzerne lügen doch alle.« Dabei waren die Enthüllungen über Exxon tatsächlich eine Sensation. Die Größenordnung dieses korrupten Vorgehens übertrifft jede andere Form der Korruption oder Unehrlichkeit, die sich je ein Unternehmen geleistet hat, und es ist wichtig, diesen Größenunterschied anzuerkennen. Die abfällige »Die sind doch alle korrupt«-Denkweise gibt bloß vor, etwas zu verurteilen, dabei entschuldigt sie es letztlich.

Wenn ein Unternehmen etwas abschreibt, akzeptiert es die Kosten. Und wenn wir Unternehmen als grundsätzlich korrupt abschreiben, akzeptieren auch wir die Kosten. Womit wir der Passivität und der Niederlage den Weg ebnen. Die hervorragenden und ganz und gar nicht zynischen Journalist*innen der *Los Angeles Times* und des Medienkanals *Inside Climate News*, die Exxon auffliegen ließen, aber auch die Aktivist*innen, die das Thema weiter vorantrieben, brachten die Staatsanwaltschaften von New York und Kalifornien (gefolgt von Massachusetts und den Virgin Islands) dazu, Ermittlungen aufzunehmen, die später zur Grundlage von Prozessen gegen das Unternehmen wurden. Außerdem geben uns diese Enthüllungen Gelegenheit zu reagieren, oder – nach den Worten von David Roberts – die Kultur zu verändern.

Wie die Taktiken der vielgeschmähten Divest-Bewegung, die auf den Abzug von Kapital aus Branchen drängt, die mit fossilen Energieträgern Geld verdienen, haben die Exxon-Enthüllungen einen mächtigen Akteur auf eine Art und Weise delegitimiert, die weitreichende Konsequenzen haben kann.

Was ist die Alternative zu naivem Zynismus? Auf Dinge aktiv zu reagieren, mit denen wir konfrontiert werden, uns einzugestehen, dass wir im voraus oft nicht wissen, was geschehen wird, und zu akzeptieren, dass, was auch immer geschieht, meist eine Mischung aus Segen und Fluch ist, die sich erst im Laufe der Zeit herauskristallisiert. Eine solche Haltung wird gestärkt durch Geschichtswissen, Berichte über indirekte Folgen, unvorhergesehene Umwälzungen und Siege, Kumulationseffekte und Langfristigkeit.

Der naive Zynismus liebt sich selbst mehr als die Welt; er verteidigt sich selbst, statt die Welt zu verteidigen. Ich hingegen interessiere mich für Menschen, die die Welt mehr lieben, und für das, was sie zu sagen haben, was sich von Tag zu Tag und von Thema zu Thema verändert. Denn was wir tun, fängt mit dem an, was wir glauben, tun zu können. Es fängt damit an, dass wir uns offen zeigen für Möglichkeiten und interessiert an Dingen, die komplex sind.

Der Wut ins Auge sehen

2017

1979 schaffte es *Coward of the County*, ein Ohrwurm von Kenny Rogers, an die Spitze der Country-Hitparade. In diesem Song geht es um einen Mann namens Tommy, dessen Vater im Gefängnis sitzt, der wiederum den Sohn beschwört, bloß nicht in seine Fußstapfen zu treten:

Promise me, son, not to do the things I've done
Walk away from trouble if you can
Now, it won't mean you're weak if you turn the other cheek

(Versprich mir, mein Sohn, dass du es anders machst als ich
Bring dich möglichst nicht in Schwierigkeiten
Wenn du die andere Wange hinhältst, heißt das nämlich nicht, dass du ein Schwächling bist.)

Wir haben es hier mit frühmoderner Country-Musik zu tun, es ist also selbstverständlich, dass man einerseits den Vater zu ehren hat, sich gleichzeitig aber auch dem Auge-um-Auge-Ethos des Alten Testaments verpflichtet fühlt: Als Tommys Freundin von gleich mehreren Männern vergewaltigt wird, bleiben die väterlichen Ratschläge denn auch auf der Strecke. Der ehemalige »Coward of the County«, das Weichei des ganzen Landkreises, schlägt die Übeltäter brutal zusammen. Nur durch Gewaltanwendung kann er seinen Ruf retten, und sein Ruf ist untrennbar verbunden mit seiner Männlichkeit – es geht in dieser Geschichte nicht um Wiedergutmachung für die Geliebte, sondern um Tommys Maskulinität. Wir lernen: Die andere Wange hinzuhalten ist eigentlich doch nur was für Weicheier.

»Coward of the County« zelebriert den Zorn – der Zorn ist hier gleichzeitig Selbstvergewisserung und Bestätigung der eigenen Virilität. Das Lied stellt eine Frage, und die richtige Antwort darauf lautet: Gewalt. Neun Jahre nachdem dieser Song veröffentlicht wurde, bekam der demokratische Präsidentschaftskandidat Michael Dukakis im Wahlkampf dieselbe Frage gestellt. Ob er nicht, wenn seine Frau vergewaltigt und ermordet würde, die Todesstrafe fordern würde für den Täter? Seine Antwort damals – »Ich glaube, dass man mit Gewaltkriminalität besser und wirkungsvoller umgehen kann« – wurde verbreitet als Grund für das Scheitern seines Wahlkampfs angesehen. Fehlende Rachegelüste machten aus ihm nicht ein Vorbild an Selbstbeherrschung und Barmherzigkeit, sondern das Weichei des ganzen Landkreises.

Die Philosophin Martha Nussbaum bezeichnet den

Weg, den Dukakis explizit nicht gehen wollte, als »den Weg der Vergeltung«. Ihrer Argumentation zufolge entspringt das Bedürfnis, Rache zu üben – genau wie der Versuch, die eigene Hilflosigkeit durch Zurschaustellung von Macht zu überwinden –, unserem Wunsch nach einem »kosmischen Gleichgewicht«. Im Sinne dieser Logik balanciert das Rachenehmen die Waagschalen wieder aus, obwohl es eigentlich nichts dahingehend unternimmt, das, was verloren gegangen ist, wiederzubekommen oder das Beschädigte zu reparieren.

Manchmal gibt es gute Gründe für eine vehemente Reaktion – zum Beispiel dann, wenn sich so das Entstehen weiteren Schadens verhindern lässt. Viel häufiger jedoch ist das Um-sich-Schlagen eine Methode, um den Blick ins Innere zu vermeiden. 2001 stellten Jennifer Lerner und Dacher Keltner in einer Studie fest, dass zornige Menschen eine Situation in ihrem Entwicklungspotenzial ähnlich optimistisch einschätzen wie zufriedene. Anders gesagt: Auch wenn ein wütender Mensch eigentlich unglücklich ist, so macht die Wut ihn doch auch zuversichtlich und schiebt anderes, eher introspektives Unglück wie Schmerz, Angst, Schuld, Unsicherheit und Verletzlichkeit beiseite. Wir sind also lieber wütend als traurig.

Wenn wir uns über Politik unterhalten, geht es ständig um die Wut. Aber einer näheren Betrachtung unterzogen wird diese Emotion doch nur sehr selten. Was genau ist Wut? Auf basalster Ebene eine physiologische Reaktion auf eine Bedrohung, die auch andere Säugetiere zeigen. Wut manifestiert sich in einer ganzen Reihe körperlicher Reaktionen – beschleunigtem Herzschlag, erhöhtem Blutdruck, höherer Körpertemperatur –, die allesamt mit Wachsamkeit, Konzentration und Handlungsbereitschaft in Verbindung gebracht werden. Aber an diesem Punkt ist auch schon wieder Schluss mit der Vergleichbarkeit mit anderen Tieren. Ein Hund knurrt vielleicht, stellt die Nackenhaare auf oder beißt, wenn man ihn mit einem Stock schlägt. Aber er wird diese Reaktionen eher nicht zeigen, wenn man seinen Gott oder seine Fußballmannschaft beleidigt oder wenn man ihm von einem Bekannten erzählt, der einen anderen Hund mit einem Stock geschlagen hat. Ein nicht zu unterschätzender Anteil Clickbait-Journalismus ist ja tatsächlich nichts anderes als Geschichten über irgendjemanden, der irgendwo einen anderen Hund geschlagen hat; unsere Lust an der Empörung ist eine Leine, an der sich schnell reißen lässt.

Für unsere Spezies aber, mit all ihren vielen erfinderischen und erzählerischen Kompetenzen, ist auch die Infragestellung des eigenen Status, des eigenen Glaubens und der eigenen Privilegien eine Bedrohung. Menschliche Wut ist eine Reaktion auf sowohl konkrete als auch imaginierte Unsicherheit, auf jede Ahnung davon, dass unser körperliches, gesellschaftliches oder emotionales Wohlergehen gefährdet sein könnte. Wutausbrüche können Schlaganfälle, Herzinfarkte und Blutgerinnsel zur Folge haben. An Wut zu sterben ist bei uns gang und gäbe.

In ihrer mildesten Ausprägung ist diese Gefühlsregung nicht mehr als eine kleine Verärgerung, eine Aversion gegenüber etwas latent Unerfreulichem. Wenn dieser Ärger eine moralische Schlagseite bekommt, wird er zur Empörung: Nicht, dass es mir nur nicht gefällt, nein, es hätte eigentlich gar nicht passieren dürfen. Tatsächlich entsteht Wut ganz allgemein aus dem Gefühl, dass einem ein Unrecht widerfahren ist. In dieser Hinsicht hat meine feste Überzeugung, dass du dieses eine letzte Stück Kuchen nicht hättest essen sollen, durchaus Ähnlichkeit mit meiner Überzeugung, dass wir den Irak nicht hätten bombardieren sollen: Ich erkenne in beiden Fällen eine Ungerechtigkeit und möchte, dass diese wiedergutgemacht wird. Wut, der mehr zugrunde liegt als der Selbstschutzinstinkt des Säugetiers, funktioniert über eine Ethik, eine moralische Ansicht, wie die Dinge sein sollten oder eben nicht sein sollten. Die moralische Komponente der Gefühlsregung erklärt wiederum nicht ihre psychologischen Wirkungen. Zorn steht dem Verstehen feindselig gegenüber. In seiner unversöhnlichsten, extremsten Ausprägung verhindert er, dass man eine Situation richtig einschätzt, dass man dem Menschen, dem man gegenübersteht, auch nur im

Entferntesten verständnisvoll begegnet, dass man seine eigene Rolle und seine eigene Verantwortung richtig begreift. Es hat seinen Grund, weshalb wir Wut auch als blind bezeichnen.

Gibt es irgendjemanden, der noch stärker unter der Fuchtel dieses alles vernichtenden Zorns steht als Donald Trump? Unser Land wird zurzeit geführt von einem selbstverliebten, rachsüchtigen, zu krankhafter Theatralik neigenden Mann, dessen ausnehmend privilegierte Stellung ihm selbst das rudimentär Erlernte im Umgang mit Rückschlägen und Kränkungen genommen hat. Er wurde gewählt von Menschen, auf deren Wut er sich eingeschossen hat, deren Wut er sogar noch geschürt und denen er versprochen hat, Rache zu nehmen an den üblichen Sündenböcken im In- und Ausland, deren Urteilsvermögen er erfolgreich getrübt hat, sodass ihnen nicht mehr klar war, was seine Wahl für ihre Gesundheitsversorgung, ihre Sicherheit, ihre Umwelt, ihr Bildungssystem und ihre Wirtschaft bedeuten würde.

Und doch ist Trumps rasanter, geradezu blindwütiger Aufstieg doch nur der Kulminationspunkt eines langen Wegs, den der Zorn in diesem Land zurückgelegt hat, bis hin zu seiner geradezu religiösen Verehrung. Unser Rechtssystem zum Beispiel bewegt sich schon seit einiger Zeit weg vom Ideal einer unparteiischen Rechtsprechung hin zu einem Modell, das auf Vergeltung fußt.

Unser Gefängnissystem bedient sich zwar immer noch einer regelrechten Flut von Begriffen, die eigentlich das Gegenteil nahelegen – »Rehabilitation«, »Besserung«, das Buße-Tun, das im englischen Begriff für Zuchthaus, ›*penitentiary*‹, mitschwingt –, und doch sind seine Rhetorik und seine Praktiken im Moment ausschließlich strafend. Die Familien von Menschen, die einem Verbrechen zum Opfer gefallen sind, werden heutzutage bisweilen zur Exekution des Mörders ihrer Verwandten eingeladen, als wäre die Todesstrafe ein Instrument der persönlichen Rache. (Viele dieser Familien lehnen die Teilnahme ab, manche legen gegen die Urteile auch Protest ein.)

Die Regierung überzeichnet die Bedrohungssituation mit schöner Regelmäßigkeit – oder stellt sie gar künstlich her –, um zu suggerieren, dass Gewaltanwendung notwendig ist und Zurückhaltung ein Zeichen der Schwäche wäre. Das war der Fall während des Zweiten Weltkriegs, als die Vereinigten Staaten Bürgerinnen und Bürger japanischer Herkunft für vogelfrei erklärten. In der Nachkriegszeit nahmen sie dann die Linke ins Visier. Nach dem Zusammenbruch der Sowjetunion tat man sich zunächst schwer, neue Gegner auszumachen, und schoss sich dann ein auf Muslim*innen, Migrant*innen und Transgender. Die Entfesselung des Zorns ist eine zentrale Technik manipulativen Regierens, und die zornigsten Menschen sind oft auch die leichtgläubigsten, so, wie sie ohne näheres Hinsehen nach allem haschen, was ihr Feuer nährt.

In den sozialen Medien richtet die Öffentlichkeit ihr Augenmerk oft nur sehr flüchtig auf das Faktische, schließlich will man sich dem Vergnügen des rechtschaffenen Zorns hingeben, will man wütend sein dürfen über den Nächsten, der schon wieder etwas Falsches gesagt oder getan hat. Zorn ist das Handwerkszeug vieler Politiker*innen und Expert*innen sowie der Boulevardpresse und der Webseiten, die Ersteren eine Stimme geben; er ist die Gefühlsregung der Wahl, vielleicht, weil er per se reaktiv und sprunghaft ist, also leicht zu provozieren und zu steuern. Tatsächlich ist Zorn, so führen es Jeffrey M. Berry und Sarah Sobieraj in ihrem Buch *The Outrage Industry* aus, zu einer Art Ware geworden, zu einem Produkt, das sehr zielgerichtet an bestimmte Konsumentengruppen vermarktet wird. Content, der wütend macht, bekommt mit sehr viel größerer Wahrscheinlichkeit viel Aufmerksamkeit: Man bleibt deutlich berechenbarer an ihm »kleben«, nicht zuletzt deshalb, weil man gedanklich nur schwer wieder aus der Wut herausfindet.

Viele der Leitmedien, die Zorn im Angebot führen – indem sie Angriffe auf Personen lancieren, die politische Welt in Helden und Bösewichter teilen und uns jeden Tag unsere tägliche Dosis Zorn verpassen –, richten sich an eine konservative Zielgruppe, so zum Beispiel

Fox News oder Radiosender, die hauptsächlich Formate mit Zuhörerbeteiligung im Programm haben. Aber auch viele Linke sind ähnlich vom Zorn in Beschlag genommen. Ich bin im Schatten des Slogans »Nur wer wütend ist, ist wachsam« aufgewachsen, der diese Emotion gleichsetzt mit Engagiertheit.und Prinzipienfestigkeit; der einem nahelegt, dass Letzteres nicht ohne Ersteres zu haben ist. Gerechter Zorn wird hier oft als eine Tugend betrachtet.

Zorn ist nicht ganz dasselbe wie Entrüstung. Man könnte sagen, dass Letztere weniger aus der Wut darüber resultiert, was passiert ist, sondern aus dem Mitgefühl mit denjenigen, denen es passiert ist. Am 28. Januar 2017, als das Einreiseverbot für Menschen aus Ländern mit mehrheitlich muslimischer Bevölkerung wirksam wurde, sind die Leute nicht deswegen zu der großen Demonstration am Flughafen von San Francisco geströmt, weil sie jemandem etwas antun wollten, sondern weil sie verhindern wollten, dass anderen etwas angetan wird. Und doch: Wenn es um die Antriebskräfte geht, ist der Trennstrich zwischen Liebe und Hass nicht so leicht zu ziehen, wie es zunächst den Anschein haben mag. Dass jemand zugibt, andere verletzen zu wollen, kommt selten vor. Die Anti-Abtreibungsbewegung beschwört die Liebe zum ungeborenen Kind als Rechtfertigung für ihr Tun – obwohl es von außen betrachtet doch eher so aussieht, als wäre sie vorrangig motiviert von der Ablehnung weiblicher Unabhängigkeit. Diese Sorte Zorn hat in unserem Land zu einer der tödlichsten Ausprägungen von häuslichem Terrorismus geführt.

Die engagiertesten Aktivist*innen handeln meist aus Liebe – doch Liebe und Hass können durchaus ineinander verschwimmen: Man kann mit der Begründung hassen, dass sich der Hass gegen das richtet, was das Geliebte bedroht. Robert Lewis Dear Jr., der sich selbst einen »Krieger für die Babys« nannte, erschoss vor dem Familienplanungszentrum Planned Parenthood in Colorado Springs drei Eltern kleiner Kinder (die Arbeit von Planned Parenthood beläuft sich zu 3 Prozent auf die Durchführung von Abtreibungen; 80 Prozent der Dienstleistungen dieser Organisation bestehen darin, ungeplante Schwangerschaften, die manchmal eine Abtreibung zur Folge haben, zu verhindern.) Bei manchen Menschen geht es mit der Liebe los, bevor sie dann ungewollt auf den langen Weg zum Hass geraten. Zorn ist nicht gleich Hass. Aber wenn sich der Wunsch, dem, was den Zorn auslöst, schaden zu wollen, an einem konkreten Objekt festmacht – dann ist das Hass.

Auch weil Hass in derartigen Konflikten oft als Liebe missverstanden wird, ist es gefährlich, dem Zorn eine besondere Authentizität zuzugestehen. Regelmäßig wird der wütende Ingrimm konservativer Wähler*innen als klares Zeichen für wahre Sorgen und echte Überzeugungen gewertet – obwohl doch immer und immer wieder offenbar wird, mit welcher Leichtigkeit die Massen aufgeputscht werden können und wie dünn (oder gar inexistent) die faktische Grundlage für viele ihrer Sorgen ist. Überall im politischen Spektrum sind Menschen gern wütend über Dinge, die ihnen früher gar nicht so wichtig waren und über die sie auch nicht allzu viel wissen. Regelmäßig wird der Zorn als eine Wünschelrute missverstanden, so, als würde er etwas Tieferliegendes anzeigen – obwohl man ihn wohl zutreffender als Zeiger beschreibt, der mit einem Fingerschnipsen verstellt werden kann.

Wer hat das Recht, zornig zu sein? Als eine Reaktion auf unerträgliche Umstände hält man den Zorn für gerecht. Wer also den Grund für den Zorn infrage stellt, stellt auch seine Legitimität infrage. Aber nach der Frage, wer das Recht hat, zornig zu sein, kommt noch die Frage, wem es erlaubt ist, aus Zorn zu handeln. In Zweifel zu ziehen, dass Rassismus reale, stark spürbare Auswirkungen hat, ist ein Kernelement der Dämonisierung des Zorns nichtweißer Menschen als unvernünftig und grundlos, gar kriminell. Und wenn Frauen wütend sind, wird ihnen das als charakterlicher Makel ausgelegt. Jahrzehntelang wurden Feminist*innen als ›wütend‹ abgestempelt, womit ihnen Aspekte weiblicher Erfahrung, die es vernünftig erscheinen lassen, wütend zu sein, nicht zugestanden wurden (genauso wenig wie die Tatsache, dass feministische Frauen traurig, überdrüssig und voll des Mitgefühls sein können für diejenigen, die unter ihren Erfahrungen leiden, aber negative Emotionen bei Frauen werden immer nur als Wut wahrgenommen und Wut immer als Versagen). Schwarze Frauen kriegen es gleich doppelt ab: Ihr Zorn wird sowohl aufgrund von *race* als auch von *gender* delegitimiert.

In dem konservativ-christlichen Umfeld, in dem die Schriftstellerin Kelly Sundberg aufgewachsen ist, wurde das Vergeben-Können als zentrale weibliche Tugend betrachtet. Indem Vergebung als Charakterstärke gepriesen wurde, schreibt sie, wurden Mädchen und Frauen dazu angehalten, die Verfehlungen der Männer – Prügel, Betrug – immer wieder zu entschuldigen. Der Imperativ zu verzeihen machte aus der Ohnmacht eine Tugend. Das Verhältnis von Frauen und People of Color zur Macht wird so lange unbehaglich bleiben, wie das Recht, wütend zu sein, ein Vorrecht Weißer Männer ist. Es gibt einige Country-Songs – u. a. von Martina McBride, den Dixie Chicks und Carrie Underwood –, die davon handeln, wie man gewalttätige Ehemänner umbringt. In *Coward of the County* wird Protagonist Tommy durch die Anwendung von Gewalt zum Mann; in den Hymnen auf die Tötung des Ehemanns wird keine Frau irgendwie fraulicher – das Töten macht lediglich ihr Überleben wahrscheinlicher.

Die Begriffe, die Primatenforscher*innen verwenden, sind verstörend hilfreich darin, die soziale Funktion von Wut zu begreifen: »Drohgebärden«, »Dominanzgebaren«. Das Zurschaustellen von Zorn ist eine Methode, Kontrolle über andere auszuüben und den eigenen Status geltend zu machen, einen Status, der in Teilen durch das Recht auf Dominanz definiert wird. Ein Recht, wie es Eltern, Chefs, Polizeibeamte und Ehemänner besitzen. »Dominieren« ist das, was Tommy letzten Endes tut – und was Dukakis nicht gelungen ist.

Nussbaum weist auf folgenden Zusammenhang hin: »Menschen mit einer übertriebenen Wahrnehmung ihrer eigenen privilegierten Stellung [sind meiner Erfahrung nach] besonders anfällig dafür, in Zorn zu geraten.« Anders gesagt: Je stärker jemand davon ausgeht, dass alles so läuft, wie er will, desto aufgebrachter ist er mit größerer Wahrscheinlichkeit, wenn dieser Plan nicht aufgeht; diejenigen hingegen, für die es sehr häufig nicht so läuft, wie sie es sich vorstellen, müssen lernen, ihre Wut sorgfältig einzuteilen. Tatsächlich sind diejenigen, denen am übelsten mitgespielt wird, oft am allerwenigsten interessiert an Feindseligkeiten. In ihrem Essay »The Uses of Anger« denkt Audre Lorde darüber nach, wie Women of Color »lernen müssen, diese Wut zu organisieren, um nicht entzweigerissen zu werden«. In seinem Nachruf auf Nelson Mandela macht der Schriftsteller Stephen Smith einen ganz ähnlichen Punkt: Mandela, so schreibt er, habe im Gefängnis erkannt, »dass Hass und Feindschaft immer nur sich selbst bedingen, dass beide eine Falle sind, die einem vom ›bösen‹ anderen gestellt wurde: Wer hineintappt, lässt sich von seinem Gegner kaum mehr unterscheiden«. Mandela, der genauso viel Anlass zum Wütend-Sein hatte wie jede*r andere, hat es trotzdem aufgegeben. Ganz anders als sein Bemühen, die Welt um sich herum zu verändern. Der Unterschied ist signifikant.

Wut ist eine erneuerbare Ressource; auch wenn anfänglicher Zorn schnell verraucht, kann er doch einfach wiederbelebt und verstärkt werden, indem man sich die Geschichte der Beleidigung oder der Ungerechtigkeit immer wieder neu erzählt, manchmal ein Leben lang. Viele Betrachtungen über den amerikanischen Zorn konzentrieren sich auf das, was die Menschen zornig macht – so, als ob Zorn als Reaktion unumgänglich sei und der im Außen liegende Stimulus, der ihn hervorbringt, die einzige Variable in dieser Rechnung. Selten wird der Stellenwert des Zorns diskutiert oder das mental Wesenhafte, das diesen Zorn befördert. Diese Faktoren werden andernorts diskutiert, und zwar in der spirituellen und psychologischen Literatur sowie in anthropologischen Texten.

Im Christentum ist der Zorn eine der sieben Todsünden; ihm gegenüber steht als Kardinaltugend die Mäßigung. Der Buddhismus betrachtet den Zorn als eines der drei Gifte, als Krankheit, die man durch Selbstdisziplin und Selbsterkenntnis zu überwinden hat. »Wenn es um Zorn geht, wird das traditionelle moralische Gebot manchmal übersetzt mit ›gar nicht erst wütend werden‹«, hat mir Taigen Dan Leighton erklärt, ein Zen-Priester und Übersetzer buddhistischer Texte. »Aber im modernen Sōtō-Zen-Buddhismus sagen wir es so: ›keine Feindseligkeiten hegen‹.« Die buddhistische Schriftstellerin Thanissara (Mary Weinberg) formulierte es folgendermaßen: »Traditionell verortet man den Zorn nah bei der Weisheit. Solange er nicht nach außen, auf andere, projiziert oder nach innen, also gegen sich selbst, gerichtet wird, schenkt er uns die notwendige Energie und Klarheit, um zu begreifen, was getan werden muss.«

Wir alle sind hin und wieder wütend, aber diese Wut muss weder zum Hass noch ständig erneuert und gestaut werden. Der Buddhismus hat da ein elegantes Modell der Aggressionsbewältigung im Angebot: Man zügele das Gefühl und mache es sich zunutze. Man empfinde es, ohne es anderen gegenüber auszuleben.

Manche Kulturen halten Zorn für einen Luxus, in dem man nicht schwelgen sollte. Die Machiguenga aus dem peruanischen Amazonasgebiet, so steht es in einer Studie aus dem Jahr 1986, halten Wut für gefährlich und für nicht wünschenswert, weil eng verbunden mit Gewalt. In den frühen sechziger Jahren lebte die Anthropologin Jean Briggs bei den Inuit in Kanada und berichtete, welch hohen Wert emotionale Kontrolle hier beigemessen bekam: »Das wichtigste Kennzeichen von Reife und Erwachsensein«, so beobachtete sie, »ist die Beibehaltung des Gleichmuts unter anspruchsvollen Umständen.« Unstete, sprunghafte Erwachsene wurden als störend, ja zerstörerisch empfunden. Zorn war etwas, aus dem man herauszuwachsen hatte.

Wir in Amerika sind dem Zorn nicht entwachsen; wir finden ja noch nicht mal, dass wir das sein sollten. Speziell die Linke hat Zorn immer als wesentlichen Katalysator für Veränderung begriffen, was in den Namen von Demonstrationen und Bewegungen evident wird. 1969 organisierte der Weather Underground die »Days of Rage«, die Tage des Zorns, bei denen die angereisten mehreren Hundert junger Radikaler von der zahlenmäßig überlegenen Chicagoer Polizei bezwungen wurden. Auf der anderen Seite des großen Teichs, in Großbritannien, zeichnete die »Angry Brigade« in den siebziger Jahren für eine Serie kleinerer Bombenanschläge verantwortlich. 1991 gründete sich die politische Rockband Rage Against the Machine, und während fast der gesamten neunziger Jahre gab ein anarchistisches Kollektiv namens »Love and Rage« eine Zeitung gleichen Namens heraus.

Linke Aktivist*innen haben sich schon fast chronisch darüber zerstritten, ob geringfüge Gewaltanwendung – Sachen zu zertrümmern, die Fäuste einzusetzen, Steine zu werfen, alles nicht gerade das, was ein Regime beiseitefegt – eine sinnvolle Strategie im Sinne eines gesellschaftlichen Wandels ist oder nicht. Die diese Ansicht bejahen, arbeiten oft mit einer anprangernden Sprache: Wer Gewaltanwendung nicht unterstütze, sei feige, kompromissbereit oder – die schlimmste aller Beleidigungen – liberal. Oft stützen sich die Gewaltverteidiger auf das Argument, Gewalt sei eine Form des individuellen Selbstausdrucks, und niemand habe das Recht, anderen diese Ausdrucksform zu verweigern.

Was im Zusammenhang mit einer alten Idee zu stehen scheint: Das, was nicht frei fließen darf, wird zurückgedrängt und frisst sich nach innen, wo es ungesunden psychischen Druck aufbaut. Womit unterstellt wird, dass dieser Drang unausweichlich ist, dass der Fluss ins Meer fließen muss; was den Fluss eigentlich speist, ob er tatsächlich ohne Wenn und Aber fließen muss und welche anderen Richtungen er beim Fließen nehmen könnte, wird nicht gefragt. Derart legitimiert wird Gewalt zu einer Spielart der Selbstentfaltung, eher Ausdruck eines bürgerlichen Individualismus statt einer globalen revolutionären Strategie. Und schon kämpft man tatsächlich gegen die eigene Unterdrückung statt gegen die der anderen. Nach mir die Sintflut. Diese Herangehensweise hat nichts zu tun mit einem strategischen oder auf Sieg ausgerichteten Handeln.[7]

---

7 All das wurde so natürlich auch schon vor dem Aufkommen der Antifa geschrieben, dieser Freiwilligenbewegung, die sich ge-

Wir sprechen von sogenannter ›blinder Wut‹, von ›blindwütigem Handeln‹; ich weiß noch genau, dass mich das, was mich zuletzt wütend gemacht hat – es war ein antisemitischer Kommentar –, in eine Ecke manövriert hat, aus der ich nicht mehr herauskam. Wieder und wieder habe ich im Kopf die Details der Unterhaltung durchgespielt und meine Argumente auf ihre Standfestigkeit abgeklopft, als ob ich vor Gericht Anklagepunkte anzufechten hätte. Ungefähr sechsunddreißig Stunden lang köchelte ich leise vor mich hin, lange Stunden, die ich mit fast jeder anderen Tätigkeit gewinnbringender und erfreulicher hätte verbringen können. Die rassistische Bemerkung fiel im Rahmen eines Gesprächs über den Nutzen linksradikaler Gewalt. Der betreffende Kommentar machte eine große ethnische Gruppe auf einem ganzen Kontinent sozusagen zu den Weicheiern des ganzen Landkreises: »Sind die sechs Millionen etwa nicht deshalb gestorben, weil sie keinen Widerstand geleistet haben gegen das Nazi-Regime?« Nachdem ich meine Zweifel an dieser Bemerkung angemeldet hatte, entschuldigte sich der Sprecher und gestand den faktischen Irrsinn seiner Aussage ein, aber ich regte mich trotzdem weiter auf.

Der Zorn verdrängte jeden anderen Gedanken, und

---

gen die Gewalt Weißer Rassisten stellt. Aber das ist eine gänzlich andere Geschichte aus einer gänzlich anderen Zeit.

ich blieb stecken in einem Augenblick, der für mich selbst gar nicht direkt bedrohlich war (obwohl antisemitische Kommentare und die dahinterstehenden Überzeugungen der Nährboden sind für antisemitische Taten, die momentan wieder Aufwind haben). Es war, als hätte sich mein Brustkorb mit einem Schlag über etwas Schwerem, Scharfkantigem geschlossen, in dessen Inneren es glühte. Es war, als bewegten sich meine Gedanken in einer ewigen Tretmühle und machten wieder und wieder Station bei den polnischen Partisanen, bei der Résistance in Frankreich, beim Aufstand im Warschauer Ghetto, bei Primo Levi in der italienischen Resistenza etc. pp. Aber dieses Gedankenwälzen war alles in allem weder angenehm noch produktiv, und als ich aus der Tretmühle schließlich wieder rauskam, schwor ich mir, mich selbst künftig besser zu regulieren.

Meiner Erfahrung nach sind Menschen, denen es auch langfristig um einen manifesten Wandel geht, oft am wenigsten verstrickt in die Dramen des Zorns, die für einen selbst wie für andere kräftezehrend sind. Wenn man, sagen wir, Hunderte von detaillierten Berichten über Vergewaltigungen gelesen und gehört hat, bleibt man, obwohl man es kaum noch schafft, sich über das jüngste Verbrechen zu empören, möglicherweise trotzdem stark motiviert, politisch aktiv zu werden. Die engagiertesten Aktivistinnen und Aktivisten, die ich so kenne, sind meist nicht die aufgebrachtesten. Sie fühlen sich vor allem der Veränderung des Ist-Zustands verpflichtet – also dem Handeln und nicht der Selbstentfaltung.

Ein großer Teil politischer Rhetorik klingt, als ob es ohne Zorn kein beherztes Engagement geben könne, als ob Zorn so etwas sei wie Benzin, das den Motor des gesellschaftlichen Wandels überhaupt laufen lässt. Manchmal aber bringt Benzin die Dinge nur zum Explodieren.

Dem Kirchenchor predigen

2017

Bei einem Fluss-Rafting-Trip durch den Grand Canyon hatte ich mal einen sympathischen, stets gutgelaunten Mitreisenden, der Betreiber einer Ölplattform im Golf von Mexiko war. Er schimpfte mit Vorliebe auf Nancy Pelosi, damals gerade zur Sprecherin des Repräsentantenhauses gewählt. Eines Tages sagte ich ihm, dass ich Pelosi auch nicht leiden könne, weil sie mir in vielen Punkten deutlich zu rechts sei. Der Mann war perplex; in seiner Vorstellung markierte sie den linksten Rand des Universums, hinter dem es nichts mehr geben konnte.

Wenn der Ölindustrielle an Land war, wohnte er in Colorado Springs; ich selbst komme aus San Francisco. Schon die Geographie machte uns für die/den jeweils andere*n zu einer exotischen Art. Die Flussreise fand 2009 statt, zu einer Zeit, als ich mich aus lauter Frustration sogar bei mir unbekannten Menschen häufig darüber beschwerte, dass die Leute in meiner Heimatstadt genauso engstirnig sein konnten wie in jeder rechtsgerichteten Kleinstadt. Da lebten wir alle in unserer jeweiligen Blase; was mir allerdings vorschwebte, war ein deutlich tiefgreifenderer Austausch. Aber das, was bei meinen Unterhaltungen auf dem Floß herauskam, war letzten Endes auch nicht sonderlich erhellend. Ich mochte den texanischen Zungenschlag des Ölmanns, und in unserer Vorliebe für Buttermilchkekse entdeckten wir eine Gemeinsamkeit, aber niemand schaffte es, die Meinung der oder des anderen über die Industrie der fossilen Brennstoffe zu ändern – oder versuchte das überhaupt. Was vielleicht der Grund dafür ist, warum ich die Begegnung als nett abgespeichert habe.

Die Phrase *preaching to the choir* – dem Kirchenchor predigen, offene Türen einrennen – wird meist für Leute verwendet, die ihren Zuhörer*innen ständig mit Argumenten kommen, die diese sowieso längst unterschreiben. Die Tendenz, anderen Vorhaltungen zu machen, was dann wiederum die eigene Tugendhaftigkeit unter Beweis stellen soll, ist sicherlich eine unter Radikalen weitverbreitete Sünde. Aber trotzdem wird diese Phrase bedauerlicherweise viel zu häufig in Anschlag gebracht, um den Austausch zwischen Menschen, deren Ansichten mehr oder weniger übereinstimmen, schlechtzumachen oder ganz zu unterbinden. Der Ausdruck unterstellt, dass politische Arbeit vor allem eine Art missionarischer Glaubensfeldzug sein sollte; dass die Aufgabe politischer Arbeit ist, rauszugehen und die Heiden zu bekehren; dass es absolut gar nichts bringt, mit denen zu reden, mit denen man sowieso schon einer Meinung ist. Allerdings sind es nur die Geduldigsten und Fähigsten, die es schaffen, die Ansichten derjenigen zu ändern, mit denen sie zutiefst uneins sind.

Und hat es nicht auch seinen Sinn, sich etwas predigen zu lassen und sich mit seinen Mitstreiter*innen zu versammeln? Warum sonst gehen wir in die Kirche, wenn nicht, um zu singen, ein bisschen zu beten, uns die Seele zu erleichtern, unsere Freund*innen zu treffen und die Predigt zu hören? Ich fragte Katya Lysander, was sie von dem Ausdruck *preaching to the choir* halte. Katya singt in einem Kirchenchor in Chicago, der sich alter und neuer osteuropäischer Musik widmet, und wies mich darauf hin, dass es bei einem Gottesdienst tatsächlich vier verschiedene Publika gibt: die Gemeinde, den Chor, den/die Pfarrer*in und Gott. Würde sich der/die Pfarrer*in beim Predigen tatsächlich an den Chor wenden, würde er/sie in die falsche Richtung gucken müssen, schließlich steht der Chor meist direkt hinter oder auf der anderen Seite der Kanzel. Außerdem, hätte Lysander noch hinzufügen können, möchte ja auch der/die Pfarrer*in dem Chor zuhören, der Gemeinde und den heiligen Texten. Und nach dem Gottesdienst treffen sich dann alle auf der Treppe vor der Kirche (oder der Synagoge oder der Moschee). Die kirchliche Konversation besteht also sozusagen aus einer ganzen Reihe von verschiedenen Unterhaltungen und Interaktionen zwischen Menschen in vielen unterschiedlichen Rollen.

Darüber hinaus ist die These, dass man dem Chor nicht predigen, also niemand längst Bekehrtes noch bekehren müsste, ein grundsätzliches Missverständnis des Wesens einer Predigt. Die Bekehrung oder die Übermittlung neuer Informationen ist gar nicht deren vorrangiges Ziel; die Aufgabe eines/r Prediger*in ist eine gänzlich andere: Traditionellerweise ist die Predigt eine Art Literaturkritik, die die heiligen Schlüsseltexte und ihre Bedeutungen als unerschöpflich betrachtet. Hören nicht auch Erwachsene wie die meisten kleinen Kinder manche Geschichten gern mehr als einmal – und eröffnen die substanziellsten dieser Geschichten nicht immer wieder neue Perspektiven auf sich selbst? In den meisten Religionen gibt es Gebete und Erzählungen, Hymnen und Lieder, die als nie versiegende Quellen der Signifikanz angesehen werden. Du kannst dein Schwert und dein Schild ruhig ein weiteres Mal am Ufer des Flusses niederlegen; du kannst immer noch mal von Neuem sagen, dass du früher blind warst und jetzt sehen kannst.

Karen Haybood Stokes, Seelsorgerin in Grand Rapids, Michigan, und früher Mitglied im Symphonischen Chor von San Francisco, erklärte mir, es sei gar nicht so sehr ihr Ziel, die Menschen vom Glauben zu überzeugen, als sie vielmehr dazu zu ermuntern, sich anzusehen, was in ihnen längst gläubig ist. »Meine Aufgabe als Predigerin ist es, Orte der Übereinkunft zu finden und von dort aus weiterzugehen. Nicht, um die Einstellung von irgendjemandem zu ändern, sondern um zu tieferem Verständnis zu gelangen.« Der gemeinsame Nenner der Gemeinde, das, auf das sich alle einigen können, ist nicht das Ziel, sondern der Ausgangspunkt: »Haben wir kritisch darüber nachgedacht, *warum* wir uns in diesem Punkt einig sind?« Die Predigt ist eine Aufforderung, tiefer zu gehen und sich selbst zu hinterfragen.

Die zentrale These hinter dem Gedanken, dass wir den schon prinzipiell Bekehrten nicht predigen sollten, ist der, dass die einzig richtige Zuhörerschaft nicht die eigenen Verbündeten, sondern die Feinde sind. Was vor allem in Wahlkampfzeiten seine ganz eigene Wahrheit besitzt, wenn sich wieder einmal die weitverbreitete Ansicht durchsetzt, dass man Wahlen nicht gewinnt, indem man sich auf die eigene Basis konzentriert, sondern indem man versucht, den politischen Gegner umzudrehen. Gemäß dieser Logik müsste alles, was ich in Wahlkampfzeiten sage und schreibe, auf meine Gegner abzielen und der Versuch sein, sie auf meine Seite zu ziehen. Wie oft wurde ich ermahnt, meine Äußerungen nicht zu einem Angriff auf mir fremde Menschen werden zu lassen, auf Menschen, mit denen ich wenig gemeinsam habe, und dass ich doch lieber Sachen sagen sollte, die die Leute weder aufbringen noch befremden.

Ich habe keine Ahnung, was das für watteweiche Worte sein sollen und ob ich sie überhaupt beherrsche. Ich solle mich doch um die Menschen, die aus tiefstem Herzen anderer Meinung sind als ich, stärker bemühen – denn warum Zeit verschwenden auf diejenigen, mit denen ich längst Beziehungen pflege und Interessen teile?

Eines der qualvollsten Rituale bei den jüngsten Präsidentschaftswahlen war dieses Rededuell, bei dem »noch unentschiedene« Wähler*innen oder Wechselwähler*innen den Kandidat*innen Fragen stellen durften. Dieses Spektakel funktioniert so, dass der oder die Kandidat*in gewinnt, der / die am besten um jene buhlt, die unsicher sind, ob sie für oder gegen Bürgerrechte sind, für oder gegen Steuersenkungen für die Reichen usw. Aber die Faktenlage deutet stark darauf hin, dass politische Körperschaften am meisten profitieren, wenn sie diejenigen motiviert kriegen, die längst mit ihnen übereinstimmen – wenn sie also nicht diejenigen ansprechen, die noch unsicher sind, *wen*, sondern die, die nicht wissen, *ob* sie überhaupt wählen gehen sollen. Das wiederum bedeutet, sich um die Wähler*innen zu bemühen, die historisch betrachtet mit geringerer Wahrscheinlichkeit zur Wahlurne gehen: Arme, Junge, Nichtweiße. Die Republikaner wissen das und haben deswegen hart an der Perfektionierung ihrer Taktiken zur Unterdrückung von Stimmen aus genau diesen Bevölkerungsgruppen gearbeitet.

Trotz alledem machen sich gemäßigte Demokraten oft auf, um denjenigen um den Bart zu streichen, die sie definitiv nicht unterstützen, womit sie dann wiederum diejenigen verraten, die das eigentlich tun. Was dann ist, als gäbe man in der Hoffnung, Anhänger*innen eines anderen Glaubens ein Einfallstor zu bieten, nicht nur seine einzige Gemeinde, sondern auch noch sämtliche Glaubensinhalte auf. In dem Glauben, neue Gemeindemitglieder zu werben, verliert man seine Religion. Das war der Fall bei der Sozial»reform«, beim Krieg gegen den Terror, bei einer Wirtschaftspolitik, die die Armen abstraft, und bei der Phantasie, die »Weiße Arbeiterschicht« auf die eigene Seite zu ziehen: Ein ums andere Mal haben fehlgeleitete Versuche, neue Wähler*innen zu rekrutieren, bereits bestehende Wählerschaften vor den Kopf gestoßen.

2017 gingen einige demokratische Kandidat*innen in dem Bemühen, für konservativere Bevölkerungsgruppen attraktiver zu werden, sogar so weit, ihr Engagement für die Reproduktionsrechte erlahmen zu lassen, diese Rechte als »Identitätspolitik« abzutun und damit für weniger wichtig zu erklären als etwa ökonomische Gerechtigkeit. Viele Frauen allerdings haben darauf hingewiesen, dass eine solche Haltung für ein massives Versagen steht: nämlich nicht zu begreifen, dass es für die eine Hälfte der Bevölkerung keine ökonomische Gleichstellung geben wird, solange sie nicht über ihren Körper bestimmen und ihre Familienplanung selbst in die Hand nehmen kann. Die Frage ist also gleichermaßen strategisch wie prinzipiell: Gewinnt man, weil man denjenigen nachjagt, die die eigenen Ansichten nicht teilen, oder weil man denjenigen gute Dienste leistet und Respekt zollt, die längst bei einem sind? Ist der Sinn und Zweck eines Kirchenchores der, für die Ungläubigen zu singen oder die Gläubigen zu begeistern? Und was passiert, wenn die Gläubigen nicht mehr in die Kirche kommen, nicht mehr spenden, nicht mehr die ganze Arbeit machen?

Einer der Gründe, warum wir die Bekehrung derart überbetonen, ist, dass wir Ideen tendenziell wichtiger finden als Handlungen – und dass wir glauben, es laufe auf politischen und gesellschaftlichen Wandel hinaus, wenn erst ein starker Konsens gefunden sei. In den letzten Jahren habe ich oft gehört, wie Leute sich die Köpfe heiß redeten angesichts von Umfrageergebnissen darüber, wie viele US-Amerikaner*innen den Klimawandel für wahr halten. Sie schienen immer überzeugt davon, dass die Klimakrise gelöst wäre, wenn man alle dazu bekäme, an den Klimawandel zu glauben. Aber wenn diejenigen, die den Klimawandel längst für real und akut halten, nichts gegen dieses Problem unternehmen, dann passiert eben auch nichts. Es ist nicht nur unwahrscheinlich, dass sich irgendwann alle einig sein werden, sondern die Frage, ob dem so sein wird, ist auch völlig irrelevant. Es lohnt nicht, darauf zu warten. Es gibt ja auch immer noch Menschen, die nicht finden, dass Frauen die gleichen unveräußerlichen Rechte zustehen wie Männern, was uns aber ja auch nicht davon abgehalten hat, eine Politik zu machen, die auf dem Prinzip der Geschlechtergleichheit fußt.

Was zählt ist, dass wenigstens einige von uns handeln. 2006 machte sich die Politologin Erica Chenoweth an die Beantwortung der Frage, ob Gewaltlosigkeit bei einem Regimewechsel genauso effektiv sei wie der Einsatz von Gewalt. Zu ihrer eigenen Überraschung fand sie heraus, dass die gewaltfreien Strategien sogar besser funktionieren. Politische Aktivist*innen waren ganz berückt von ihrer Erkenntnis, dass es nur 3,5 Prozent der Bevölkerung braucht, um mit Erfolg Widerstand zu leisten oder sogar einen gewaltlosen Regimewechsel herbeizuführen. Anders gesagt: Um Veränderung zu erreichen, braucht es nicht die Zustimmung aller; man braucht lediglich ein paar Leute, die derart leidenschaftlich einer Meinung sind, dass sie Geld spenden, Wahlkampf machen, auf Demonstrationen gehen, riskieren, verhaftet oder verletzt zu werden, möglicherweise sogar ins Gefängnis zu kommen oder zu sterben. Die leidenschaftliche Überzeugung dieser wenigen nimmt vielleicht Einfluss auf andere. Ideen entstehen an den Rändern und migrieren, wenn sie erfolgreich sein wollen, in Richtung Zentrum. Wer darauf besteht, dass eine Idee in der Mitte der Gesellschaft angekommen sein muss und sich nicht noch auf Wanderschaft befinden darf, bevor an ihrer Umsetzung gearbeitet wird, hat nicht verstanden, wie Veränderung funktioniert.

Laut Umfragen des Meinungsforschungsinstituts Gallup unterstützte die Mehrheit der US-Amerikaner*innen Anfang der sechziger Jahre das Vorgehen der Bürgerrechtsbewegung nicht. Weniger als ein Viertel der Öffentlichkeit befürwortete 1963 den Marsch auf Washington. Nichtsdestoweniger war dieser Marsch hilfreich, um den Druck auf die Regierung zu verstärken, die dann 1964 den Civil Rights Act verabschiedete. Bei diesem Marsch hielt Martin Luther King Jr. auch seine »I Have a Dream«-Rede – ein Musterbeispiel für *preaching to the choir.* King hielt diese Rede, um seine Unterstützer*innen zu inspirieren, nicht, um seine Kritiker*innen zu überzeugen. Er geißelte das moderate Vorgehen und die Politik der kleinen Schritte; er sprach davon, dass die Unzufriedenheit seiner Zuhörer*innen gerechtfertigt und notwendig sei, dass sie einen drastischen Wandel fordern müssten. Weiße Verbündete seien zwar nötig, aber Schwarze Aktivist*innen bräuchten auch nicht auf sie zu warten. Oft ist es ein Exempel an passioniertem Idealismus, der andere umkehren oder die Seite wechseln lässt. Konsequente Integrität ist einflussreicher als die Suche nach dem kleinsten gemeinsamen Nenner. Statt die Leute von da abzuholen, wo sie stehen, kann man sich manchmal auch einfach an irgendeinen Ort stellen – und plötzlich wollen die Leute genau dort sein.

Der Chor besteht aus zutiefst ergebenen Menschen: aus denjenigen, die jeden Sonntag da sind, die sich jede Predigt anhören und die wie die Wahnsinnigen Geld spenden. Es liegt unter anderem an der Zeit, die Chormitglieder miteinander verbringen, an der Summe ihrer Sympathie füreinander und an den geteilten Erfahrungen, warum ein Chor einstimmig und im Einklang singen kann. Wer politisch gewinnen will, muss die eigenen Leute motivieren.

Auch das Streben nach Erkenntnis wird häufig als *preaching to the choir* abgetan. Über die grundsätzliche, schlichte Übereinstimmung hinaus gibt es tausend Dinge, über die man mit seinen Freund*innen, Verbündeten und Kolleg*innen vielleicht noch reden sollte oder will – über strategisches und praktisches Vorgehen, über die Details einer Theorie, über Werte und Ziele, womit sowohl Zwischenschritte als auch Fernziele gemeint sind, und über Bewertung und Evaluation, wenn Dinge sich zum Besseren oder Schlechteren wenden. In diesem Modell hat effektives Reden nichts mit Alchemie zu tun; es ändert nichts an dem, was die Leute glauben. Eher ist es wie Elektrizität: Es rüttelt sie wach und lässt sie aktiv werden. Oder es hilft ihnen zu erkennen, warum etwas von Belang oder wo ihr Standpunkt ist.

Ich frage mich, ob ich den Ausdruck *preaching to the choir* zurzeit deshalb so oft höre, weil wir unsere Kommunikation im Alltag auf das Notwendigste und sogar auf weniger beschränkt haben. So gut wie niemand aus meinem Bekanntenkreis ruft Freund*innen noch einfach nur an, um lange, intime, reflektierte Gespräche zu führen, wie es in früheren Jahrzehnten gang und gäbe war; Telefone sind für die pragmatische Interaktion da – man verhandelt Pläne neu, rückversichert sich bei Abmachungen. E-Mails, die in den neunziger Jahren noch eine gewisse Ähnlichkeit mit Briefen hatten, werden jetzt immer mehr zu SMS-Nachrichten, zu einem kurzen Wortschwall auf kleinstem Raum, niemals kunstvoll komponiert, niemals so geschrieben, dass man sie aufbewahren oder mit allzu großer Aufmerksamkeit bedenken möge. Viele Menschen haben viel zu viel zu tun, um einfach mal ohne klaren Zweck miteinander Zeit zu verbringen – oder wissen nicht, dass das überhaupt geht. Die oft streitlustige Arena und der abstrahierte Kontakt in den sozialen Medien ersetzen physische Orte (darunter auch Kirchen), in denen man tatsächlich und ganz in echt abhängen kann.

Korrespondenz, dieses schöne Wort, beschreibt sowohl einen Briefwechsel als auch die gegebene Übereinstimmung mit jemandem; wir korrespondieren, weil wir korrespondieren. Als junge Frau hatte ich lange, intensive Gespräche mit anderen jungen Frauen – über schwierige Mütter, unzuverlässige Männer, über Liebeskummer, Ambitionen und Ängste. Manchmal drehten sich diese Gespräche im Kreis; manchmal fuhren sie sich fest, weil wir nicht in der Lage waren zu akzeptieren, dass wir nicht bekommen würden, was uns richtig oder gerecht erscheinen wollte. Im besten Fall jedoch bestärkten sie uns darin, dass unsere Wahrnehmungen und Gefühle nicht unbegründet oder unzulässig waren, dass andere auf unserer Seite waren und unsere Erfahrungen teilten, dass wir unseren Wert hatten und unsere Möglichkeiten. Wir bestärkten uns gegenseitig und unsere Bindungen.

Konversation ist einer der wesentlichen Wege, wie wir uns gegenseitig Rückhalt und Liebe geben; übers Reden finden wir heraus, wer unsere Freund*innen sind. Oft ist das Sich-Unterhalten auch genau der Ort, an dem Freundschaft gelebt wird. Man kann sich eine Freundschaft gut vorstellen als ein fortlaufendes Gespräch – und ein Gespräch als eine Zusammenarbeit von Köpfen, und diese Zusammenarbeit als einen Ziegelstein, aus dem eine Kultur oder eine Community gebaut wird. Die Phrase *preaching to the choir* macht sowohl den emotionalen als auch den intellektuellen Wert des Redens klein.

In einem idealen intellektuellen Austausch bedeutet Uneinigkeit nicht, den oder die Gegner*in dem Boden gleichzumachen, sondern die Struktur einer These oder einer Analyse zu prüfen und zu stärken. Das ist es, was man tut, wenn man grundsätzlich einer Meinung ist, an den Details aber noch feilen muss. Es ist Arbeit, die eine Freude sein kann. Eine anti-missionarische Arbeit, in die hinein man sich mit offenem Geist stürzt, gleichermaßen willens, sich überzeugen zu lassen, wie erpicht darauf, selbst zu überzeugen. Für alle, die der Erkundung von Ideen zugeneigt sind, ist dieses Tun ein Abenteuer voll von subtiler Freude über das Anwachsen von Bedeutung und Verständnis, voller Freude am Weitergehen, auch über den eigenen Ausgangspunkt hinaus. Eine Idee fliegt wie ein Tennisball hin und her und wird dabei bei jedem Schlag größer und anders. In dieser Anordnung ist niemand Pfarrer*in oder Chor, darf alles infrage gestellt werden, sind Ideen etwas Schönes und Präzision etwas Heiliges.

Auch wenn in den sozialen Medien großartige politische Arbeit geleistet und durchaus auch sinnvoll über Ideen und Werte debattiert wird, ist doch ein Großteil der Zeit, die wir gemeinsam (oder allein) verbringen, ersetzt worden durch Zeit, die wir online sind, in Arenen, die scharfsinniger Subtilität oder Komplexität nicht gerade zuträglich sind. Wir haben uns verlegt auf kurze, behauptende Statements, auf das Denken in Schlagzeilen, in Schwarz-Weiß, in unbestimmten Sammelkategorien, auf einen Umgang mit der Sprache, in dem Worte eher Schach- als Ballettfiguren sind. Wer davon ausgeht, dass alles, was nicht schwarz ist, weiß sein muss, dem erscheinen Diskussionen über Schattierungen und graduelle Unterschiede als irrelevant. Dieser Absolutismus setzt voraus, dass wir allen, die nicht vollkommen unserer Meinung sind, vollkommen ablehnend gegenüberstehen – und dass Konsens etwas Einfaches ist, eine Ziellinie, hinter der es keinerlei noch zu erkundende Nuancen, Strategien oder Möglichkeiten gibt.

Diese Form von Absolutismus steht sehr offenkundig im Gegensatz zu einer Realpolitik, die natürlich abhängig ist vom Verständnis für die und manchmal auch von der Zusammenarbeit mit denjenigen, mit denen man nicht in jedem Punkt einer Meinung ist. (Ich habe diese Lektion während der achtziger Jahre bei Anti-Atomkraft-Versammlungen gelernt, bei denen in potenziell radioaktiver Windrichtung lebende Mormonen, Punks, Neuheiden, japanische Buddhisten-Mönche, Franziskanerpriester, Nonnen und Häuptlinge der Schoschonen ziemlich gut zusammengearbeitet haben.) Vielleicht liegt diese Haltung auch überkreuz mit dem Menschsein selbst, wo wir in all unserer Differenz koexistieren und in kleinen Schritten das Beste aus unseren unterschiedlichen Lebenswegen machen müssen.

Wenn wir den Wert des Miteinander-Sprechens, des Sprechens mit Gleichgesinnten, in Abrede stellen, wird es uns nicht gelingen, den Wert der Konversation als solcher zu erkennen, die – wie auch die Predigt – viel mehr ist als die reine Kunst der Überzeugung oder die Weitergabe von Informationen. Im besten Fall ist eine Unterhaltung eine Methode, um viele schlaue, indirekte Dinge zu erreichen.

Der 1998 verstorbene Maler Rudolf Baranik hat mir mal die Geschichte erzählt, wie er an einem bitterkalten Wintertag in den späten dreißiger Jahren in New York mit der Fähre fuhr, kurz nach seiner Ankunft als Flüchtling aus Osteuropa. »Es ist sehr kalt, nicht wahr?«, sagte er in seinem noch etwas steifen Englisch zu einem Schwarzen, der neben ihm an Deck stand. »Yeaaahh, *man*«, gab sein Mitreisender zurück. Baranik fragte sich: »Warum singt dieser Mann?« Diese Szene hat sich ihm tief eingeprägt – die ungewohnte Musikalität in der Intonation dieses New Yorkers machte einen ansonsten recht alltäglichen Wortwechsel erinnerungswürdig, und die Geschichte blieb sogar mir im Gedächtnis. Warum äußert man sich einem fremden Menschen gegenüber übers Wetter, obwohl die Wetterlage doch für beide Beteiligten offensichtlich ist? Weil genau das eine Bestätigung dafür ist, dass man gemeinsam zur selben Zeit am selben Ort ist, dass man etwas gemeinsam hat, egal, wie unterschiedlich man sonst sein mag. Und weil es einen Anfang markiert, vielleicht nicht den Beginn von gegenseitigem Verständnis, aber vielleicht doch eine Öffnung hin zu einem Punkt, wo Verständnis beginnen könnte.

Worte verrichten eine ganze Menge Arbeit, und das nicht immer nur im wortwörtlichen Sinne; dieses kurze Gespräch über die Kälte ließ es warm werden zwischen zwei Fremden. So etwas passiert in der menschlichen Interaktion regelmäßig: diese kleinen Unterhaltungen, die Bindungen schaffen in der Nachbarschaft, am Zeitungskiosk, im Krankenhaus, in der Autowerkstatt, Beziehungen, die eine Wohltat sind und manchmal auch eine lebensnotwendige Ressource. Prärieboden wird an Ort und Stelle gehalten von den feinen Fäden des Wurzelsystems, das lebende und abgestorbene Gräser gewirkt haben, Gräser, die unter der Erde weiter reichen als oberirdisch. Auch aus diesen kleinen alltäglichen Interaktionen entsteht eine Art Wurzelsystem, das Menschen in einem eher aus Gefühlen als aus Fakten bestehenden Komplex zusammenhält, den wir Nachbarschaft, Kiez, Community oder auch Gesellschaft nennen können.

Und dann gibt es ja auch noch das Flirten, eine weitere der großen Freuden des Lebens, bei dem das, was ausgetauscht wird, zwar auch Information und Aushandlung ist, aber von der spritzigsten, moussierendsten Sorte – jede Äußerung per se ein Rausch wie auch ein Schritt weiter auf dem Weg zum Ziel. Sprechen kann also eher Spiel sein als Arbeit. Oder eine ganz raffinierte Form von Arbeit verrichten, bei der es, wie Katya Lysander sagte, gar nicht um Information im konkreten Sinn geht.

Pfarrerin Karen Stokes sagte mir, dass der Chor für sie einen Raum schafft, der quasi das Gegenteil der aggressiven, streitversessenen Internetkultur ist. »In sehr vielen Kirchen, in denen ich gearbeitet habe, ist der Chor der wichtigste Pfeiler. Die Mitglieder treffen sich einmal pro Woche; sie verbringen gemeinsam Zeit und legen sonntags noch mal eine Schippe drauf, sie sind einander verpflichtet. Du kannst da nicht einfach reinplatzen und sagen: ›Entweder wir singen jetzt das, oder ich gehe.‹ Alle haben sich etwas Größerem verschrieben: der Hervorbringung von Musik, ja, solange wir uns im kirchlichen Rahmen bewegen, der Hervorbringung von Musik zum Lobpreis Gottes.«

In den meisten Fällen, in denen ein breiter Konsens gefunden wurde, gibt es in dessen Kern viele offene Fragen, ungelöste Differenzen und Möglichkeiten. Zustimmung ist zunächst nur die Grundlage. Aber von diesem Punkt ausgehend können wir starke Gemeinschaften der Liebe aufbauen, begeisterte Widerstandsbewegungen. »Wir können nicht allein marschieren«, sagte Dr. King an jenem Tag im Jahr 1963. Wenn wir Menschen zum Mitmarschieren – und Reden – finden, stoßen wir auf eine Quelle sowohl der Macht als auch der Freude.

3

Amerikanische Hartleibigkeiten

Klimawandel als Form von Gewalt

2014

Wenn man arm ist, fügt man anderen mit relativer Wahrscheinlichkeit höchstens auf althergebrachte Art und Weise Verletzungen zu: mit den Händen, mit Messer oder Schlagstock, vielleicht auch ganz modern manuell mit einer Schusswaffe oder dem Auto. Wir könnten all das als ›handwerklich verübte Gewalt‹ bezeichnen.

Wer aber sagenhaft reich ist, kann sich der Gewaltausübung im industriellen Ausmaß widmen, und das, ohne selbst überhaupt Hand anzulegen. Man kann zum Beispiel in Bangladesch eine Textilfabrik errichten, die in sich zusammenbrechen und mehr Menschen töten wird, als jeder selbsttätige Massenmörder je getötet hat. Oder man stellt eine Kosten-Nutzen-Rechnung über die Gifte und nicht sicheren Maschinen auf, die man produziert und in die Welt setzt – was für jeden Fabrikanten zum Tagesgeschäft gehört. Als Regierungschef eines Landes kann man Kriege erklären und auf diesem Weg Hunderttausende oder Millionen umbringen. Die atomaren Großmächte – also die Vereinigten Staaten und Russland – verfügen bis heute über die Option, einen ziemlich großen Anteil des Lebens auf der Erde zu vernichten. Genau wie die Kohlemagnaten.

Aber wenn wir über Gewalt sprechen, meinen wir fast immer Gewalt von unten und nicht von oben. Zumindest hatte ich diesen Eindruck, als ich die Presseerklärung einer Klimaschutzgruppe bekam, in der stand: »Wissenschaftlerinnen und Wissenschaftler sagen, dass es einen direkten Zusammenhang gibt zwischen einem sich wandelnden Klima und einem Anstieg der Gewalt.« In einem Artikel in der Zeitschrift *Nature*, der nicht allzu viel Aufmerksamkeit bekommen hat, hatten die Wissenschaftler*innen geschrieben, dass die Konfliktrate in tropischen Regionen in El-Niño-Jahren tatsächlich höher ist – was unsere Epoche des Klimawandels vielleicht zu einer Zeit der Bürgerkriege und der internationalen Konflikte werden lassen könnte.

Die Botschaft ist die: Einfache Leute werden sich in einer Ära des beschleunigten Klimawandels schlecht benehmen. Was sich auch alles sehr plausibel ausnimmt, wenn man noch einmal zurückkehrt zur Ausgangshypothese und festhält, dass der Klimawandel selbst ein Akt der Gewaltanwendung ist. Eine extreme, verheerende, langfristige und überall anzutreffende Gewaltanwendung.

Der Klimawandel ist anthropogen, also menschengemacht. Manche Menschen haben ihn allerdings sehr viel stärker verursacht als andere. Die Konsequenzen dieses Wandels sind uns bekannt: Die Ozeane versauern, die Artenvielfalt in den Meeren nimmt ab; Inselstaaten wie die Malediven gehen langsam unter; Überschwemmungen, Dürren und Ernteausfälle treten häufiger auf, was wiederum die Lebensmittelpreise steigen und den Hunger weltweit größer werden lässt; unser Wetter verhält sich zunehmend turbulent. (Man denke nur an die letzten Hurrikane in Houston, New York und Puerto Rico; an die Waldbrände in Kalifornien und Australien; an die Taifune auf den Philippinen und an die Hitzewellen, die ältere Menschen zu Zehntausenden sterben lassen.)

Klimawandel ist eine Form von Gewalt.

Wenn wir also über den Zusammenhang von Gewalt und Klimawandel sprechen, dann sollten wir über den Klimawandel *als* Gewalt sprechen. Statt sich darüber Sorgen zu machen, dass Otto Normalverbraucher vielleicht etwas heftig auf die Zerstörung seiner Lebensgrundlagen reagiert, sollte man sich eher über genau diese Zerstörung sorgen und sich die Frage stellen, wie man sie wohl überleben soll. Natürlich werden Ernteausfälle, Dürren, Überschwemmungen und anderes weiterhin – denn das haben sie längst – zu Massenmigration und Klimaflüchtlingen führen, und das wiederum zeitigt Konflikte. Konflikte, die zurzeit in Gang gesetzt werden.

Der Arabische Frühling lässt sich teilweise auch als Klimakonflikt sehen: Die steigenden Preise für Weizen waren einer der Auslöser für die Reihe von Aufständen, die das Gesicht von Nordafrika und dem Nahen Osten nachhaltig verändert haben. Da lässt sich einerseits natürlich sagen: Wie schön, dass die Menschen dann dort zumindest nicht mehr gehungert haben. Andererseits: Ist es wirklich so großartig, dass da Menschen aufbegehrt haben, nachdem ihnen die Nahrung und die Hoffnung genommen wurden? Und dann braucht es außerdem noch den Blick auf das Wetter und auf die politischen Systeme, die diesen Hunger verursacht haben: In Ländern wie Ägypten herrscht eine gewaltige ökonomische Ungleichheit sowie eine enorme Brutalität, mit der die Leute aus den unteren Schichten des gesellschaftlichen Systems auch unten gehalten werden.

Menschen rebellieren dann, wenn ihr Leben unerträglich wird. Manchmal schafft die faktische Realität diese Unerträglichkeit: Dürren, Seuchen, Unwetter, Flutkatastrophen. Aber auch Ernährung und medizinische Versorgung, Gesundheit und Wohlfahrt, Zugang zu Wohnraum und Bildung sind Dinge, die gesteuert werden – und zwar von wirtschaftlichen Instrumenten und der Politik einer Regierung. Wegen steigender Lebensmittelpreise und einer ins Stocken geratenden Nahrungsmittelproduktion wird der Klimawandel mehr Hunger zur Folge haben. Allerdings ist Hunger auf der Erde schon jetzt verbreitet, und das hat sehr oft nicht mit dem Versagen von Natur oder Landwirtschaft zu tun, sondern mit dem jeweiligen Verteilungssystem. Laut US-Landwirtschaftsministerium leben heutzutage fast 16 Millionen Kinder in den Vereinigten Staaten mit Hunger, was nicht daran liegt, dass die in der Fläche großen, landwirtschaftlich reichen Vereinigten Staaten nicht in der Lage sind, genügend Nahrungsmittel zu erzeugen, um alle satt zu kriegen. Wir sind ein Land, in dem das Verteilungssystem als solches eine Form von Gewaltanwendung ist.

Es ist ja nicht so, dass es der Klimawandel ist, der ganz plötzlich eine Ära der ungleichen Verteilung mit sich bringt. Ich vermute, dass Menschen auch in Zukunft gegen das rebellieren werden, wogegen sie auch in der Vergangenheit schon rebelliert haben: systemische Ungerechtigkeit nämlich. Und rebellieren sollten sie auch, wir sollten froh sein, dass sie das tun, auch wenn es kein Anlass zur Freude ist, dass sie das müssen. Einer der Auslöser für die Französische Revolution war die schlechte Weizenernte im Jahr 1788. Sie ließ die Brotpreise ins Astronomische schießen und machte die Armen hungrig. Oft hält man ein autoritäreres Vorgehen und mehr Drohungen gegenüber den Armen für eine Absicherung gegen derlei Vorkommnisse, aber eigentlich sind sie nur der Versuch, den Deckel auf das zu drücken, was längst überkocht. Die Alternative wäre: die Hitze runterschalten.

Genau in der Woche, in der diese schlecht durchdachte Pressemitteilung über Klima und Gewalt bei mir eintraf, gab der Konzern Exxon Mobil einen Bericht zu seiner Firmenpolitik heraus. Eine relativ langweilige Lektüre – es sei denn, man ist in der Lage, die trockene Businesssprache umzusetzen in Bilder von den Konsequenzen, die dieses Agieren des Profits wegen zeitigt. Exxon schreibt: »Wir sind überzeugt, dass keine unserer Kohlenwasserstoffreserven in unmittelbarer oder absehbarer Zukunft zu ›Stranded Assets‹ werden. Wenn der weltweit steigende Energiebedarf gedeckt werden soll, halten wir die Produktion dieser Wirtschaftsgüter für zentral.«

Ein ›Stranded Asset‹ wäre in diesem Zusammenhang ein Kohlenstoffprodukt – Kohle, Öl oder noch in der Erde liegendes Erdgas –, das wertlos würde, wenn wir beschlössen, dass es in naher Zukunft nicht mehr gefördert und verbrannt werden dürfte. Wissenschaftler*innen raten dazu, den Großteil der bekannten Kohlenstoffreserven der Welt im Boden zu belassen, wenn wir es lediglich mit der milden statt mit der extremeren Ausprägung des Klimawandels zu tun bekommen wollen. In der milderen Variante würden zahllose Menschen, Arten und Orte mehr überleben. Im Idealfall fügen wir der Erde also weniger Schaden zu. Zurzeit wird darüber gestritten, wie stark die Erde von uns verheert werden soll.

Es ist unsere Aufgabe, an jedem Schauplatz auf die systemische Gewalt im großen, industriell verfertigten Maßstab zu schauen, nicht nur auf die handgemachte Gewalt der weniger Mächtigen. Was besonders notwendig ist, wenn es um den Klimawandel geht. Das Unternehmen Exxon hat beschlossen, darauf zu setzen, dass wir es nicht dazu zwingen können, seine Reserven im Boden zu belassen, und versichert seinen Investoren, weiterhin Profit zu ziehen aus der schnellen, gewaltsamen und vorsätzlichen Zerstörung der Erde.

Die ›Zerstörung der Erde‹ ist eine überstrapazierte Phrase, aber man übersetze sie in das Gesicht eines hungernden Kindes und eines ausgedörrten Feldes – und vervielfältige dieses Bild ein paar Millionen Mal. Oder man stelle sich die kleinsten der Weichtiere vor, Jakobsmuscheln, Austern oder Arktische Meeresschnecken, die schon jetzt in den sauer werdenden Ozeanen keine Schalen mehr bilden können. Oder man denke an den kommenden Supersturm, der die nächste Stadt dem Erdboden gleichmacht. Der Klimawandel ist Gewalt im globalen Maßstab, Gewalt gegen Orte und Arten genauso wie gegen Menschen. Wenn wir ihn endlich korrekt benennen, können wir damit anfangen, uns wirklich über unsere Prioritäten und Werte zu unterhalten. Denn der Aufstand gegen die Brutalität fängt mit dem Aufstand gegen die Sprache an, die diese Brutalität verschleiert.

Blut am Gründungsmythos

2006

Schön war der Ort, an dem die beiden jugendlichen Zwillingsbrüder ermordet wurden. Ihr Onkel sowie ihre Mörder brachten es in den Vereinigten Staaten durchaus zu Berühmtheit. Aber an jenem Sonntag, dem 28. Juni 1846, lag der Schauplatz des Verbrechens im Norden von San Francisco noch gar nicht in den Vereinigten Staaten. Wie der Rest von Kalifornien und der gesamte Südwesten der heutigen USA gehörte dieses Land damals noch zu Mexiko, was wiederum der Grund dafür war, warum die beiden De-Haro-Söhne Francisco und Ramón zusammen mit ihrem betagten Onkel José de la Reyes Berreyesa kaltblütig erschossen wurden.

Ich habe mir die Szene so häufig vorgestellt, dass ich sie gestochen scharf vor Augen sehe: die drei Männer, wie sie in ihren Ponchos vor dem blauen Wasser der Bucht von San Francisco stehen und ihre Sättel festhalten, wie sie erst überrascht sind, dann entsetzt, dann tot, einer nach dem anderen, abgeknallt von ihren Mördern. Die drei Gestalten vor dem Wasser der unberührten Bucht: ein starkes, symbolisches Bild. Blaues Wasser.

Goldene Hügel. Drei Menschen aufrecht inmitten der Schönheit dieses Ortes. Dann drei Leichen, zusammengesackt am Strand. Diese Art von Tod wird in Balladen besungen, aus dieser Sorte Tod entstehen Gemälde. Nur in diesem Fall ist dahingehend nicht allzu viel entstanden. Lediglich der in San Rafael geborene Dichter Robert Hass erwähnt den Tod der drei in seinem Gedicht »Palo Alto: The Marshes (for Mariana Richardson 1830–1899)« aus dem Jahr 1970.

Einige Schilderungen verorten den Schauplatz des Mordes auf Point San Pedro, dieser halbwegs ruralen, in die Bucht hineinragenden Halbinsel; andere legen ihn näher heran an die Mission, dort, wo heute das Stadtzentrum von San Rafael liegt. Alle Berichte stimmen darin überein, dass die drei mexikanischen Bürger von Point San Pablo, nördlich des heutigen Berkeley gelegen, hinübergerudert waren. In der damaligen Zeit verbreiteten sich Nachrichten mit der Geschwindigkeit eines Reiters oder eines Boots, und die Nachricht von der Festnahme des Verwalters von Nordkalifornien, Mariano Guadalupe Vallejo, am 14. Juni in Sonoma hatte wahrscheinlich noch nicht allzu viele seiner Mit-›Californios‹ – wie die mexikanischen Bürger von Alta California damals hießen – erreicht. Wie auch immer: Berreyesa war zu Ohren gekommen, dass sein Sohn José de los Santos Berreyesa, der *alcalde* (also Bürgermeister) von Sonoma, gefangen genommen worden war, und hatte sich mit seinen Neffen ins Ruderboot gesetzt, um dieser Sache nachzugehen.

Der kleine Krieg hatte sich schon seit einiger Zeit zusammengebraut. US-Präsident James Polk hatte weitreichende territoriale Ambitionen, weswegen er seinen Emissär Thomas O. Larkin ausgesandt hatte, um die Californios dazu anzuhalten, (zusammen mit ihrem Land) zu den Vereinigten Staaten überzulaufen. Gleichzeitig hatte er Großbritannien dazu gedrängt, den Streit über den Pazifischen Nordwesten beizulegen, hatte das Stück Land, das heute Oregon und Washington ist, für die Vereinigten Staaten käuflich erworben, außerdem das erst kürzlich (von Mexiko) unabhängig gewordene Texas annektiert und damit vom Zaun gebrochen, was in unseren Schulbüchern »Mexikanisch-Amerikanischer Krieg« heißt. Präziser müsste man diesen Krieg wohl den »Krieg gegen Mexiko« nennen, denn wir waren es, die ihn begonnen haben. Nach seiner Beendigung trat Mexiko widerstrebend fast die Hälfte seines Territoriums ab – mehr als eine halbe Million Quadratmeilen, die heute der Westen von New Mexico, Colorado, Kalifornien, Nevada, Utah, der Großteil von Arizona und ein kleines Stück von Wyoming umfassen.

Riesige Landstriche – die genau genommen den Native Nations gehörten, die schon lange vor Spanien, Mexiko oder Polk dort gewesen waren – unterstellten sich in jenen Jahren einer neuen Oberhoheit, und die Vereinigten Staaten nahmen ihre heutige Form an, von der Ost- bis zur Westküste. Die Bärenflaggenrevolte jedoch war weder episch noch heroisch, sondern nur eine seltsame, unbedeutende Auseinandersetzung, die nahtlos überging in den Krieg gegen Mexiko. Alles fing damit an, dass eine Handvoll Yankee-Siedler aus der Nähe von Sutter Buttes im Central Valley das Gerücht hörte, eine kleine mexikanische Armee habe sich auf den Weg gemacht, um illegale Ausländer, also Amerikaner, aus dem Land zu jagen, und wutentbrannt beschloss, den Mexikanern zuvorzukommen. In der zweiten Juni-Woche brach man auf, rekrutierte unterwegs weitere Männer und schlich sich am 14. Juni bei Tagesanbruch zu ungefähr dreißigst auf die Plaza von Sonoma.

Dort stürmten die ›illegalen Ausländer‹ dann das Haus von Vallejo und nahmen ihn als Geisel. Manche trugen Hosen aus Ziegenleder, manche Pelzmützen aus Kojotenfell; einige hatten nicht mal Schuhe an. In einem der Berichte werden sie beschrieben als »eine marodierende Horde aus Pferdedieben, Fallenstellern und durchgebrannten Matrosen«. Vallejo hingegen, ein Viehzüchter und eher zurückhaltender Gouverneur, war ein kultivierter Mann, der der Annexion durch die Vereinigten Staaten gar nicht abgeneigt gegenüberstand, aber eben auch kein Gefängnisinsasse oder Bürger zweiter Klasse werden wollte. Seine offene Einwanderungspolitik hatte ja das Problem überhaupt erst entstehen lassen. Die Besetzer hissten eine Flagge mit einem derart schlecht gemalten Bären darauf, dass manche Mexikaner dachten, er solle ein Schwein darstellen. In besserer Ausführung ist er bis heute auf der kalifornischen Fahne zu sehen – allerdings ist die abgebildete Grizzly-Unterart seit nunmehr über achtzig Jahren ausgestorben. Der Ironien sind nicht zu knapp.

Captain John Charles Frémont, der Kalifornien mit einem Trupp aus Kundschaftern und Soldaten illegal betreten hatte, stachelte die Revolte zunächst weiter an und schloss sich ihr dann aktiv an – er stahl Pferde, beschlagnahmte Versorgungsgüter und machte mehr oder weniger das, wozu er Lust hatte. Am Morgen des 28. Juni befand er sich zusammen mit seinem obersten Kundschafter, Kit Carson, in der Nähe des Strandes von San Rafael, als die De-Haro-Zwillinge ihren Onkel hinüberruderten, der, wie mehrfach berichtet wird, eben seinen Sohn in Sonoma besuchen wollte. Carson fragte Frémont, was mit diesen unbewaffneten Californios anzufangen sei. Laut dem ebenfalls anwesenden Jasper O'Farrell winkte Frémont bloß ab und sagte: »Ich habe keinen Platz für Gefangene.« Also erschoss Carson sie, aus einer Entfernung von knapp fünfzig Metern. In einer Schilderung heißt es, Ramón sei »in dem Augenblick getötet worden, als er das Ufer erreichte. Francisco warf sich auf die Leiche seines Bruders. Dann erging der Befehl: ›Tötet den anderen Hurensohn!‹ Ihm wurde umgehend Folge geleistet.« Als der Onkel wissen wollte, warum die Jungen getötet worden waren, wurde auch er niedergeschossen. Später lief Berreyesas Sohn Antonio ein Yankee über den Weg, der den Poncho seines Vaters trug – man hatte die Leichen entkleidet und an Ort und Stelle liegengelassen. Antonio Berreyesa verlangte von Frémont, die Rückgabe des Ponchos an ihn zu befehlen. Frémont weigerte sich, und Berreyesa zahlte dem Dieb 25 Dollar für das Kleidungsstück.

Der Sohn blieb zeit seines Lebens verbittert. Der Vater der Zwillingsbrüder soll an der Trauer gestorben sein. Kalifornien wurde ein Teil der Vereinigten Staaten. Carson, der im Norden Kaliforniens an einem Massaker an Mitgliedern des Stamms der Klamath beteiligt gewesen war, ermordete später Indianer in der Mojave-Wüste und spielte eine zentrale Rolle bei der Vertreibung der Navajo- und Mescalero-Apachen aus ihren heimischen Gefilden. Später wurde er ein populärer Held der amerikanischen Westexpansion, ein Gegenstand vieler ihn lobpreisender und teils fiktionaler Bücher. Frémonts Stern stieg. 1856 war er Präsidentschaftskandidat der neu gegründeten Republikanischen Partei. Er kandidierte für einen Anti-Sklaverei-Flügel der Partei, aber alte Skandale, darunter sein Befehl zur Ermordung von Berreyesa und der De-Haro-Brüder, kamen ans Licht. Der Landvermesser Jasper O'Farrell aus San Francisco sagte gegen ihn aus – seine Aussage ist der einzige Bericht über den Mord aus erster Hand –, und Frémont konnte sich im Bundesstaat Kalifornien nicht durchsetzen. Nach dem Krieg wurden noch viele weitere Männer der Familie Berreyesa von Yankees ermordet, und die Familie verlor ihren weitläufigen Landbesitz in der Bay Area. Es gibt noch viele weitere von der Geschichte sträflich missachtete Tote zu erwähnen, darunter jene, die die in den Sand gezeichnete Linie nach dem Mexikanisch-Amerikanischen Krieg überschritten. Was uns an die Willkür von Grenzen und die Farbe der Gerechtigkeit gemahnt.

Was vor mehr als 170 Jahren in Kalifornien geschehen ist, hat immer stark zu tun mit dem, was heute passiert – an dieser damals geschaffenen Grenze und mit dem Status von Latinos, die oft wie Invasoren behandelt werden, obwohl für viele von ihnen die Geschichte folgendermaßen geht: »Nicht wir haben die Grenze überschritten, die Grenze hat uns überrollt.« In gewisser Hinsicht haben sämtliche Protagonisten von damals noch andere Denkmäler erhalten: Die Fremont Street und die Vallejo Street liegen beide im Nordosten von San Francisco, treffen aber nie aufeinander. Die Polk Street und die Larkin Street verlaufen weiter westlich parallel zueinander, und beide werden gekreuzt von der O'Farrell Street. Die nach dem Vater der ermordeten Zwillinge, gleichzeitig auch erster Bürgermeister der Stadt, benannte und weiter südlich gelegene De

Haro Street verläuft quer durch den Stadtteil Potrero Hill. Der Lake Berreyesa ist ein künstlich angelegter See, der erst viel später auf der Bildfläche erschien. Carson wiederum heißt ein Pass in der Sierra Nevada, ein Vorstadtviertel von Los Angeles, eine öffentliche Schule in Las Vegas und ein Denkmal in Santa Fe. Nach Frémont wiederum, Carsons Befehlshaber, wurde eine Stadt sowohl im Osten der Bucht als auch eine Highschool in South Central Los Angeles benannt. An dieser Schule hat mein Vater seinen Abschluss gemacht. Aber all diese Orte erzählen niemandem, der die Geschichte nicht schon kennt, davon, auf welch seltsame, blutige Art und Weise Kalifornien Teil der Vereinigten Staaten wurde.

Tod durch Gentrifizierung: Der Mord an Alex Nieto und die Verrohung von San Francisco

2016

An dem Tag, an dem Alejandro Nieto seinen dreißigsten Geburtstag gefeiert hätte, verließen seine Eltern einen proppenvollen Gerichtssaal in San Francisco, kurz bevor den Geschworenen Fotos von der Autopsie ihres Sohnes gezeigt wurden. Auf den Bildern war zu sehen, was passiert, wenn vierzehn Kugeln Kopf und Körper eines Menschen durchschlagen. Den Großteil des restlichen Tages verbrachten Refugio und Elvira Nieto auf einer Bank im fensterlosen Korridor des Gerichtsgebäudes, in dem der Zivilprozess in der Sache der widerrechtlichen Tötung ihres Sohnes stattfand.

Alex Nieto war 28 Jahre alt, als er in dem Stadtviertel ermordet wurde, in dem er sein ganzes Leben verbracht hatte. Er starb in einem Kugelhagel, den vier Polizisten der Stadt San Francisco auf ihn abgaben. Im Zusammenhang mit seinem Tod gibt es nur einige wenige Punkte, die unstrittig sind: Als am Abend des 21. März 2014 jemand kurz nach 19 Uhr seinetwegen bei der

Polizei anrief, befand er sich in einem auf der Hügelkuppe liegenden Park, aß einen Burrito und dazu Tortilla-Chips und hatte die Elektroschockpistole dabei, die ihm als offiziell zugelassenem Sicherheitsbediensteten eines Nachtclubs gehörte. Nach dem Hersteller nennt man solche Waffen auch »Taser«. Die Polizeibeamten, die wenige Minuten später eintrafen, geben an, Nieto habe die Elektroschockpistole provozierend auf sie gerichtet, sie hätten deren rotes Laserlicht fälschlicherweise als Laservisier einer Schusswaffe interpretiert und Nieto daraufhin in Notwehr erschossen. Die Geschichten der vier Beamten widersprechen sich allerdings genauso wie das Beweismaterial, und ihre Geschichten klingen teilweise wenig glaubwürdig.

An der Straße, die sich um die grüne Hügelkuppe des Bernal Heights Parks windet, befindet sich heute ein inoffizieller Gedenkort für Nieto. Menschen, die ihre Hunde ausführen, joggen oder spazieren gehen, bleiben stehen und lesen das von Steinen beschwerte und gegen den Hang gedrückte Spruchband, das umstanden ist von frischen und künstlichen Blumen. Alex' Vater Refugio besucht diesen Gedenkort immer noch mindestens einmal täglich. Er kommt zu Fuß von seiner kleinen Wohnung an der Südseite von Bernal Hill. Alex Nieto war in dem Park auf dem Hügel, seitdem er Kind war. Am Abend des 3. März 2016 gingen seine Eltern zusammen mit Freund*innen und Unterstützer*innen im Dunkeln hinauf und brachten einen Geburtstagskuchen an die Gedenkstätte.

Refugio und Elvira Nieto sind ehrwürdige, bescheidene Menschen, die ihr Gram nicht gebeugt hat. Sie führen sehr eloquente Unterhaltungen auf Spanisch, sprechen jedoch kaum ein Wort Englisch. Sie kannten sich schon als arme Kinder in einer Kleinstadt des Bundesstaats Guanajuato in Zentralmexiko und wanderten in den siebziger Jahren unabhängig voneinander in die Bay Area aus, wo sie wieder aufeinandertrafen und 1984 heirateten. Seitdem wohnen sie in dem Haus an der Südflanke des Bernal Hill. Über Jahrzehnte arbeitete Elvira als Reinigungskraft in den Hotels im Stadtzentrum von San Francisco, heute ist sie in Rente. Refugio hat schwarzgearbeitet, war aber als Haupterziehungsverantwortlicher für Alex und seinen jüngeren Bruder Hector meistens zu Hause.

Hector saß an den meisten Verhandlungstagen im Gerichtssaal neben seinen Eltern – gutaussehend, in sich gekehrt, mit glänzenden, zu einem ordentlichen Pferdeschwanz zusammengebundenen schwarzen Haaren –, nicht weit weg von den drei Weißen und dem einen asiatischen Polizisten, die seinen Bruder umgebracht haben. Dass es überhaupt einen Prozess gab, war schon ein Triumph. Die Stadt hatte der Familie und ihren Unterstützer*innen lange den ganzen Autopsiebericht sowie die Namen der Beamten, die Nieto erschossen hatten, vorenthalten, und es dauerte Monate, bis der Hauptzeuge seine Angst vor der Polizei überwunden und eine Aussage gemacht hatte.

Nieto ist gestorben, weil mehrere Weiße Männer ihn für einen bedrohlichen Fremdkörper hielten – an dem Ort, wo er sein gesamtes Leben verbracht hatte. Manche dieser Männer hielten ihn für ein Mitglied einer Gang, weil er eine rote Jacke trug. In San Francisco vermeiden es viele männliche Latinos – Jungen und Männer gleichermaßen –, Rot und Blau zu tragen, weil das die Farben zweier Gangs sind, der Norteños und der Sureños. Zu den 49ers hingegen, dem Football-Team von San Francisco, gehören die Farben Rot und Gold. In San Francisco eine 49ers-Jacke zu tragen ist so normal, wie in New Orleans ein Saints-Trikot am Leib oder in New York eine Yankees-Kappe auf dem Kopf zu haben. An dem besagten Abend trug Nieto – buschige schwarze Augenbrauen und gestutzter Kinnbart – eine neu aussehende 49ers-Jacke, eine schwarze 49ers-Kappe, ein weißes T-Shirt, eine schwarze Hose und unter seiner Jacke einen Gürtel mit der im Halfter steckenden Elektroschockpistole. (Elektroschockpistolen funktionieren folgendermaßen: Aus ihnen schießen Drähte, die den elektrischen Schock verabreichen und dabei die Zielperson kurz lähmen; ihre Form ist grob der einer Handfeuerwaffe nachempfunden, dabei aber bauchiger; Nietos Gerät trug an vielen Stellen leuchtend gelbe

Schriftzeichen und hatte eine Reichweite von viereinhalb Metern.)

Seine erste Zulassung als Sicherheitsbediensteter erhielt Nieto vom Bundesstaat Kalifornien 2007. Seitdem war er in dieser Branche tätig. Er hatte nie im Gefängnis gesessen und verfügte über kein Vorstrafenregister, und das in einem Viertel, in dem jugendliche Latinos auch mal einfach nur deshalb von der Polizei festgesetzt werden, weil sie sich in der Öffentlichkeit aufhalten. Er war Buddhist. Sohn von aus Südamerika eingewanderten Eltern und praktizierender Buddhist – genau die Art Mischung also, die San Francisco einst so gut zustande gebracht hat. Als Teenager hatte er fast fünf Jahre lang im Nachbarschaftszentrum von Bernal Hill als Berater für andere Jugendliche gearbeitet; er war ein geselliger Mensch mit viel Gemeinschaftssinn, er beteiligte sich an politischen Aktionen, Straßenfesten und Veranstaltungen der Nachbarschaft.

Seinen Abschluss am Community College machte er mit einer Arbeit über Strafjustiz, und er trug sich mit dem Wunsch, als Bewährungshelfer für Jugendliche zu arbeiten. Laut Carlos Gonzalez, einem bei der Stadt angestellten Bewährungshelfer, hat Nieto noch kurz vor seinem Tod ein Praktikum bei der städtischen Jugendbewährungshilfe gemacht. Die beiden freundeten sich an. Gonzalez sagte, Nieto habe genau gewusst, wie die Verbrechensbekämpfung in der Stadt laufe. Niemand hat bislang ein überzeugendes Motiv dafür vorgebracht, warum Nieto einen pistolenförmigen Gegenstand auf Polizisten hätte richten sollen, obwohl ihm klar war, dass dies für ihn tödlich enden könnte.

Nach seinem Tod wurde er als Person so dargestellt, als wäre seine Ermordung unausweichlich gewesen. Wie ein Vergewaltigungsopfer wurde ihm die Schuld für das Geschehene in die Schuhe geschoben, und völlig belanglose, aber nicht ganz so schmeichelhafte Dinge aus seiner Vergangenheit wurden hervorgekramt und an die Öffentlichkeit gegeben. Direkt nach seinem Tod durchstöberten Polizei und Gerichtsmedizin seine Krankenakten und fanden heraus, dass er vor Jahren eine Krise gehabt hatte. Was aufgeblasen wurde zur Geschichte über eine psychische Erkrankung, die wiederum eine Erklärung war für das Geschehene. Die Geschichte ging so: Warum hatte man Nieto erschossen? Weil er einen Taser auf die Polizisten gerichtet und sie gedacht hatten, es handele sich um eine Schusswaffe. Warum hatte er seinen Taser auf sie gerichtet? Weil er psychisch krank war. Was war der Beweis für seine psychische Erkrankung? Dass er einen Taser auf sie gerichtet hatte. Eine zirkuläre Logik, die nur dann irgendwo hinführt, wenn das Vertrauen in die Polizei von San Francisco sehr, sehr groß ist.

Nieto hatte seine Elektroschockpistole wegen seines Security-Jobs im Nachtclub »El Toro«. Dessen Betreiber,

Jorge del Rio, spricht von ihm als einem ruhigen, friedfertigen Menschen, den er mochte und bewunderte, dem er vertraute und der ihm immer noch sehr am Herzen liegt: »Er war sehr gelassen, ein total ruhiger Typ. Als ich gehört habe, dass er seinen Taser auf Polizisten gerichtet haben soll, war ich schon sehr überrascht. Ich habe nie mitbekommen, dass er auf irgendjemanden aggressiv reagiert hat. Er war immer der Typ, der versucht hat, anderen zu helfen. Ich kann einfach nicht glauben, was sie da über ihn erzählen.« Er berichtete mir, wie ruhig und ausnehmend begabt Nieto darin war, potenziell explosive Situationen zu entschärfen, wie er aus dem rauflustigen Tanzclub mit seiner spanischsprachigen Klientel die Betrunkenen herausgezogen und ihnen draußen gesagt habe, heute sei einfach nicht ihr Abend, und wie er sie dann nach Hause geschickt habe in dem Gefühl, trotz allem wohlgelitten und respektiert zu sein.

Von Anfang an trug sich die Polizei mit der Hoffnung, Alex Nietos psychiatrische Vorgeschichte würde sie irgendwie entlasten. Die Begründung, er sei psychisch krank gewesen, kam tatsächlich in Umlauf und wurde von einigen Lokalblättern, die sich der Entschuldigung der Polizei verschrieben haben, aufgegriffen. Aber im Rahmen der von seinen Eltern angestrengten Zivilklage wurden die dafür vorgelegten Belege vom Richter zu unzulässigem Beweismaterial erklärt. In der Krankenakte stand, dass Alex Nieto eine Art Zusammenbruch gehabt und drei Jahre zuvor deswegen behandelt worden war. Unterschiedliche Begriffe flogen durch die Gegend – Psychose, paranoide Schizophrenie –, aber es gab nur eine einzige Akte, und zwar aus dem Jahr 2011, und davor oder danach scheint es, soweit bekannt, keine weiteren Episoden gegeben zu haben. Die Theorie, dass eine psychische Erkrankung eine Rolle gespielt habe, setzt nicht nur voraus, dass Nieto am 21. März 2014 psychisch krank war, sondern dass es ebenjene psychische Erkrankung war, die ihn dazu gebracht hat, einen Taser auf die Polizisten zu richten. Wenn man aber nicht glaubt, dass er einen Taser auf die Polizisten gerichtet hat, dann gibt die psychische Erkrankung keinerlei Hinweise auf das, was wirklich passiert ist. Und hat er? Der einzige Zeuge der Erschießung sagt, dass dem nicht so gewesen sei.

Hier kommt die Hintergrundgeschichte, wie ein Freund der Familie sie mir erzählt hat: Nach einer Trennung war Alex völlig am Ende und wurde an einem Tag deswegen ziemlich hysterisch. Er verbrannte alte Liebesbriefe und rastete in der winzigen Wohnung, die die vier Nietos gemeinsam bewohnten, auch noch anderweitig aus. Seine entnervte Familie rief bei einer städtischen Hotline an und erbat sich Hilfe bei der Deeskalation der Situation. Was aber passierte, war das Gegenteil von Deeskalation: Nieto wurde gegen seinen

Willen festgenommen und eingewiesen. Der Aktenvermerk macht aus dem Verbrennen der Liebensbriefe das Verbrennen eines Buchs bzw. den Versuch, das ganze Haus abzufackeln – etwas scheint auf der Strecke geblieben zu sein in der Übersetzung aus dem Spanischen.

All das hat sich Anfang 2011 zugetragen; später im Jahr gab es einen weiteren Vorfall. 2012, 2013 und bis zu seinem Tod im Jahr 2014 scheint Nieto ein ruhiger, vernünftiger, normal funktionierender junger Mann gewesen zu sein, der sich im Umgang mit anderen außergewöhnlich altruistisch und großzügig zeigte. Sogar wenn man das im Jahr 2011 Vorgefallene als psychische Erkrankung deklarieren will, gibt es keinen Grund zu der Annahme, dass er nach Jahren der Ausgeglichenheit inmitten des Chaos' seines Jobs im Nachtclub am Abend seines Todes urplötzlich einen Rückfall gehabt haben soll. Kurz vor seinem Zusammentreffen mit der Polizei hatte er noch ein Training gehabt: defensives Verhalten in der Konfrontation mit einem Angreifer.

Am Abend des 21. März 2014 ging der sechs Monate zuvor ins Viertel gezogene (und mittlerweile in die Vorstadt abgewanderte) Evan Snow, ein – laut LinkedIn-Profil – »User Experience Design Professional«, mit seinem jungen Sibirischen Husky im Bernal Hill Park spazieren. Als Snow dabei war, den Park wieder zu verlassen, kam ihm Nieto, Tortilla-Chips essend, auf einem der schmalen Wege entgegen, die zur rund um den Park laufenden Straße führen. In einer eidesstattlichen Erklärung vor dem Prozess sagte Snow aus, dass er Nieto aufgrund seines Wissens über die Bekleidung von Gang-Mitgliedern »in die Kategorie Mensch gesteckt« habe, »mit der ich mich nicht anlegen würde«.

Snows Hund wiederum steckte Nieto in die Kategorie Mensch, die etwas zu essen dabeihat, und rannte ihm hinterher. Snow hat die sich anschließenden Ereignisse drei Mal geschildert, und in keiner einzigen Version klingt das Bewusstsein durch, dass in Wahrheit sein nicht zu bändigender Hund in dieser Situation der Aggressor war: »Ich glaube, Luna versuchte, zwischen den Bänken durchzukommen oder hinter mir um mich herum zu laufen, um dann fröhlich auf Mr. Nieto zuzurennen und Chips von ihm zu bekommen. Mr. Nieto wurde – wie soll ich sagen? – immer gestresster, bewegte sich schnell und abrupt von links nach rechts und versuchte, seine Chips von Luna fernzuhalten. Dann rannte er zu diesen Bänken und sprang hinauf, mein Hund hinterher. An diesem Punkt hat sie auch Laut gegeben, sie bellte oder jaulte.« Der Hund stand also vor Nieto auf der Bank und bellte ihn an, während sein Herrchen zwölf Meter weiter weg war. In seiner Einlassung zu dem Fall sagte Snow unter Eid, er sei »abgelenkt gewesen vom Hintern einer Joggerin«. Und: »Ich kann mir vorstellen, dass jemand den Hund in dieser Situation als aggressiv wahrnehmen würde … könnte.« Auch als er ihn rief, kam der Hund nicht zu ihm, sondern bellte weiter.

Laut Snow schob Nieto daraufhin seine Jacke zurück und zog seine Elektroschockpistole heraus, richtete sie kurz auf den Hundebesitzer in der Entfernung und dann auf den zu seinen Füßen bellenden Hund. Die beiden Männer brüllten sich an, und Snow bediente sich offenbar eines rassistischen Schimpfworts, das er aber später nicht mehr genau wiedergeben konnte. Beim Verlassen des Parks schickte er einem Freund eine SMS über den Vorfall. Laut eigener Aussage stand in seiner Nachricht in etwa: »In einem anderen Bundesstaat, wie Florida zum Beispiel, wäre ich berechtigt gewesen, Mr. Nieto zu erschießen.« Womit er sich auf das unsägliche Stand-Your-Ground-Gesetz in jenem Bundesstaat bezog, das die Verpflichtung aufhebt, sich selbst zunächst zurückziehen, bevor man aus Notwehr Gewalt anwendet. Anders gesagt: Er hätte sich offenbar gewünscht, tun zu dürfen, was George Zimmerman 2012 mit Trayvon Martin getan hat: ihn exekutieren, ohne Konsequenzen fürchten zu müssen.

Kurze Zeit später kam ein Pärchen, das ebenfalls mit seinen Hunden Gassi ging, an Nieto vorbei. Tim Isgitt, damals ebenfalls ein Neuzugezogener in der Gegend, ist Kommunikationschef einer von Tech-Milliardären gegründeten gemeinnützigen Organisation. Er wohnt heute im vorstädtisch geprägten Marin County, zusammen mit seinem Ehemann Justin Fritz, laut eigenen Angaben ein »E-Mail-Marketing-Manager«, der damals seit ungefähr einem Jahr in San Francisco lebte. Auf einem von ihnen in den sozialen Medien geposteten Foto sind die beiden adrette Weiße Männer mit kastanienbraunen Haaren, die mit ihren Hunden posieren, einem Springer Spaniel und einer alten Bulldogge. Mit diesen Hunden gingen sie auch Gassi, als sie in einiger Entfernung an Nieto vorbeikamen.

Fritz bemerkte nichts Ungewöhnliches, aber Isgitt fiel auf, dass Nieto sich »nervös« bewegte und seine Hand auf der Elektroschockpistole in ihrem Halfter hatte. Snow war weg, Isgitt wusste also nicht, dass Nieto gerade erst eine unschöne Auseinandersetzung gehabt und ergo einen Grund hatte, beunruhigt zu sein. Isgitt fing an, den Menschen, denen er begegnete, zu sagen, sie sollten diesen Bereich des Parks meiden. (Ein anderer Zeuge, der Nieto kurz nach Isgitt und Fritz sah – der schon lange in Bernal Hill lebende Robin Bullard, ebenfalls mit seinem Hund im Park unterwegs –, gab zu Protokoll, ihm sei nichts Alarmierendes an Nieto aufgefallen. »Er saß einfach nur da«, sagte Bullard.)

Im Prozess sagte Fritz aus, er habe nichts Beunruhigendes an Nieto festgestellt. Er habe die Polizei nur gerufen, weil Isgitt ihn dazu gedrängt habe. Sein Gespräch mit der Frau, die in der Notrufleitstelle seinen Anruf entgegennahm, begann um 19.11 Uhr. Er sagte, hier sei ein Mann mit einer schwarzen Pistole. Sie fragte nach der ethnischen Zugehörigkeit: »Schwarzer, Hispano?« »Hispano«, antwortete Fritz. Dann fragte die Notrufdisponentin, ob der fragliche Mann »irgendwie gewalttätig« sei, und Fritz antwortete: »Er läuft nur hin und her, es sieht so aus, als ob er Chips isst oder Sonnenblumenkerne, aber die Hand hat er irgendwie ständig an der Pistole.« Alex Nieto blieben noch fünf Minuten zu leben.

Wie alle Städte ist auch San Francisco immer ein Ort gewesen, an dem sich Neuankömmlinge, sofern sie stetig tröpfelnd zuziehen, schnell integrieren und ihren Beitrag leisten zur laufenden Transformation einer Stadt, die, was ihre Demographie und die in ihr vertretenen Branchen anbelangt, nie statisch gewesen ist. Wenn die Neuen allerdings in einer großen Welle zuziehen – wie sie es seit dem Goldrausch im 19. Jahrhundert in wirtschaftlichen Boom-Zeiten immer wieder getan haben, sei es während der Dot-Com-Welle in den späten neunziger Jahren oder mit dem momentanen Technologie-Tsunami –, dann reißen sie mit sich, was vorher schon da war. Ab 2012 wurde der Einfall der Tech-Professionals, der bis dahin ein gleichmäßiger Zustrom gewesen war, zur Sintflut, und immer mehr Menschen und Einrichtungen – Buchhandlungen, Kirchen, soziale Dienste, diverse gemeinnützige Organisationen,

Schwulen- und Lesbenbars, kleine, tief in den Vierteln verwurzelte Geschäfte – waren immer häufiger von Zwangsräumungen betroffen. Genauso erging es vielen älteren Menschen, darunter einigen über Neunzigjährigen, Lehrer*innen, Familien aus der Arbeiterklasse, Behinderten – so gut wie alle von ihnen Mieter*innen, aus deren Wohnungen sich mehr Miete herausholen lassen konnte.

Früher war San Francisco mal eine Stadt, in die Menschen aus Idealismus zogen – oder in der sie blieben, um ein Idealbild Wirklichkeit werden zu lassen: Sie arbeiteten für soziale Gerechtigkeit oder mit Behinderten, sie schrieben Gedichte oder praktizierten alternative Medizin, sie wollten Teil von etwas Größerem sein, das kein Unternehmen war, sie wollten für mehr leben als nur fürs Geld. Das ist mit den sich nach oben schraubenden Miet- und Wohnungspreisen immer unmöglicher geworden. Und die Neuzugezogenen schienen noch nicht mal wahrnehmen zu können, was zu verlieren den Alteingesessenen Angst machte. Man bekam den Eindruck, als wäre die Kultur der Tech-Menschen im Kleinen wie im Großen eine Kultur der Entkoppelung und des Rückzugs.

Zusätzlich waren diese Menschen sehr Weiß, sehr männlich und sehr jung. Die Google-Mitarbeiter*innen im Silicon Valley zum Beispiel waren 2014 zu 2 Prozent Schwarze, zu 3 Prozent Latinos und zu 70 Prozent männlich. Der »Google Bus« – ein privater Luxusfahrdienst – machte es für viele Mitarbeiter*innen sehr bequem, im Valley zu arbeiten, aber in San Francisco zu wohnen. Gleiche Shuttle-Services boten auch Facebook, Apple, Yahoo und andere große Unternehmen. Airbnb mit seinem Hauptsitz in San Francisco wurde *das* Werkzeug, um auf der ganzen Welt langfristig vermietete Wohnungsbestände in ländlichen wie urbanen Gebieten in Übergangswohnraum für die gehobene Klasse zu verwandeln. Der ebenfalls in San Francisco ansässige Taxiunternehmer Uber machte sich daran, Taxifirmen zu unterlaufen, die immerhin noch einen Lohn zahlten, der zum Überleben reichte. Twitter ist eine weitere Technologiefirma, die hier beheimatet und berühmtberüchtigt dafür ist, *Hate Speech* und Todesdrohungen gegen verletzliche und Minderheitenstimmen ungefiltert in die Welt hinauszulassen. San Francisco, einst eine Utopie in den Augen vieler, ist zum Nervenzentrum einer neuen Dystopie geworden.

Die Technologiekonzerne haben Multimillionäre und Milliardäre erschaffen, die nachteiligen Einfluss auf die Lokalpolitik genommen haben, haben sie doch auf eine politische Agenda gedrungen, die der neuen Branche und ihren Angestellten dienlich ist – auf Kosten der restlichen Bevölkerung. Kein einziger Tropfen der Geldschwemme in der Stadt sickerte bis nach unten durch, um zum Beispiel das Zentrum für obdachlose Jugendliche zu retten, das 2013 schließen musste; oder die älteste von Schwarzen betriebene, auf Schwarze Themen spezialisierte Buchhandlung im ganzen Land, die 2014 dichtmachen musste; oder die letzte Lesbenbar in San Francisco, die 2015 aufgab; oder die Latino-Drag- und Trans-Bar, die im vergangen Jahr schloss. Noch während der Nieto-Prozess lief, stand die für San Francisco einzigartige Saint John Coltrane African Orthodox Church kurz vor der Zwangsräumung aus den Räumlichkeiten, die sie erst nach der letzten Vertreibung im Dot-Com-Boom der späten neunziger Jahre gefunden hatte. Im Frühling dieses Jahres hat die Naturschutzorganisation Sierra Club – gegründet 1892 in Downtown und vielleicht das größte Flaggschiff des Idealismus und Altruismus von San Francisco – auf der Suche nach bezahlbarer Miete mit ihrem Sitz die Stadt verlassen. Auch andere gemeinnützige Organisationen, soziale Träger, kulturelle und geistliche Zentren wurden verdrängt. Die Animositäten wurden immer größer. Einstellungen und Umgangsformen krachten gegeneinander, es war ein regelrechter Clash der Kulturen.

Am Abend des 21. März 2014 gab die Polizeileitzentrale, mit der Fritz gesprochen hatte, um 19.12 Uhr einen Notruf raus. Polizeibeamte fingen an, den vermeintlichen Gefahrenbereich einzukreisen, was ein Standardvorgehen bei der Entschärfung einer potenziell gefährlichen Situation ist. Ein Einsatzfahrzeug durchbrach diesen Sicherheitsring, um eine Konfrontation zu forcieren. In dem Wagen saßen Lieutenant Jason Sawyer und Officer Richard Schiff, ein Berufsanfänger, der seinen Job noch keine drei Monate machte. Als der Funkspruch kam, fuhren sie in ihrem Streifenwagen zum Bernal Heights Park und versuchten zunächst, von Süden hineinzukommen, also von der Seite aus, auf der Alex' Eltern wohnen, drehten dann aber um und fuhren von Norden hinein, wobei sie die Absperrung umrundeten, die eigentlich die Durchfahrt verhindern soll, und bewegten sich auf der Straße, die zu dieser Tageszeit meist voll von Jogger*innen, Spaziergänger*innen und Hunden ist, hangaufwärts. Sie fuhren schnell, ohne Blaulicht oder Martinshorn. Es lag kein Notfall vor, der Eile geboten hätte, sie aber ließen Kolleg*innen und Sicherheitsring hinter sich zurück, ohne das weitere Vorgehen koordiniert zu haben.

Um 19:17:40 Uhr kam Alejandro Nieto, laut dem Telefonat zwischen Leitstellendisponentin und Fritz, um eine Kurve den Hügel hinabgelaufen. Um 19:18:08 Uhr gab ein weiterer Polizist, der ebenfalls im Park, später aber nicht am Tatort war, folgenden Funkspruch ab: »Hier ist ein Typ im roten Shirt, der jetzt genau auf euch zukommt.« Officer Schiff sagte vor Gericht aus: »Rot hätte in einem Gang-Zusammenhang stehen können. Rot ist eine Norteño-Farbe.« Schiff gab zu Protokoll, aus knapp dreißig Metern Entfernung »Hände hoch!«

gerufen zu haben, woraufhin Nieto zurückgerufen habe: »Nein, nehmen Sie doch Ihre Hände hoch!« Daraufhin habe er den Taser gezogen und sich in Schusspositur begeben: die Waffe in beiden Händen, auf die Polizisten gerichtet. Die Beamten behaupten, von der Elektroschockpistole sei ein rotes Licht ausgegangen, das sie für das Laservisier einer Handfeuerwaffe gehalten hätten, und sie hätten Angst um ihr Leben gehabt. Um 19:18:43 Uhr fingen Schiff und Sawyer an, Nieto mit 10-mm-Kugeln zu durchsieben.

Um 19:18:55 Uhr rief Schiff »Red!«, ein Polizeicodewort für »keine Munition mehr«. Er hatte die gesamte Trommel seines Revolvers auf Nieto abgefeuert. Er lud nach und fing wieder an zu schießen. Insgesamt feuerte er 23 Kugeln ab. Auch Lieutenant Sawyer schoss munter drauflos. Er gab 20 Kugeln ab. Beide zielten offenbar recht schlampig, denn man kann Fritz, der in einem kleinen Eukalyptus-Wäldchen unterhalb der Straße Schutz gesucht hatte, auf dem Band der Einsatzleitstelle »Hilfe, Hilfe!« rufen hören, weil die von den Polizisten abgefeuerten Kugeln »in die Bäume über mir einschlugen, alles Mögliche zerfetzten und überall um mich herum« waren.

Sawyer sagte: »Als ich merkte, dass er keine Reaktion zeigte, absolut gar keine, obwohl er längst unter Beschuss stand, nahm ich mein Zielfernrohr und visierte auf den Kopf.« Direkt oberhalb der Lippe wurde Nieto von einer Kugel getroffen, die seinen rechten Oberkiefer und seine Zähne zerschmetterte. Eine weitere durchschlug, während er noch stand, beide Unterschenkelknochen seines rechten Beins. Obwohl die Polizisten aussagten, er habe ihnen die ganze Zeit über das Gesicht zugewandt, trat die letzte Kugel doch von der Seite in sein Bein ein, so, als ob er sich weggedreht hätte. Es fällt schwer zu glauben, dass er, obwohl längst furchtbar verletzt, weiterhin darauf aus war, so zu tun, als bedrohte er die Polizisten mit einem nutzlosen Gerät, das der Auslöser war für den Beschuss.

Zwei weitere Beamte, Roger Morse und Nate Chew, schlossen zum ersten Einsatzwagen auf, stiegen aus und zogen die Waffen. Es gab keinen Plan, keine Absprachen und keine Strategie, die Person, hinter der sie her waren, in Gewahrsam zu nehmen oder ihrer bei lebendigem Leib habhaft zu werden, sollte sie sich denn als Bedrohung herausstellen. Es wurde in keinem Augenblick versucht, eine potenziell gefährliche Konfrontation in einem hochfrequentierten Park, bei der auch Unbeteiligte in Mitleidenschaft gezogen werden konnten, zu vermeiden. Vor Gericht sagte Morse aus, dass Nieto immer noch aufrecht gestanden habe: »Als ich eintraf, sah ich etwas wie Mündungsfeuer. Ich zielte auf ihn und fing an zu schießen.« Elektroschockpistolen geben nichts ab, was einem Mündungsfeuer auch nur annähernd ähnelt. Im Widerspruch zur Schilderung seines Partners gab Chew zu Protokoll, dass Nieto bei ihrem Eintreffen bereits am Boden lag. Er feuerte trotzdem noch fünf Mal auf den Mann am Boden. Vor Gericht sagte er, er habe erst aufgehört zu schießen, als er »den Kopf des Verdächtigen auf den Asphalt fallen sah«.

Nieto wurde von einigen weiteren Kugeln getroffen, als er längst am Boden lag – insgesamt waren es laut Autopsiebericht mindestens vierzehn. Aber nur ein Viertel aller von den Polizisten abgegebenen Kugeln erreichte sein Ziel – alles in allem verfeuerten sie an jenem ersten Frühlingstag des Jahres in der Vorabendzeit in einem öffentlichen Park 59 Kugeln. Sie schossen, um zu töten, und sie schossen exzessiv. Eine Kugel drang in Alex Nietos linke Schläfe ein und durchschlug seinen Kopf bis zum Nacken. Mehrere Kugeln trafen ihn in den Rücken, die Brust und die Schultern. Eine weitere trat in seinen unteren Rücken ein und verletzte sein Rückenmark.

Die Polizisten näherten sich Nieto um 19:19:20 Uhr, weniger als zwei Minuten, nachdem es losgegangen war. Morse war als Erster bei ihm; er sagt, dass Nieto die Augen offen gehabt habe, dass er gekeucht und gurgelnde Laute von sich gegeben habe. Er sagt, er habe dem sterbenden Mann die Elektroschockpistole aus den Händen getreten. Schiff sagt, dass »ich ihm Handschellen angelegt, ihn auf die Seite gerollt und gesagt habe: ›Sarge, er hat noch Puls‹«. Als der Rettungswagen eintraf, war Alejandro Nieto tot.

Bei Nietos Beerdigung am 1. April 2014 platzte die kleine Kirche in Bernal Heights, in die seine Mutter schon mit ihm als Kind gegangen ist, aus allen Nähten. Ich war zusammen mit meiner Freundin Adriana Camarena da, einer bürgerschaftlich gesinnten Anwältin aus Mexiko-Stadt, die im Mission District wohnt, dem Stadtviertel an der nördlichen Flanke des Bernal Hill, das seit den sechziger Jahren ein Zentrum der Latino-Kultur ist. Sie hatte Alex sogar flüchtig gekannt; ich nicht. Wir saßen neben drei afroamerikanischen Frauen, die ihre Söhne ebenfalls durch Polizisten verloren haben und regelmäßig zu den Beerdigungen anderer Opfer gehen. In der Zeit nach der Beerdigung lernte Adriana Refugio und Elvira Nieto sehr gut kennen. Ihr Sohn war für sie ihr Botschafter in der englischsprachigen Welt gewesen, und nach und nach wurde Adriana in die Trauer und die Hilfsbedürftigkeit der Eltern hineingezogen. Sie sprang ein als Übersetzerin, Anwältin, Beraterin und Freundin. Benjamin Bac Sierra, ein Schriftsteller und ehemaliger Marinesoldat, der am City College von San Francisco Kreatives Schreiben unterrichtet, war ein treuer Freund und Mentor von Alex gewesen. Er organisierte zusammen mit Adriana alle gemeinschaftlichen Aktionen in der Folge von Nietos Tötung.

In jenem Frühjahr, als Nieto starb, hatte ich zu glauben begonnen, dass das, was meine Stadt zerriss, nicht nur der Konflikt zwischen schon lange hier wohnenden

Mieter*innen auf der einen und Neuhinzuziehenden, Vermieter*innen, Immobilienmakler*innen, -entwickler*innen und -spekulant*innen auf der anderen Seite war, die sämtlich danach trachteten, Wohnraum für sich selbst zu generieren, indem sie alle anderen hinauswarfen. Sondern dass es einen Konflikt gab zwischen zwei verschiedenen Visionen von Stadt.

Was ich bei der Beerdigung stark spürte, war die lebendige Kraft einer wahren Gemeinschaft: die Kraft von Menschen, die den Ort, an dem sie wohnen, als eine Textur erleben, gewoben aus Erinnerungen, Ritualen und Gewohnheiten, aus Zuneigung und Liebe. Dies ist ein Maß für einen Ort, das nichts zu tun hat mit Geld und Besitzverhältnissen, sondern ausschließlich mit den Beziehungen. In der Kirchenbankreihe hinter Adriana und mir saß Oscar Salinas, ein wuchtiger Mann, der im Mission District geboren und aufgewachsen ist. Er erzählte uns, dass das Viertel zusammensteht, wenn es jemandem aus der Community schlecht geht. »Wir kümmern uns umeinander.« Für ihn stand The Mission für Menschen, die eine gemeinsame Latino-Identität haben und sich zu bestimmten Werten und zueinander bekennen, Menschen, die zusammengehalten werden eben von ihrem gemeinsamen Ort. Eine schöne Vision, die von vielen geteilt wurde.

Das Gemeinschaftsgefühl, an das die Leute sich zu halten versuchten, hatte mit Dingen zu tun, die sich mit Geld nicht kaufen lassen. Es hatte zu tun mit einem Zuhause-Sein in einem gesamten Viertel, mitsamt allen Nachbarinnen und Nachbarn, nicht nur mit dem Wohnen in einer Immobilie, auf die man Ansprüche erworben hat oder für die man Miete bezahlt. Dieser kulturelle Schatz gehört auch nicht nur den Latinos; auch Weiße, Schwarze, asiatische und Native-American-Bewohner*innen von San Francisco pflegen über lange Zeiträume Beziehungen zu Menschen, Einrichtungen, Traditionen und bestimmten Örtlichkeiten. »Diskontinuität« ist schon immer einer der Lieblingsbegriffe der neuen technologischen Ökonomie gewesen. Für die Alteingesessenen bedeutet er allerdings, dass ihre Wohnungen, Gemeinschaften, Traditionen und Beziehungen zu Bruch gehen. Viele der Menschen, deren Wohnungen zwangsgeräumt oder entmietet werden, sind genau diejenigen, die uns alle zusammenhalten: Lehrer*innen, Pfleger*innen, Rechtsberater*innen, Sozialarbeiter*innen, Schreiner*innen und Mechaniker*innen, ehrenamtlich Tätige und Aktivist*innen. Wenn zum Beispiel jemand, der mit Gang-Kids arbeitet, verdrängt wird, dann sind diese Kids plötzlich sich selbst überlassen. Wie viele Fäden lassen sich herausziehen, bis das soziale Gewebe ganz zerfällt?

Zwei Monate vor der Beerdigung kam die Immobilien-Website Redfin zu dem Schluss, dass 83 Prozent der Immobilien in Kalifornien und 100 Prozent der

Immobilien in San Francisco für einen Menschen mit einem Lehrergehalt unerschwinglich seien. In einem der prominentesten Räumungsklagefälle versuchte ein Google-Anwalt, zwei Lehrer im Mission District aus ihren langjährigen Wohnungen zu vertreiben, um diese zu einem Stadthaus für sich selbst zu fusionieren. Was passiert mit einem Stadtteil, wenn die umtriebigsten sozial Engagierten es sich nicht mehr leisten können, in ihm zu wohnen? Verdrängung hat ihren Beitrag geleistet zum Tod vieler, vor allem älterer Menschen. In den Jahren seit Nietos Tod sind viele Alte bei oder direkt nach ihrer Räumung gestorben. Viele waren über neunzig Jahre alt; mehr als eine wurde hundert, während sie sich noch gegen die Räumung aus ihrer langjährigen Wohnung wehrte. Kürzlich ergab eine Untersuchung, dass 71 Prozent der Wohnungslosen in San Francisco früher in der Stadt eine Wohnung hatten. Der Verlust ihrer Wohnungen macht sie anfällig für eine ganze Reihe an Leiden, von denen einige zum Tod führen können. Gentrifizierung kann tödlich sein.

Außerdem bringt sie Weiße Neubewohner*innen in Viertel mit nichtweißer Einwohnerschaft, was ebenfalls manchmal erschreckende Konsequenzen hat. Der *East Bay Express* hat berichtet, dass in Oakland zugezogene Weiße die in der Nachbarschaft »gehenden, fahrenden, ihre Zeit verbringenden oder wohnenden« People of Color bisweilen als »kriminelle, verdächtige Personen«

wahrnehmen. Manche nutzen die Website *Nextdoor.com*, um Kommentare zu posten, die »Schwarze Menschen schon dann zu Tatverdächtigen machen, wenn sie nur die Straße hinunterlaufen, im Auto fahren oder an eine Tür klopfen«. Das Gleiche geschieht im Mission District, wo die Leute Beiträge wie »Ich habe mehrfach die Polizei gerufen, wenn mehr als drei Jugendliche wie Soldaten an der Straßenecke stehen« auf *Nextdoor* posten; wo sie miteinander über Obdachlose als Gefahrenherde chatten, die entfernt gehören; wo sie Erschießungen durch die Polizei rechtfertigen, die andere als kriminell bewerten. Im Fall von Nietos Tod ist klar, dass gleich mehrere Weiße Männer ihn als gefährlicher wahrgenommen haben, als er war, und dass er deshalb sterben musste.

Zum Prozessauftakt am 1. März 2016 gingen Hunderte Schülerinnen und Schüler der öffentlichen Schulen von San Francisco aus ihren Klassenzimmern auf die Straße, um gegen seine Ermordung zu protestieren. Vor dem Gerichtsgebäude fand eine große Demonstration statt, mit Trommler*innen, aztekischen Tänzer*innen in vollem Federornat, Menschen, die Schilder hochhielten, und einem Fernsehsender, der ein Interview führte mit Bac Sierra, welcher wiederum in seinem ersten Anzug-Krawatte-Outfit steckte, von denen er im Laufe des Prozesses noch viele tragen würde. Im Mission District war Nietos Gesicht auf Plakaten, Spruchbändern, T-Shirts und Wandgemälden mittlerweile zu einem gewohnten Anblick geworden; es waren einige Videofilme zu dem Fall entstanden, Demonstrationen und Mahnwachen waren abgehalten worden. Für einige stand Nieto symbolisch für die Opfer von Polizeigewalt und für eine Latino-Community, die in Gefahr ist durch Gentrifizierung, die Welle der Zwangsräumungen und durch Menschen, die Latinos in deren eigener Nachbarschaft als Bedrohung und unrechtmäßige Eindringlinge wahrnehmen. Viele Menschen, denen die Nietos nicht egal waren, kamen Tag für Tag zum Prozess, und im Normalfall war der Gerichtssaal fast voll besetzt.

Gerichtsprozesse sind Theaterstücke, und dieses hatte seine ganz speziellen Dramen. Adante Pointer, ein Schwarzer Anwalt der Anwaltskanzlei John L. Burris in Oakland, die viele Klageverfahren wegen Polizeigewalt führt, vertrat Refugio und Elvira Nieto, die Klägerpartei. Ihr Hauptzeuge Antonio Theodore hatte sich erst Monate nach der Ermordung zu Wort gemeldet. Theodore ist Einwanderer aus Trinidad, Musiker in der Band Afrolicious und wohnt in der Gegend um den Bernal Hill. Der elegante Mann mit seinen gepflegten schulterlangen Dreadlocks trat im Anzug vors Gericht, sagte aus, er sei mit seinem Hund auf einem Weg oberhalb der Straße spazieren gegangen und habe gesehen, wie die Ereignisse sich insgesamt entwickelt hätten. Er sagte, Nieto habe die Hände in den Taschen gehabt; er habe seine Elektroschockpistole nicht auf die Beamten gerichtet; es habe kein rotes Laserlicht gegeben; die Polizisten hätten nur »Stop!« gebrüllt und dann das Feuer eröffnet.

Als Pointer wissen wollte, warum Theodore denn nicht schon früher ausgesagt habe, gab dieser zurück: »Überlegen Sie mal: Einem Polizeibeamten zu erzählen, dass man gesehen hat, wie seine Kollegen jemanden zusammengeschossen haben, ist nicht gerade einfach. Ich hatte kein Vertrauen in die Polizei.« Theodores Aussagen in der Befragung durch Pointer waren stichhaltig und überzeugend. Als er aber am nächsten Vormittag von der stellvertretenden Staatsanwältin Margaret Baumgartner, einer ehrfurchteinflößenden Weißen Frau mit einer ablehnenden Ausstrahlung befragt wurde, brach er in sich zusammen. In mehreren Punkten – wo er selbst gestanden und wo die Schießerei sich zugetragen habe – widersprach er seiner eigenen Aussage vom Vortag, und zum Schluss erklärte er noch, er sei ein Alkoholiker mit Gedächtnisproblemen. Es hatte den Anschein, als versuchte er, sich selbst zu retten, indem er sich nutzlos machte. Pointer befragte ihn erneut, und er sagte: »Ich möchte eigentlich gerade gar nicht hier sein. Ich fühle mich bedroht.« Wenn Zeugen oder Zeuginnen der Polizei nicht vertrauen oder sogar vor ihr Angst haben, wird es schwer mit der Gerechtigkeit, und Theodore hatte ganz offenkundig entsetzliche Angst vor ihr.

Die Details dessen, was passiert war, wurden heiß und oft stark widersprüchlich diskutiert, vor allem die Behauptungen rund um den Taser. In den Erklärungen der Polizisten erschien Nieto wie ein Übermensch bzw. ein unmenschlicher Widersacher: Er trat ihnen auch dann noch bedrohlich entgegen, nachdem sie wieder und wieder auf ihn geschossen hatten, er nahm auch auf dem Boden noch eine »taktische Heckenschützenposition« ein, hielt immer noch die Elektropistole in der Hand und zielte mit dem roten Laser auf sie. Die Anwälte der Behörden luden einen Experten vor, dessen eidesstattliche Erklärung zunächst zu ihren Gunsten zu sprechen schien. Als er aber von Pointer gebeten wurde, sich die Fotos vom Tatort anzusehen, sagte er, der Taser sei ausgeschaltet – und dieses Gerät könne man nicht mal eben schnell oder versehentlich an- oder ausstellen. War Nieto tatsächlich mit dem kleinen On/Off-Schalter beschäftigt, während zeitgleich Kugeln in ihn einschlugen, die ihn noch an Ort und Stelle töten sollten? Das Laserlicht ist ebenfalls nur dann an, wenn das Gerät selbst angeschaltet ist. Officer Morse sagte aus, dass, als er Nieto den Taser aus den Händen trat, weder ein rotes Licht noch die Drähte aus dem Gerät kamen. Auf den Polizeifotos, die am Tatort zu Dokumentationszwecken gemacht wurden, sind die Drähte allerdings gut zu sehen.

Der Taser-Experte erklärte vor Gericht, die interne Datenspeicherung des Tasers besage, dass der Abzug drei Mal betätigt worden sei. Die innere Uhr des Tasers zeichnete das dreifache Auslösen des Abzugs am 22. März auf, als Nieto längst tot war. Der Experte im Zeugenstand sagte aus, die Uhr sei auf Mittlere Greenwich-Zeit gestellt gewesen, und davon ausgehend habe er die Zeit neu berechnet und das Drücken des Abzugs auf 19:14 Uhr datiert, an dem Abend, an dem Nieto starb. Polizeikontakt zu ihm bestand jedoch nicht vor 19:18 Uhr. Der Taser-Experte stellte dann eine neue Theorie der »Uhrzeitabweichung« auf, laut der Nietos Taser genau in dem Moment abgefeuert wurde, der zu den Angaben der Polizisten passte: Und plötzlich war der Taser in dem Augenblick, in dem sie auf Nieto schossen, erstens angeschaltet und zweitens auch genau dann benutzt worden. Aber selbst wenn der Auslöser tatsächlich betätigt worden sein sollte, gibt es keinerlei Beweise dafür, dass Nieto mit dem Taser auf die Polizisten gezielt hat. Wenn ein Taser abgefeuert wird, werden gleichzeitig konfettiähnliche Marker ausgestoßen; diese wurden am Tatort nicht gefunden. Der Taser-Hersteller hat später übrigens einen zwei Millionen Dollar schweren Vertrag mit dem San Francisco Police Department abgeschlossen.

Zu den vorgelegten Beweisstücken gehörte ein Knochenstück, das in Nietos Jackentasche gefunden worden war. Manche dachten, es belege, dass er seine Hände tatsächlich in den Taschen hatte, wie Theodore gesagt hatte. Dr. Amy Hart, die skandalumwitterte Gerichtsmedizinerin der Stadt, sagte am Freitag, den 4. März, vor Gericht aus, dass es keine Fotos gebe von seiner roten 49ers-Jacke, die ja voller Einschusslöcher gewesen sein muss. Am darauffolgenden Montag erwähnte ein von der Stadt vorgeladener Experte im Zeugenstand die Fotografien von der Jacke, die die Stadt ihm zur Verfügung gestellt habe. Den Geschworenen wurden Fotos von Nietos Kappe gezeigt, in der sich ein Einschussloch befand, passgenau zu dem Loch in seiner Schläfe, und von seiner zerbrochenen, neben einer Blutlache liegenden Sonnenbrille. Die Gerichtsmedizinerin bestätigte, es gebe Abschürfungen auf Nietos Gesicht, die passen würden zu der These, er habe eine Brille getragen.

Bevor dieses Beweismaterial vorgelegt wurde, hatte Officer Richard Schiff unter Eid ausgesagt, er habe mit Nieto Augenkontakt gehabt und gesehen, wie dieser die Brauen boshaft zusammengezogen habe. Wenn der Tote aber eine Kappe und eine dunkle Sonnenbrille getragen hat, dann hätte Schiff all dies nicht sehen können. Und schließlich: Wie kann es sein, dass vier Polizeibeamte 59 Kugeln auf einen Menschen abgeben, ohne zu merken, dass das Gegenüber gar nicht zurückschießt? Und was bedeutet es, dass sie »Mündungsfeuer« gesehen haben wollen an einem Gegenstand, der so etwas überhaupt zustande bringen kann?

Als Elvira Nieto vor Gericht Aussagen machte zu

ihrer Verzweiflung und Trauer über den Tod ihres Sohnes, fragte Pointer sie auch nach den Gefühlen ihres Mannes. »Einspruch!«, rief Baumgartner, als wollte sie das, was eine Ehefrau über die Trauer ihres Mannes sagt, als Gerücht disqualifizieren. Der Richter wies ihren Einspruch zurück. An anderer Stelle entschuldigte sich Justin Fritz bei den Nietos für das Ergebnis seines Notrufs bei der Polizei. Er wirkte erschüttert. Refugio Nieto ließ zu, dass Fritz ihn umarmte; seine Frau nicht. »Refugio sagte mir später, dass er in diesem Moment an Alex' Worte denken musste«, erzählte mir Adriana, »dass wir sogar bei Menschen, mit denen wir im Clinch liegen, immer noch einen Schritt weiter gehen und nur unsere beste Seite zeigen sollten.«

Adriana saß an jedem einzelnen Prozesstag neben den Nietos und übersetzte für sie, wenn der vom Gericht bestellte Übersetzer keinen Dienst hatte. Bac Sierra, in seinem makellosen Anzug und mit Krawatte, saß an jedem Tag direkt hinter ihnen, immer in einer der ersten drei Bankreihen, die im Normalfall voll besetzt waren mit Freund*innen und Unterstützer*innen. Auch Nietos Onkel war oft anwesend, genauso wie Ely Flores, ein junger Latino, der Nietos bester Freund gewesen war, wie dieser Buddhist und sich schon mit elf Jahren einer buddhistischen Gruppe angeschlossen hatte. Flores erzählte mir später, er und Alex hätten sich gegenseitig darin unterstützt, ein Leben zu führen, das in Übereinstimmung war mit ihren Gelübden und Idealen. Er sagte, in ihren jeweiligen Communitys hätten sie beide »reine Lotusse« sein wollen, entsprechend der buddhistischen Idee, »ein reiner Lotus in trübem Wasser« zu sein, etwas Spirituelles, das zwar aus dem alltäglichen Leben entsteht, sich aber trotzdem nicht trennen lässt von dessen Kuddelmuddel.

Flores steckte eigentlich mitten in der Ausbildung, er studierte am City College und wollte Polizeibeamter werden, weil er glaubte, seiner Community so am besten dienen zu können. Aber als Nieto getötet wurde, so sagte er mir, merkte er, dass er nie ein Dienstabzeichen oder eine Waffe würde tragen können. Er hängte den Beruf, auf den er jahrelang hingearbeitet hatte, an den Nagel und fing noch einmal von vorne an, machte in einer Kochschule eine Ausbildung zum Küchenchef. Er deutete an, dass Nieto die Polizei nie als Feind angesehen habe, weswegen er es für wahrscheinlich halte, dass Nieto an jenem Abend, als er um die Ecke gebogen sei, gar nicht begriffen habe, dass sie es auf ihn abgesehen hatten. Vielleicht habe er sich nicht dem ungeschriebenen Gesetz für Men of Color entsprechend verhalten, die im Alltag ständig als verdächtig und bedrohlich wahrgenommen würden und andauernd signalisieren müssten, keine Verbrecher zu sein, indem sie sich bei ihrer Bekleidung, in ihren Bewegungen und in der Wahl ihrer Aufenthaltsorte einschränkten.

Ein anderer Freund von Nieto, auch er Latino, sagte der Journalistin Sana Saleem, er habe Nieto gewarnt, dass es gefährlich sein könnte, den Taser offen zu tragen, was Nieto aber abgetan habe. Man könnte sagen, dass Alex Nieto in dem Park, in dem er sein ganzes Leben lang gewesen ist, an dem festen Glauben an sein Recht starb, er selbst sein zu dürfen – das anzuziehen, was er wollte, der zu sein, der er war, und zwar ohne Rücksicht auf Weiße Ängste. Im alten Bernal Heights hatte das auch funktioniert, in einer bunt gemischten Nachbarschaft, die an das Zusammenleben mit Unterschieden gewöhnt war; als das Viertel sich veränderte, funktionierte es nicht mehr.

Es handelte sich um einen Zivilprozess, standardmäßig ging es also nicht um »ohne begründeten Zweifel«, sondern lediglich um »ein Übergewicht der Beweise«. Für niemanden stand eine Gefängnisstrafe im Raum. Würden Stadt und Polizeibeamte allerdings für haftbar erachtet, könnte eine beträchtliche finanzielle Abfindung anfallen, außerdem gäbe es sicherlich Auswirkungen auf die Karriere der betreffenden Polizisten. Viele Journalist*innen berichteten über den Prozess, sowohl im Lokalfernsehen als auch in den Zeitungen. Am Donnerstag, den 10. März 2016, entschieden die acht Geschworenen – fünf Weiße, eine asiatische Frau und zwei asiatische Männer, kein*e Schwarze*r, kein*e Latina*o – nach einem Nachmittag und einem Vormittag der Beratung in allen Anklagepunkten einstimmig im Sinne der Polizisten. Flores weinte auf dem Flur. Die American Civil Liberties Union of Northern California veröffentlichte eine Entgegnung auf das Urteil mit der Überschrift »Wäre Alex Nieto noch am Leben, wenn er Weiß wäre?« Die Polizei untersucht zurzeit die Behauptung, Officer Morse habe noch am Abend der Urteilsverkündung auf der Facebook-Seite eines Freundes eine hämische Attacke auf Nieto gepostet.

San Francisco ist dieser Tage eine brutale, tief gespaltene Stadt. Einen Monat vor dem Prozessauftakt entschied der Bürgermeister, für das Super-Bowl-Finale alle Obdachlosen von der Straße zu kehren, obwohl das Spiel 40 Meilen entfernt stattfand, nämlich im neuen 49ers-Stadion im Silicon Valley. Schimpftiraden im Internet über die obdachlose Bevölkerung sind zum Symptom geworden für den Clash der Kulturen in der Stadt. Der offene Brief an den Bürgermeister, den Justin Keller, der Gründer eines nicht besonders erfolgreichen Startups, im Februar 2016 ins Internet stellte, war in seinem Tonfall hierfür typisch:

> Ich kenne Leute, die gefrustet sind wegen der Gentrifizierung, die sich in der Stadt abspielt, aber es ist nun mal unsere Realität, dass wir in einer freien Marktwirtschaft leben. Die wohlhabenden, arbeitenden Menschen haben sich ihr Recht, in der

> Stadt zu wohnen, verdient. Sie sind vor die Tür gegangen, haben sich ausbilden lassen, arbeiten hart und haben es sich schlicht und ergreifend verdient. Ich sollte mich nicht davor fürchten müssen, belästigt und angebettelt zu werden. Auf meinem Weg von und zur Arbeit sollte ich nicht jeden Tag das Leid, die Mühsal und das Elend obdachloser Menschen sehen müssen.

Und genau wie Evan Snow, der Alejandro Nieto nach ihrer Begegnung am liebsten gleich weggeballert hätte, wurde auch Keller sein Wunsch in gewisser Hinsicht erfüllt. Weil sie aus anderen Stadtbezirken vertrieben worden waren, stellten Hunderte obdachloser Menschen unter der Autobahnbrücke an der Division Street, am Rand von The Mission, ihre Zelte auf, in einer tristen, von Industrie geprägten Gegend, in der nicht viele Leute wohnen. Aber der Bürgermeister ließ auch diesen Zufluchtsort für die regnerische Jahreszeit zerstören: Angestellte der Stadt warfen Zelte und Habseligkeiten auf Müllwagen und hetzten die jetzt auch noch Besitzlosen vor sich her. Ein Anwalt der Obdachlosen machte ein Foto davon, wie die Gehhilfe, auf die ein behinderter Mann angewiesen war, von einem Müllauto kaputt gemacht wird. Eine dieser Säuberungsaktionen ereignete sich vor Morgengrauen an dem Tag, als der Nieto-Prozess begann.

Als der Prozess mit einem Urteil zugunsten der Polizei zu Ende ging, versammelten sich um die 150 Menschen im Kulturzentrum »Mission Cultural Center for Latino Arts« und davor auf der regnerischen Mission Street. Die Leute reagierten gefasst, ernst und entschlossen, auch enttäuscht, aber sicher nicht schockiert. Die meisten hatten nie damit gerechnet, dass das Rechtssystem das, was Alex Nieto widerfahren war, als unrechtmäßig einordnen würde. Das Urteil würde ihre Prinzipienfestigkeit und ihren Sinn für historische Gewachsenheit nicht ins Wanken bringen, auch wenn es sie traurig und wütend machte. Bac Sierra, der sich seiner Gerichtssaalanzüge entledigt hatte und T-Shirt und Baseballkappe trug, hielt eine leidenschaftliche Rede, genau wie Oscar Salinas, der auf Facebook kurz zuvor Folgendes gepostet hatte: »Alex, wir werden dich nie vergessen, wir, die Community, werden uns um deine Eltern kümmern. Wie ich es immer gesagt habe: Das unausgesprochene Gesetz von La Misión bedeutet, dass wir, wenn es jemandem nicht gut geht, wenn jemand Hilfe braucht oder stirbt, wie eine Familie zusammenkommen und uns kümmern.« Die beiden stämmigen Männer knieten sich hin, um den Stuhl festzuhalten, auf den nun eine junge Frau stieg und als Nächste sprach.

Auch die Nietos sagten etwas, und Adriana übersetzte für diejenigen, die kein Spanisch verstanden. Dann sprach Adriana noch für sich selbst: »Für mich als Beteiligte im Fall Alex Nieto war es für meine eigene berufliche Praxis enorm wichtig, mehr erfahren zu haben über *restorative practices*, über Wiedergutmachung und die Wiederherstellung positiver sozialer Bindungen außerhalb des Gerichtssaals. Als Anwältin, die in unserem Rechtssystem ausgebildet worden ist, weiß ich: Die Angst und der Schmerz darüber, dass wir in unseren Communitys nicht sicher sind vor der Polizei, werden erst aufhören, wenn diejenigen, die uns ein Leid antun, persönlich haftbar gemacht werden.«

Adriana, ihr Ehemann – ein Historiker – und ihre Freund*innen, darunter ein erfahrener Aids-Aktivist und eine queere Choreographin, die alle zusammen in einem baufälligen alten Haus in der Nähe wohnen, hatten gerade selbst einen Kampf gegen die Vertreibung ausgefochten – und gewonnen. Die Community jedoch, die an diesem Abend zusammenkam, war angreifbar und schutzlos den ökonomischen Kräften gegenüber, die die Stadt zerreißen. Viele dieser Menschen werden sicher bald umziehen müssen, manche mussten es bereits.

Der Tod von Alex Nieto ist die Geschichte eines jungen Mannes, der von Kugeln zerfetzt wurde, und von einer Gemeinschaft, die zusammenrückt, um seiner zu gedenken. Als dieses Gedenken andere Ausdrucksformen annahm, als Nietos Tod künstlerisch verarbeitet wurde in Form von Videos, Plakaten und Gedenkorten, als Freundschaften geschlossen und Allianzen geschmiedet wurden, wurde mehr aus diesem Fall: ein Anlass, ein Beweggrund. 2015, ein Jahr nach der Tötung von Nieto, wurde der 21-jährige indigene Einwanderer Amilcar Perez-Lopez von Polizisten erschossen, die behaupteten, in Notwehr gehandelt zu haben, weil er sie mit einem Messer angegriffen habe. Er starb an vier Kugeln, die er in den Rücken, und einer Kugel, die er seitlich in den Kopf, bekommen hatte. Am 7. April 2016, weniger als einen Monat nach dem Nieto-Prozess, erschossen Polizisten Luis Góngora, einen langjährigen Bewohner von San Francisco, und behaupteten erneut, er sei mit einem Messer auf sie losgegangen. Ein Überwachungsvideo sowie Augenzeugenberichte aus umliegenden Häusern und aus der kleinen Obdachlosengemeinschaft, zu der er gehörte, legen etwas anderes nahe. Die Menschen wurden immer wütender auf die Polizei, die sie als Teil einer Stadtverwaltung und eines ökonomischen Tsunamis wahrnehmen, die gemeinschaftlich die Auslöschung der Schwarzen- und Latino-Communitys betreiben.

Ende April 2016 traten fünf Menschen – eine Großmutter und vier junge Men of Color – vor der Polizeiwache von The Mission in einen achtzehntägigen Hungerstreik. Mit der »Hunger for Justice«-Aktion wollten sie durch ihr Fasten den Polizeichef zum Abdanken zwingen. Doch die vorherrschende Meinung ließ ihre

Ansicht und ihren Einsatz nicht gelten. Ein paar Wochen später sah sich Polizeichef Greg Suhr dann aber doch zum Rücktritt gezwungen, an dem Tag, an dem Polizisten Jessica Nelson Williams töteten, eine unbewaffnete, schwangere Anfang Zwanzigjährige, Mutter und Schwarze. Bei einem Protestzug, der an diesem Abend auf dem Industriegelände stattfand, wo Williams an einer einzigen Kugel gestorben war, hielten zwei Frauen ein Transparent in die Höhe, auf dem stand: »Wir sind die letzten 3%«. Die Schwarze Bevölkerung von San Francisco ist seit den siebziger Jahren, als auf dem Höhepunkt eine*r von sechs Einwohner*innen Schwarz war, stark gesunken. Ein Stück die Straße hinunter ließen sich, unter eine Autobahnbrücke geduckt, Gentrifizierer-Häuser ausmachen, von ihrem architektonischen Stil her vielleicht das, was man als »Festungsmodernismus« bezeichnen könnte. An dem Tag, an dem Suhr zurücktrat und Williams an der Südgrenze von The Mission getötet wurde, sprachen ein Dutzend User*innen auf dem Mission-District-Forum der Website *Nextdoor* Suhr ein explizites Lob aus und drückten ihm ihre Dankbarkeit aus – einem Mann, der als Polizeichef Erschießungen durch Polizisten immer gerechtfertigt hatte, oft, indem er Unwahrheiten verbreitet hatte über gesicherte Tatsachen in den jeweiligen Fällen.

Bei der Zusammenkunft am Tag der Urteilsverkündung, jenem Tag der Frühjahrs-Tagundnachtgleiche, an dem Alex Nietos Ermordung genau ein Jahr her war, sprach Adriana Camarena vor der versammelten Menge: »Wie die Nietos es gestern gesagt haben: Unser Sieg besteht darin, dass wir immer noch zusammen sind.«

Aber dieses Miteinander ist von vielen Seiten bedroht.

Weder vor noch zurück

2016

Mit einer gewissen Wahrscheinlichkeit leben Sie ein gutes Leben – zumindest ganz grundsätzlich. Sie haben die Freiheit, Ihre Wohnung verlassen und in die Sicherheit einer Wohnung zurückkehren zu können; Sie haben einerseits Privatheit und Schutz und andererseits Arbeit, Freizeit, zwischenmenschliche Begegnungen, Beschäftigung und erleben oft Neues. Was doch schon fast die Definition von Lebensqualität ist: dass es ein Gleichgewicht gibt zwischen Öffentlichem und Privatem, dass man darauf vertrauen kann, einen Ort in der Welt zu haben – oder einen Ort und die Welt.

In den Jahren seit der Reagan-Revolution ist dieser grundlegende Zustand des Wohlergehens für Millionen von Menschen in den Vereinigten Staaten unerreichbar geworden: und zwar für die Obdachlosen und die Gefängnisinsassen. Die einen leben in einem Außenraum, ohne Zugang zu haben zu einem Innenraum, wie Obdach, Wohnung und Stabilität ihn bieten; die anderen leben in einem Innen und haben keinen Zugang zu einem Außen, das Freiheit ist. Beide leiden an einem chronischen Mangel an Privatsphäre und Handlungsmöglichkeiten.

Ihre Reihen stehen dicht: 2,2 Millionen Gefängnisinsassen gehören zu ihnen, dazu kommen, zahlenmäßig schon lange gleichbleibend, ungefähr eine halbe Million Wohnungslose. Diese Menschen werden als verzichtbar erachtet, als wegwerfbar; entsorgt werden sie ins Gefängnis und auf die Straße. Gefängnis und Straße: Beide hängen eng zusammen und speisen sich gegenseitig, wie ein Teufelskreis. Häftlinge verlassen das Gefängnis ohne große Ressourcen, sich in die Arbeits- und Mietmarktwelt zu reintegrieren, und das führt sie manchmal direkt auf die Straße. Auf der Straße lebende Menschen hingegen werden wegen ihrer alltäglichsten Handlungen kriminalisiert, was sie wiederum ins Gefängnis bringen kann.

In San Francisco verbieten von der Stadt erlassene Vorschriften das Sitzen oder Liegen auf dem Bürgersteig und das Schlafen in öffentlichen Parkanlagen genauso wie das Urinieren und Defäkieren in der Öffentlichkeit – also alles, was man in seiner Wohnung tut, alles, was biologisch gesehen jeder Mensch tun muss. Viele, die über keine eigene Wohnung verfügen, sind unsichtbar: Sie wohnen in Fahrzeugen, bleiben über Nacht an ihrem Arbeitsplatz, fahren mit dem Nachtbus, tingeln bei Bekannten von Sofa zu Sofa und sehen aus wie alle anderen auch. Die am stärksten Zugrundegerichteten und Marginalisierten sind zugleich die Sichtbarsten. Aber auch sie versuchen, unter dem Radar zu bleiben: Täglich komme ich an Obdachlosen vorbei, sehe, wie sie alles daransetzen, zu verschwinden, wie sie ihr Lager hinter Supermärkten und am Rand von Industriegeländen errichten, an Orten, wo sie die Behausten weniger wahrscheinlich dazu anregen, nach ihrer Entfernung zu rufen.

Junge Menschen wissen nicht (und viele ihrer Eltern erinnern sich kaum noch daran), dass vor 1980 nur wenige Menschen obdachlos waren. Sie haben gar keine Vorstellung davon, dass es dieses Problem nicht unbedingt geben müsste, dass wir es, so wie viele andere gesellschaftliche Probleme auch, weitgehend abstellen könnten und es dafür kaum eine radikalere Lösung bräuchte als die Rückkehr zu dem gepufferten Kapitalismus von vor 40 Jahren, als die Steuerlast gleichmäßiger verteilt und die Reallöhne höher waren und ein deutlich stärkeres soziales Sicherungsnetz diejenigen auffing, die abstürzten. Obdachlosigkeit wurde von der Politik erzeugt, und zwar auf allen Ebenen, auf Bundes-, Bundesstaats- und Gemeindeebene – und der Grund dafür ist nicht nur, dass die Finanzierung von Therapieprogrammen für psychisch Kranke zusammengestrichen wurde, wie es so oft heißt. Tagtäglich verlieren geistig absolut gesunde Menschen den Zugang zu Wohnraum. Es kann sein, dass die daraus resultierende Tortur ihnen die geistige Gesundheit teils raubt – aber das wäre bei mir und bei Ihnen nicht anders.

In unseren Anti-Steuer-Zeiten fischen viele Städte nach Einkünften, indem sie von Obdachlosen Gebühren fordern und Polizist*innen zu Geldeintreiber*innen machen. Diejenigen, die nicht in der Lage sind, die Strafgebühren für Betteln, Herumlungern oder Draußen-Schlafen zu bezahlen – also eigentlich alle, die gezwungen sind, zu betteln, herumzulungern und draußen zu schlafen –, können jederzeit vor Gericht gezerrt werden. Wie Astra Taylor beobachtet hat, sind die kommunalen Haushalte »unproportional stark abhängig von geringfügigen Strafgebühren für Ordnungswidrigkeiten, weil sich begüterte, meist Weiße Bürger seit Jahrzehnten in Sachen ›Steuerrevolte‹ betätigen und Lobbyarbeit machen für niedrigere Steuersätze und Vorzugsbehandlung«. Black Lives Matter war und ist ein Aufstand gegen diese Kriminalisierung der Armut, speziell gegen die polizeiliche Ahndung von durch Afroamerikaner*innen verübte Bagatellvergehen.

Besonders bitter ist die Situation in San Francisco, das vom Silicon Valley annektiert wurde, seitdem die High-Tech-Industrie eine gigantische Blase von Reichtum erzeugt hat, die die ökonomische Ungleichheit noch viel schärfer konturiert hervortreten lässt. Hier haben wir Mark Zuckerberg, den fünftreichsten Menschen der Welt, in seinem Haus am westlichen Rand des Mission

District, einem historisch betrachtet von Latinos und Menschen aus der Arbeiterschicht bewohnten Viertel. Und dort ist die Division Street, die dieses Viertel nach Norden begrenzt und auf der sich Anfang 2016 mehr als 250 obdachlos gewordene Menschen eine Art Zeltstadt eingerichtet hatten, in der sie Schutz suchten sowohl vor dem Regen als auch vor der gegen Wohnungslose gerichteten Kehrauspolitik des Bürgermeisters, der die Stadt für die Besucher*innen des Super Bowls aufhübschen wollte.

Natürlich ist Obdachlosigkeit per se schon harte Arbeit. Während der 36 Jahre, in denen ich die Notleidenden und Bedürftigen in San Francisco beobachtet habe, musste ich oft an Jäger und Sammler denken. Diese Menschen kämpfen ums nackte Überleben, sie versuchen, Angriffen aus dem Weg zu gehen, ständige Wanderschaft und Beobachtung zu vermeiden, sie machen ihre Runde durch Sozialeinrichtungen und Suppenküchen, versuchen, ihre Habseligkeiten zu schützen, und fangen immer wieder bei null an, wenn ihnen von Leidensgenoss*innen Medikamente, Telefone und Dokumente geklaut oder diese Sachen von der Polizei beschlagnahmt werden. Die Stadt ist für sie Wildnis; dass sie jetzt in Zelten leben, die für erholsames Freizeit-Camping gemacht wurden, ist nur noch einen Dreh zynischer. Der Fotograf Robert Gumpert erzählt, dass manche das Gefühl haben, ihr Zelt nicht mal für kurze Zeit verlassen zu können – weil sie den Verlust ihrer Habseligkeiten fürchten. Andere leiden an Schlafmangel, weil sie keinen geschützten Ort zum Ausruhen finden.

Viel zu oft werden Wohnungslose als ein Problem für die Menschen betrachtet – statt als Menschen mit Problemen. Kein Wunder, dass die Methode, mit der man gegen sie vorgeht, oft die gleiche ist wie die, mit der man sich um Abfall, Müll und Verschmutzung kümmert: Beseitigung. »Wenn man die Unerwünschten davon abhalten will, die öffentlichen Toiletten im Park zu benutzen, kann das Aufstellen von Dixi-Klos wie eine ziemlich gewiefte Lösung wirken«, schrieb Branden, ein Bewohner des Stadtteils The Mission, in einem Online-Nachbarschaftsforum. »Wenn man allerdings die dreckigen Unerwünschten ein für alle Mal raushaben will, braucht es die ständige Polizeipräsenz, ausgestattet mit dem Mandat zum Einsatz von Gewalt, um egal welchem Gesetz Geltung zu verschaffen, das ihre Existenz verbietet.«

Vogel im Käfig: Besuch bei Jarvis Masters im Todestrakt

2016

An zwei Dinge denke ich fast jedes Mal, wenn ich in die Bucht von San Francisco hinausrudere. Zum einen an eine Passage aus dem Buch *The Hidden Brain*, in der Shankar Vedantam davon erzählt, wie er einmal schwimmen ging. Als guter Schwimmer, der er zumindest seiner eigenen Einschätzung nach war, schwamm er weit ins Meer hinaus und hatte ganz plötzlich das Gefühl, unglaublich großartig und kraftvoll geworden zu sein; umgehend empfand er Stolz auf seine neuen Fähigkeiten. Weit weg vom Strand merkte er dann aber, dass er nur von der Strömung profitiert hatte und sich den ganzen Weg zum Ufer würde zurückkämpfen müssen. »Unterbewusste Verzerrungen und vorurteilsbehaftete Wahrnehmung nehmen auf unser Leben genau den gleichen Einfluss wie diese Unterströmung«, schreibt Vedantam. »Wer mit der Strömung treibt, wird sich immer als guter Schwimmer fühlen; wer aber gegen den Strom schwimmt, wird vielleicht nie merken, dass er ein besserer Schwimmer ist, als er denkt.«

Meistens rudere ich morgens gegen die Strömung hinaus, und jedes Mal ist der Augenblick der Umkehr beglückend. Ruderschläge, die sich vorher zerhackt und wenig wirkungsvoll angefühlt haben, fließen plötzlich mit kräftiger Eleganz. Ich habe dann den Eindruck, sehr gut zu sein in dem, was ich da tue, obwohl ich weiß, dass die Gezeitenströmung zu meinen Gunsten arbeitet.

Näher als beim Rudern werde ich dem Fliegen nicht kommen. An windstillen Tagen, wenn das Meer ruhig daliegt, machen meine schartigen alten Ruder Zwillingskreise aus kleinen, auswärts strebenden Wellen, die sich irgendwann hinter dem Heck des Bootes überkreuzen. Beständig entgleite und entziehe ich mich dieser sanften, von mir verursachten Unruhe auf dem Wasser, das sich, während ich davonfahre, wieder glasartig glättet. An den windstillsten Tagen, wenn die Bucht wie ein Spiegel daliegt, ziehen die Riemen mich und meinen Schädel in einem langen Gleiten vorwärts, hindurch durch die sich im Wasser spiegelnden Wolken. Wie Flügel bewegen sich die beiden knapp drei Meter langen Ruder durch diesen grenzenlosen Raum.

Die Vögel – Seeschwalben, Pelikane und Möwen, die Wasserhühner, Stelzenläufer und Kormorane – sind eine große Freude. Sie tauchen und fliegen und lassen sich treiben, leben in der Luft und im Wasser und auf der glatten Ebene dazwischen. Die Freiheit des Ruderns wird von der Freiheit der Vögel noch verstärkt. Ich fahre immer an der Stelle los, wo der Corte Madera Creek in die Bucht von San Francisco mündet. An mir zieht dann die Halbinsel San Quentin vorbei – und damit auch das Gefängnis von San Quentin.

Wenn ich an diesem Gefängnis vorbeirudere, denke ich über Strömungen nach – und über Jarvis Jay Masters, der mir schon seit langer Zeit nicht mehr aus dem Kopf will. Wir sind vom Alter her auf den Tag genau acht Monate auseinander, wir beide sind Kinder des küstennahen Kaliforniens. Wir beide erzählen gern Geschichten. Er aber sitzt in San Quentin, seitdem er neunzehn ist, länger als ein Dritteljahrhundert, und er ist sein ganzes Leben lang gegen den Strom geschwommen. Seit fünfundzwanzig Jahren sitzt er im Todestrakt, obwohl die Beweislage eher für seine Unschuld spricht.

Bis zu seinem 23. Geburtstag hätte Masters' Geschichte noch die eines jeden anderen armen Jungen aus den Innenstadtbezirken sein können: Sein Vater war Soldat und galt als vermisst, seine Mutter wurde hineingezogen in den Sog des Heroins. Er selbst war von klein auf vernachlässigt und hat eine Odyssee hinter sich durch das Beste und Schlechteste des Pflegefamiliensystems, das ihn zu guter Letzt direkt im Jugendstrafvollzug ausspuckte. Mit neunzehn kam er wegen bewaffneten Raubüberfalls nach San Quentin. Vier Jahre später, am 8. Juni 1985, wurde dort Howell Burchfield ermordet, ein Gefängniswärter und Vater von fünf

Kindern. Zwei Mitglieder einer Gang Schwarzer Gefangener wurden wegen Planung und Ausführung dieses Verbrechens verurteilt. Sie bekamen lebenslänglich. Masters wurde zur Last gelegt, in den Mord eingeweiht gewesen zu sein und die Waffe geschärft zu haben, die man Burchfield ins Herz stieß. Er bekam die Todesstrafe.

In Büchern und Filmen spüren findige Anwälte oder Kriminalbeamte ein oder auch zwei kleine Details auf, die plötzlich ein anderes Licht werfen auf einen ansonsten stimmigen Fall. Masters' Fall allerdings hat nicht nur ein oder zwei Schwachstellen in der Beweisführung. Meiner Ansicht nach ist die gesamte Beweiskette brüchig und haltlos. Hauptzeugen haben ihre Aussagen revidiert, und viele Häftlinge, die erst gegen Masters ausgesagt hatten, widerriefen ihre Aussagen später. Einige erzählten dann im Zeugenstand, es seien ihnen Anreize in Aussicht gestellt worden, wenn sie ihm etwas zur Last legten. Einer der Hauptzeugen war derart unzuverlässig und so oft als Informant benutzt worden, dass Dutzende von Klageverfahren im ganzen Bundesstaat aufgrund seiner Beteiligung abgewiesen werden mussten. Seine Aussage im Fall Masters hat er widerrufen. Der als Messerstecher Verurteilte sagte 2004 aus, Masters sei unschuldig – alle drei vor Gericht gestellten Männer hätten »dem Befehl von Gang-Kommandeuren unterstanden« und seien »mit dem Tod bedroht worden. Keiner von uns hätte die Gang irgendwie infrage stellen dürfen.« Anders gesagt: Masters hatte zwei Todesurteile über sich schweben, und das eine ließ ihn in die Falle des anderen tappen.

Das erste Mal habe ich in *Altars in the Street* etwas über Masters gelesen, einem 1997 erschienenen Buch von Melody Ermachild Chavis, einer der für die Verteidigung arbeitenden Ermittlerinnen in seinem Mordprozess. Seit dreißig Jahren sind sich die beiden jetzt freundschaftlich verbunden. Auch Chavis und ich haben uns später angefreundet. Sie erzählte mir: »Es war sogar schon damals, zwischen 1985 und 1990, offensichtlich, dass es viele Verdächtige und viele Theorien gab. Und sie haben einen großen Fehler gemacht: Sie haben den Tatort zerstört. Sie haben alles in Tüten gepackt und auf die Müllkippe von Marin County geworfen.«

Sie beschrieb, wie Gefangene und Gefängnisbeamte Hunderte von Notizzettelchen, die die Insassen untereinander ausgetauscht hatten, sowie eine große Sammlung im Gefängnis hergestellter Messer entsorgt hatten, die die Gefangenen aus den Zellen geworfen hatten, als ihnen klar wurde, dass diese durchsucht werden würden. Laut einem Bericht, der sich in dem Berg von juristischen Dokumenten zu Masters' Fall befindet, haben die Wärter zwei unterschiedliche potenzielle Mordwaffen eingesammelt, die sie laut eigenem Bekunden als Beweismittel in Umschläge gesteckt hatten. Beide verschwanden noch vor Prozessbeginn.

Zum Zeitpunkt des Mordes war Masters tatsächlich Mitglied der Gang, aber die Anführer führten irgendwann mehrere Gründe dafür an, warum er unmöglich derjenige gewesen sein konnte, der die abhandengekommene Waffe geschärft hatte. Zu diesen Gründen gehörte unter anderem, dass Masters gegen die Ermordung von Burchfield gestimmt hatte – ein Akt der Gehorsamsverweigerung, für den er mit dem Verlust sämtlicher Verbindlichkeiten büßen musste. Ein anderer Grund war ein ganz ortsspezifischer: Er saß im vierten Stock eines Zellenblocks, und der Mord fand im zweiten statt. Eine Waffe hin und her zu bewegen wäre schwierig und gefährlich gewesen, und einer der Zeugen sagte aus, die Waffe habe die zweite Ebene nie verlassen. Zudem hat ein anderer zugegeben, sie hergestellt zu haben.

Masters' Anwälte reichten 2001 die Einlassung ein, die das Berufungsverfahren eröffnete. Danach kam sein Fall nur schleppend voran. Erst im November 2015 gab es am Obersten Gerichtshof von Kalifornien im Rahmen der Berufung einige Anhörungen. Das ist sogar im Licht von Kaliforniens extrem langsamen Berufungsverfahren besehen eine ungewöhnlich lange Zeit.

Obwohl nur 6,5 Prozent aller Kalifornier*innen Schwarze sind, stellen Afroamerikaner*innen doch 29 Prozent der in diesem Bundesstaat Inhaftierten und 36 Prozent der zum Tode Verurteilten. Sie bekommen für vergleichbare Verbrechen mit größerer Wahrscheinlichkeit die Todesstrafe, und Täter egal welchen ethnischen Hintergrunds werden für einen Mord an einem Weißen Menschen deutlich wahrscheinlicher zum Tode verurteilt, als wenn das Opfer einer anderen ethnischen Gruppe angehört. Es gibt eben die, die mit dem Strom, und die, die gegen ihn schwimmen – und dann sind da noch diejenigen, die sich gegen den Strahl aus einem Feuerwehrschlauch stemmen müssen.

Das erste Mal sah ich Masters bei einer Sitzung zur Beweisaufnahme im Jahr 2011. In einem kleinen Gerichtssaal stand ein großer, freundlich wirkender Mann in Handschellen und orangefarbenem Overall. Ungefähr ein Dutzend Freund*innen und Unterstützer*innen war anwesend, die meisten von ihnen aus der buddhistischen Gemeinschaft. Seit seiner Verurteilung ist Masters zu einem Menschen geworden, der den Buddhismus mit Hingabe praktiziert. Er hat mir erzählt, dass er täglich meditiert und versucht, die Lehre der Barmherzigkeit in sein alltägliches Leben unter Gefängnisinsassen und -wärtern zu integrieren. 1989 legte er vor Chagdud Tulku Rinpoche, einem exilierten tibetischen Lama und überaus renommierten, im Jahr 2002 verstorbenen Lehrer, das Laiengelübde ab. (Das erste Gelübde lautet so: »Von diesem Tage an will ich andere Menschen nicht verletzen und ihnen keinen Schaden zufügen, auch wenn es mich das Leben kosten sollte.«) Seitdem hat Masters Gewalt und Selbstmorde verhindert, Verzweifelte getröstet und das Seinige dazu beigetragen, seine Mitgefangenen innerlich wachsen zu lassen. Trotz des Verbrechens, das ihm vorgeworfen wird, ist er bei den Wärtern eindeutig beliebt, ja, genießt ihr Vertrauen. Die Schriftstellerin und Kloster-Leiterin Pema Chödrön, die nach dem Dalai Lama im Westen wahrscheinlich bekannteste Buddhistin, spricht voller Bewunderung von Masters und stattet ihm jedes Jahr einen Besuch ab.

Als wir Ende 2015 anfingen, miteinander zu telefonieren, erzählte mir Masters, wie viel den Gefangenen an Verbindungen zur Außenwelt liege. Über den Buddhismus war es ihm möglich, sich einer Gemeinschaft von ethisch bewussten, idealistischen Menschen anzuschließen, die sehr pragmatische Vorstellungen davon haben, wie mit Leid und Wut umzugehen ist. Dieser Kontakt führte ihn gleichzeitig ins Außen wie ins Innen. »Das Meditieren ist für mich etwas geworden, ohne das ich nicht sein kann. Ich sehe und höre klarer, bin entspannter und ruhiger und mache in der Verlangsamung tatsächlich viele Erfahrungen«, schrieb er 1997. »Ich kann jeden einzelnen Tag besser schätzen, denn ich beobachte, wie sich die Dinge andauernd verändern und auflösen. Ich habe erkannt, dass alles in einem kontinuierlichen Prozess des Werdens und Vergehens ist. Weder Freude noch Ärger bleiben lange in mir. Sie kommen und gehen einfach.«

Außerdem hat er über seine schriftstellerische Tätigkeit Kontakte zur Außenwelt geknüpft. Er hat zwei Bücher veröffentlicht und viele Essays für Zeitschriften geschrieben. Zu mir sagte er, seine Texte würden »auf eigenen Schwingen hinausfliegen, und manche kommen eben zu mir zurück«. Er benutzte hier das Fliegen nicht zum ersten Mal als Metapher für seine Ambitionen; der Titel seiner Autobiographie ist einem Vorfall auf dem Gefängnishof entlehnt, wo er mal einen Mitgefangenen davon abhielt, eine Möwe mit einem Basketball zu drangsalieren. Auf die Frage, warum er das mache, bekam er prompt zurück: »Dieser Vogel da hat meine Flügel.« Und jetzt trägt die fesselnde, bewegende Geschichte über seine frühen Jahre den Titel *That Bird Has My Wings*.

»Nicht gerade einfach gewesen, hier reinzukommen«, sagte ich nach meinen Bemühungen, mich im Gefängnisgebäude zurechtzufinden, das System zu verstehen und zu unserem Treffpunkt zu gelangen. »Für mich schon«, gab er zurück, und wir lachten. Nachdem ich ihn zum ersten Mal angeschrieben hatte, brauchte es noch ungefähr zwei Monate bürokratischen Hickhacks, bis ich ihn besuchen durfte. Schließlich stand ich an einem kalten Januarsonntag vor dem Besuchereingang, trug Kleidung nur in den erlaubten Farben und hatte die wenigen Gegenstände dabei, die gestattet waren: einen Schlüssel, einen vom Staat ausgestellten Ausweis, ein paar Münzen und Dollarnoten für die Essens- und Getränkeautomaten sowie einige Blätter voller Faktenfragen und noch zu autorisierender Zitate, alles versiegelt in einem durchsichtigen Ziplockbeutel. Nach einer halben Stunde in einem mehrheitlich von Women of Color bevölkerten Warteraum zeigte ich meinen Ausweis vor, wurde vom Datenerfassungssystem gegengecheckt und durch ein Durchleuchtungsgerät geschickt. Als ich auf der anderen Seite wieder herauskam, war ich plötzlich mir selbst überlassen und musste allein den Weg finden zu den Besuchsräumen ein paar Hundert Meter weiter.

Es ging durch weitere, von einer jungen Frau in einem Wärterhäuschen betätigte Türen. Sie hatte mich hineingelassen und mir Führerschein und Pass abgenommen. Als Nächstes betrat ich einen Raum, in dem alles außer den Verkaufsautomaten in einem blassen, buttrigen Gelb gehalten war. Darin waren fünfzehn Käfige, U-förmig aufgestellt, in die die Insassen mit ihren jeweiligen Besucher*innen eingeschlossen wurden. Sowohl im Inneren des U, dort, wo die Gefangenen den Käfig betraten, gab es Wärter als auch außen, wo die Besucher*innen hereinkamen. Jeder Käfig war ungefähr zwei mal ein Meter zwanzig groß, nicht viel kleiner als die Zellen, in denen die Gefangenen leben, und möbliert mit zwei Plastikstühlen und einem winzigen Tischchen.

Ein Wärter mit einem schweren Gürtel, an dem an

Stahlketten Schlüssel baumelten, schloss mich ein in den Käfig, der am nächsten lag zu der Tür, durch die die Gefangenen reinkamen und auch wieder rausgingen. Masters kam mit auf den Rücken gefesselten Händen. Er streckte sie zwischen zwei Käfigstäben hindurch und der Wärter schloss ihn los, eine von beiden offenbar schon so häufig durchexerzierte Bewegungsabfolge, dass sie sehr routiniert wirkte. So begann meine erste wirkliche Begegnung mit Jarvis Masters. Kurz darauf kam ein untersetzter Weißer Mann mit grauen Haaren vorbei, der den Besuchsraum gerade wieder verließ. Er und Masters riefen sich etwas zu. Mir war nicht klar, ob es feindselig oder freundschaftlich gemeint war, aber Masters sagte, Letzteres sei der Fall. Die beiden Männer kannten sich schon, seitdem sie gemeinsam bei denselben Pflegeeltern gewesen waren. Als seien sie schon als kleine Jungs für den Todestrakt herangezogen worden.

Ein anderer Gefangener blieb auf dem Weg zurück in die Zelle kurz stehen und erzählte, dass seine Tochter Semesterferien am College habe und ihn besuchen käme. Nach dieser Unterhaltung verließ er in Begleitung des Wärters den Raum, und Masters erzählte mir, er sei zu einer Vertrauensperson geworden, zu jemandem, dem die Insassen aufgrund seiner Veröffentlichungen und seines Gebarens hochpersönliche Informationen anvertrauten, die sie sonst vielleicht nicht teilen würden. Er erinnerte mich daran, dass er schon im Gefängnis gesessen hatte, als manche der jüngeren Gefangenen und Wärter noch gar nicht geboren waren.

»Ich habe darüber nachgedacht, was bei mir alles hätte schiefgehen können, was mir hätte passieren können. Und ich habe wirklich Glück gehabt«, sagte er mir. »Es gibt so vieles, was eben nicht schiefgegangen ist. Ich habe viele Tragödien erlebt, und in jedem einzelnen Fall hätte ich das sein können. Ich habe gewalttätige Herzen erlebt und bin dankbar dafür, dass ich solchen Hass nie empfunden habe. Im Todestrakt habe ich ja einen Platz in der ersten Reihe, von dem aus ich sehe, was wirkliches Leid ist. Ich bin nicht kaputt, habe mich von diesem Ort hier nicht so aufreiben lassen, wie ich es Hunderte von Malen mit angesehen habe. Wahrscheinlich bin ich verrückt, weil ich nicht verrückt geworden bin. Aber ich bin jeden Tag dankbar dafür.«

Als ich angefangen habe, habe ich das Rudern für eine Art meditative Praxis gehalten, weil man sich doch auf einen einzigen Bewegungsablauf konzentrieren muss, um im Wasser vorwärtszukommen. Diese repetitive Bewegung benötigt jedoch das Zusammenspiel des ganzen Körpers und birgt eine Menge notwendiger Feinabstimmung in zeitlicher Abfolge, Positionierung und Krafteinteilung. Man könnte ein ganzes Leben damit verbringen, richtig rudern zu lernen, aber selbst beim Lernen kommt man schon meilenweit übers Wasser. Nach und nach haben sich bei mir die Bewegungsabläufe automatisiert, und ich kann auch wieder über andere Dinge nachdenken. Aber allzu häufig verliere ich mich nicht in Gedanken. Dafür ist es einfach zu schön.

Der Buddhismus fordert die Befreiung aller Lebewesen. Er hält fürs Nachdenken über Gefängnisse und über die Frage, was wir mit unseren Freiheiten anfangen, einige nützliche Werkzeuge bereit. Wir alle rudern hintereinander her und aneinander vorbei, und es steht uns gut zu Gesicht zu wissen, wie die Gezeiten kommen und gehen, wer mit dem Strom treibt, wen es unter Wasser zieht und wer eventuell noch nicht mal ins Wasser darf.

An den Automaten direkt vor den Käfigen, zu denen ich Zugang hatte, Masters aber nicht, kaufte ich ihm ein paar Sachen. Er fragte, ob ich denn nichts essen wolle, und ich sagte, ich würde mir hinterher vielleicht lieber einen Taco holen. Er sagte: »Das ist Freiheit.« Er hatte recht. Die Freiheit, Tacos so zu essen, wie es in meinen eigenen Zeitplan passt. Die Freiheit, beim Rudern eine maximale Freiheitserfahrung zu erstreben. Die Freiheit, das Labyrinth von San Quentin zu betreten und es ein paar Stunden später wieder zu verlassen, Geschichten zu hören und zu erzählen, den Versuch zu unternehmen herauszufinden, welche Geschichten uns vielleicht befreien könnten.

Geschichten wie die, die Melody Ermachild Chavis und der Zen-Priester Alan Senauke, der jetzt Jarvis' spiritueller Führer ist, geschrieben haben, Geschichten wie die, die Jarvis Masters selbst aufgeschrieben hat. Sie haben dazu geführt, dass er mir nicht egal ist, dass ich an ihn denke, dass ich ihn sprechen und besuchen wollte. Und es sind ebendiese Geschichten, die mir die Hoffnung geben, dass ich noch erleben darf, wie er seinen Käfig auf eigenen Flügeln verlässt. Bis dahin ist Jarvis immerhin in einer Hinsicht schon frei: Als Geschichtenerzähler hat er die ihm an die Hand gegebenen Narrative über sich selbst hinter sich gelassen und eine eigene Auslegung dessen gefunden, was es heißt zu leben.

»Egal, was am Ende das Ergebnis ist«, sagte er mir, »ich möchte in der Lage sein, damit umzugehen. Viele sagen mir: ›Jarvis, du wirst noch gewinnen.‹ Andere sagen exakt das Gegenteil.« Es gibt also auch viele, die sagen, er werde nicht gewinnen. »So oder so, ich habe Angst – Angst davor, vom einen oder vom anderen auszugehen. Ob ich oft darüber nachgrübele? Natürlich. Aber ein bisschen Glauben ans System habe ich noch, anders geht es nicht. Die Möglichkeit, dass sie die richtige Entscheidung treffen, existiert. Ich glaube an die Ergebnisse dieses Systems, obwohl die Vergangenheit dafür nicht allzu viele gute Gründe geliefert hat. Aber für mich ist dieser Glaube entscheidend.«

Coda: Klage abgewiesen, Fall eingestellt (2016, 2018)

Masters' Anwälte reichten den Antrag zur Eröffnung des Berufungsverfahrens 2001 ein. Am 22. Februar 2016 kam der langerwartete Bescheid vom Obersten Gerichtshof Kaliforniens. Das Todesurteil wurde bestätigt, die Rechtmäßigkeit des Prozesses gegen Masters wurde bekräftigt. In diesem Prozess waren Entscheidungen gefällt worden, die von außen betrachtet willkürlich und vorurteilsbehaftet wirken, Entscheidungen darüber, wer als vertrauenswürdiger Zeuge gilt und welche Beweismittel zugelassen oder eben nicht zugelassen werden.

Der Berufungsprozess lässt ausschließlich Anfechtungen des Inhalts eines vorausgegangenen Prozesses zu. Jetzt, da die Berufung abgelehnt wurde – nachdem Masters fünfzehn Jahre seines Lebens mit einem Todesurteil in einem kleinen Käfig verbracht hat –, haben seine Anwälte eine erneute Anhörung beantragt und wollen im Anschluss das Recht auf eine richterliche Haftprüfung geltend machen. Eine solche *Habeas Corpus*-Petition erlaubt es, neue Informationen einzubringen – zum Beispiel die Tatsache, dass viele Zeugen ihre Aussage widerrufen haben –, was die eigene Argumentation noch einmal deutlich erhärtet. Trotzdem: Es lässt sich unmöglich sagen, ob Masters jemals entlastet und freigesprochen wird.

Wir wissen nur, dass seine Chancen nicht allzu gut stehen.

Gut gestanden haben sie die meiste Zeit seines Lebens nicht. Ein Großteil der 73-seitigen Urteilsbegründung des Supreme Court widmet sich der Aufzählung schlimmer Dinge, die Masters als Minderjähriger angeblich gemacht haben soll. Ein Detail, das das Gericht offenbar für erwähnenswert befand, ist dieses: »1974 entwendete Masters als Zwölfjähriger einige Münzen aus der Tasche eines anderen Jungen, gab diese aber, nachdem der andere ihn angefleht hatte, sie ihm nicht wegzunehmen, wieder zurück. Später erzählte Masters Polizisten, er habe sich ein Zehn-Cent-Stück von dem Jungen geliehen, es aber zurückgegeben, als der Junge es wiederhaben wollte.« Dieser lächerlich unbedeutende Wortwechsel wurde vom Gericht als Beweis für Masters' moralische Verderbtheit gewertet, obwohl diese Szene doch eigentlich eine ganz andere Geschichte erzählt: die Geschichte von einem Menschen nämlich, der schon als Kind wie ein Verbrecher behandelt wurde und schon sehr früh feststeckte im Strafsystem. (Masters war von frühem Alter an Pflegekind und wurde, als er aus einem gewalttätigen Haushalt fortlief, sofort Insasse von Jugendstrafanstalten.) Die meisten von uns haben doch als Kinder kleinere Straftaten begangen, wurden aber deswegen weder von der Polizei vernommen, noch bekamen sie einen Eintrag ins Vorstrafenregister, der 42 Jahre später hervorgekramt und gegen sie verwendet wird.

Masters hätte nur wegen einer Angelegenheit vor Gericht stehen sollen, nur in einer Angelegenheit hätte man ihn für schuldig oder unschuldig sprechen dürfen: ob er beteiligt war an der Ermordung eines Gefängniswärters. Aber die Entscheidung des Berufungsgerichts zeigt, wie sehr sich der Staat ein Bild von ihm als einem Menschen gemacht hat, der vieler anderer Dinge schuldig ist – unter anderem früher Mitglied einer Schwarzen Gefängnisgang gewesen zu sein, deren aufrührerische Philosophie ebenfalls für relevant befunden wurde. Alles in allem stand er vor Gericht als jemand, der mehr oder weniger von Natur aus kriminell und gefährlich ist. Unmöglich, seiner Hautfarbe hierbei keinerlei Gewicht beizumessen.

Als ich den Bescheid des Gerichts las, bekam ich insgesamt den Eindruck, dass er als minderwertiger Mensch betrachtet wird, der lediglich einen minderwertigen Prozess verdient hat. Und etwas anderes hat er ganz sicher nicht bekommen. In einer weiteren bemerkenswerten Passage in der Urteilsbegründung des Obersten Gerichts von Kalifornien steht: »Die Verteidigung strebte die Befragung eines Justizvollzugsbeamten an wegen mehrerer im Gefängnis aufgefundener Zettel, auf denen Bekenntnisse standen zu Sergeant Burchfields Ermordung. Diese Zettel wurden den ermittelnden Gefängnismitarbeitern ausgehändigt, gingen aber offenbar verloren … Der Vollzugsbeamte hat aber wohl noch mindestens zehn weitere Zettel gesehen, die Bekennerschreiben zum Mord an Sergeant Burchfield waren. Das erstinstanzliche Gericht verbot dem Beamten, zu diesen Zetteln auszusagen.« Anders gesagt: In abweichende Richtungen deutende Beweisstücke gingen verloren, möglicherweise entlastende Zeugenaussagen wurden verhindert. Das Oberste Gericht von Kalifornien hatte damit kein Problem. Ebenfalls kein Problem hatte es mit der zentralen Aussage des Hauptzeugen der Anklage, einem anderen Mitglied ebenjener Gang, dem im Gegenzug für seine Aussage Immunität gewährt worden war und der sich geweigert hatte, mit den Verteidigern zu sprechen oder sich mit ihnen zu treffen. Im Gerichtsentscheid wird das zwar erwähnt, aber eine Bedeutung wird diesem Zusammenhang nicht beigemessen – ebenso wenig wie der Angabe weiterer Gefängnisinsassen, der Hauptzeuge sei nicht vertrauenswürdig. Er bezeugte Masters' Rolle bei dem Mord, beschrieb zunächst aber einen Mann, der sich klar von Masters unterschied. Seine Beschreibung traf sehr genau auf ein anderes Gang-Mitglied zu, einen Mann, der tatsächlich zugegeben hat, die Mordwaffe hergestellt zu haben. Während des Prozesses wurden Masters' Anwälten diese ausschlaggebenden Fakten allerdings vorenthalten.

Joe Baxter, Masters' leitender Anwalt, beschreibt

das Urteil des Gerichts als »armseliges Erzeugnis«, das »schlecht geschrieben und schlecht begründet« sei, dazu voller faktischer und juristischer Fehler. »Vertagte Gerechtigkeit ist verweigerte Gerechtigkeit«, so heißt es in einem oft zitierten juristischen Leitsatz, den man sehr gut auf Masters' Fall anwenden könnte; es ist allerdings angebracht, die Frage zu stellen, ob Masters überhaupt je eine Chance auf Gerechtigkeit hatte. Dass ein Mann zum Tode verurteilt wird und fünfunddreißig Jahre lang unter krassen Bedingungen leben muss, und das auf Grundlage dünnster Beweise und eines überaus armseligen Prozessverlaufs, macht »Gerechtigkeit« zu einem Wort, das zu gut ist für das, was Jarvis Jay Masters widerfahren ist.

Zum jetzigen Zeitpunkt, im Jahr 2018, ist Joe Baxter dabei, den ersten Haftprüfungstermin vorzubereiten. Warten wir das Ergebnis ab.

Denkmalkriege

2017

Jahrelang joggte ich immer, wenn ich in New Orleans war, an einem Reiterstandbild vorbei, das direkt vor dem üppig grünen City Park stand. Obwohl an einer großen Kreuzung gelegen, dort, wo die Esplanade Avenue auf den Wisner Boulevard trifft, war das Standbild selbst nicht weiter auffällig: das übliche muskelbepackte Pferd mit männlichem Reiter. Es war eine Huldigung an Pierre Gustave Toutant Beauregard, jenen General, nach dessen Überfall auf Fort Sumter im April 1861 der Amerikanische Bürgerkrieg losbrach. Unter dem erhobenen Vorderbein des Pferdes erinnerte eine Tafel an die vier Jahre, die Beauregard in der Konföderiertenarmee diente. Von seinen Jahrzehnten in der US-Armee stand da nichts. Wenige Meilen weiter südlich, in der Mitte des großen Kreisverkehrs Lee Circle, thronte Robert E. Lee, Beauregards Konföderierten-Kommandant und wie er Sklavenhalter, mit verschränkten Armen und Schwert an der Seite auf einer 18 Meter hohen Marmorsäule. Er war so hoch oben, dass man ihn kaum richtig erkennen konnte – als wäre er absichtlich außerhalb der Reichweite all derer platziert worden, die infrage stellen könnten, warum er überhaupt da war.

Auch weitere Denkmäler, die an die konföderierte Vergangenheit der Südstaaten erinnerten, waren in New Orleans unschwer zu finden: Am Ufer des Mississippi zollte ein weißer Obelisk der Schlacht vom Liberty Place Tribut, jenem blutigen Versuch einer rassistischen, paramilitärischen Gruppierung namens Crescent City White League, 1874 die rekonstruktionistische Regierung von Louisiana zu stürzen. Die Regierung, in der sowohl Schwarze als auch Weiße vertreten waren, wurde von einer Schwarzen Bürgerwehr und der Polizei von New Orleans verteidigt. Im Zuge der Scharmützel benutzten die militanten White-League-Anhänger Straßenbahnen als Barrikaden und verschanzten sich hinter Baumwollballen. Einige Dutzend kamen ums Leben, darunter elf Polizisten. Der Aufstand wurde niedergeschlagen, erreichte jedoch zwei Jahre später trotzdem sein Ziel, die Ära der »Reconstruction« zu beenden – als nach der Präsidentschaftswahl von 1876 die Reformen der vorangegangenen zehn Jahre wieder rückgängig gemacht und den Schwarzen Wähler*innen das Wahlrecht wieder abgesprochen wurde. 1932 wurde dem Obelisken eine Inschrift hinzugefügt, die den Sturz der Carpetbag-Regierung – der angeblich vor allem aus Nordstaatlern gebildeten »Reisetaschen«-Regierung, die sich im Süden privat bereichert haben soll – pries.

Die Parlamentswahlen, so lautet die Inschrift, »waren eine Bestätigung für die Weiße Vormachtstellung und schenkten uns unseren Bundesstaat«.

Dieses »Uns« bezieht sich hier natürlich auf Weiße. Da können die Geschichtsbücher noch so beharrlich behaupten, dass der Norden den Krieg gewonnen hat: Im Süden findet man kaum Hinweise darauf. Hätte der Norden den Krieg gewonnen, gäbe es doch keine Statuen und Straßennamen zu Ehren geschlagener Anführer. Hätte der Norden den Krieg gewonnen, würden doch Mahnmale aufgestellt, die an das Leid der Sklaven und ihren Freiheitskampf erinnerten. Hätte der Norden den Krieg gewonnen, wäre die Konföderierten-Flagge doch ein Symbol für eine Einstellung, derer man sich heute schämt, und für eine militärische Niederlage. Sie hinge höchstens noch in Museen. Hätte der Norden den Krieg gewonnen, wäre der Krieg doch vorbei. So dachte ich zumindest, als ich als erwachsener Mensch zum ersten Mal in den Süden kam und nicht darauf vorbereitet war, die Flagge und diese ganzen Denkmäler als ganz stinknormalen Bestandteil der bürgerlichen Kulisse vorzufinden.

Der Westen, wo ich derzeit lebe, hat auch seine bis heute andauernden Kriege: die Indianerkriege. Als ich 2016 an einer von Native Americans angeführten Demonstration gegen die Dakota Access Pipeline teilnahm, wurde ich stark daran erinnert, wie wenig abgeschlossen sie sind. Die Proteste fanden auf der weitläufigen Rasenfläche vor dem Parlamentsgebäude in Bismarck statt, der Hauptstadt von North Dakota, auf der auch ein Denkmal für die Pioniere steht. Die graue Statue aus Gussmetall zeigt eine Familie: ein zum Handeln entschlossener Patriarch mit aufgeknöpftem Hemd, eine an ihren Ehemann gelehnte Matriarchin mit Baby auf dem Arm und ein strammer Sohnemann. Trotz seines familiären Erscheinungsbildes ist es ein militärisches Monument – eines von vielen im Westen der USA, das der Invasoren dieser Landstriche als Helden gedenkt und damit ein *Wir* beschwört, das Native Americans beharrlich zum *Sie* macht.

Dass die hundert oder mehr jungen Native People in der Menge von Bismarck diesem Symbol ihres Status' als ›der Feind‹ gegenüberstehen mussten, kam mir auf seine Weise genauso bedrohlich vor wie die lange Reihe schwerbewaffneter Polizisten. Es war unmöglich, nicht an die Feldzüge der US-Regierung gegen die Lakota und Dakota vor 150 Jahren zu denken, die Teile – und irgendwann den Großteil – des Stammesterritoriums für die Weiße Besiedlung und selbstverständlich für die kommerzielle Ausbeutung erschlossen. Die Sicherung der Bodenschätze war ein Teilziel. Die Indianerkriege waren – und sind es auch heute noch – häufig Kriege um Rohstoffe. Genau wie Louisiana und Alberta befindet sich auch North Dakota in der Geiselhaft der Ölinteressen, und der Staat scheint den ursprünglichen Bewohner*innen erneut den Krieg erklärt zu haben, wobei er Menschen, die Friedfertigkeit und Gebet zu ihrer Taktik erhoben haben, wie gewalttätige Aggressoren behandelt. Bei meinem Besuch des Standing-Rock-Reservats wurden die Leute von mehreren Straßensperren daran gehindert, auch nur in die Nähe der Aktivistencamps zu kommen. Sicherheitsbeauftragte der Regierung sagten mir, sie wiesen die Menschen zu ihrer eigenen Sicherheit zurück, was auf mich wie der Versuch wirkte, friedlich Widerstand Leistende als Terroristen oder Kriminelle darzustellen und so anderen Leuten Angst einzujagen.

Viele der Statuen im Westen der USA zeigen Männer, die indigene Menschen getötet und enteignet haben. Aber die meisten Denkmäler stellen nur das dar, was nach der eigentlichen Invasion und nach den gewalttätigen Auseinandersetzungen kam: die Weiße Besiedlung. In San Francisco überblickt eine Pioniermutter mitsamt ihren Kindern einen Weg im Golden Gate Park; in der Nähe des Rathauses steht ein weiteres, noch höher aufragendes Monument aus mehreren Bronzefigurengruppen, darunter eine, die einen spanischen Priester und einen Vaquero zeigt, die über einem vor ihnen kauernden Native American stehen. Wahrscheinlich soll man hier sehen, wie sie ihn »zivilisieren«, aber sie sehen eher aus wie Polizisten, die einen Verdächtigen zusammenschlagen.

Eine Stadt ist ein Buch, in dem wir lesen, wenn wir ihre Straßen durchwandern, ein Text, der eine bestimmte Version der Geschichte bevorzugt und andere Versionen unterdrückt, der die eine Identität größer und die andere kleiner macht, der dir das Gefühl gibt, wichtig oder verzichtbar zu sein, abhängig davon, wer und was du bist. Als ich den in New Orleans lebenden Schriftsteller und Rechtsanwalt Maurice Carlos Ruffin anrief, um mit ihm über die Konföderierten-Denkmäler in seiner Stadt zu sprechen, sagte er mir: »Diese Statuen – auch wenn manche von ihnen rein äußerlich wirklich schön sind – vertreten den Standpunkt, dass du ein Mensch bist, wenn du Weiß bist – und dass du kein Mensch bist, wenn du nicht Weiß bist.« Er ist es nicht.

An wen wird erinnert – und wie? Wer entscheidet darüber? Das sind politische Fragen. »Wer die Vergangenheit beherrscht«, schrieb George Orwell in *1984*, »beherrscht die Zukunft.« Diejenigen, die in den Vereinigten Staaten versuchen, der Zukunft eine Gestalt zu geben, wissen das – genauso, wie sie den Rest von Orwells Ermahnung kennen: »Wer die Gegenwart beherrscht, beherrscht die Vergangenheit.« Wir sind nicht die, die wir mal waren – »wir« als Bürger*innen eines Landes, dessen nichtweiße Bevölkerung zwar zahlenmäßig größer und dabei auch sichtbarer und mächtiger geworden ist, aber trotzdem in zahllosen Hinsichten marginalisiert bleibt. Der Rassismus ist so tief verankert, dass wir, wenn wir aufhören wollten, Sklavenhalter zu ehren, Städte, Kreise und den Bundesstaat Washington umbenennen müssten; der Sexismus ist so fest verwurzelt, dass die großartigen Frauen unserer Geschichte auf den Straßen und Plätzen größtenteils fehlen. Was soll passieren mit einer Landschaft, deren Erscheinungsbild das Erbe der Gewalt trägt? Reißen wir ab, was bereits steht? Arbeiten wir im Sinne der paritätischen Verteilung und errichten neue Häuser und Denkmäler? Stellen wir das Vorhandene in neue Kontexte oder erheben eigene Ansprüche darauf?

Vor 25 Jahren wurden in Birmingham, Alabama, mehrere Skulpturen aufgestellt, die an die Bürgerrechtsbewegung erinnern sollen. Die aufsehenerregendste davon, eine Arbeit des Künstlers James Drake, steht an einem Weg im Stadtpark. Aus Wänden zu beiden Seiten des Wegs hervorbrechend, scheinen geifernde Hunde aus Bronze und Stahl sich auf jede*n Passant*in stürzen und sie in Stücke reißen zu wollen. Diese Skulptur besagt, dass wir, wenn wir die Gewalt verstehen wollen, der Menschen hier einst ausgesetzt waren, zumindest einen Nachhall dieser Gewalt am eigenen Leib erfahren müssen. Ein solch offizielles, an institutionalisierte Grausamkeit gemahnendes Denkmal am Ort ihres Auftretens ist selten.

Anders als in der Physik zeitigt Geschichte nicht auf jede Aktion eine entsprechende, gleichgewichtige Reaktion, sondern schreitet manchmal auf seltsame Art und Weise fort. Im Juni 2015 wurden in der Emanuel African Methodist Episcopal Church in Charleston, South Carolina – einer Stadt, wo die Konföderierten-Flagge noch häufig gehisst wird –, neun Schwarze ermordet. Dieses Blutbad, das die Eröffnungssalve eines Rassenkriegs sein sollte, hatte symbolisch betrachtet den gegenteiligen Effekt: Es zwang die Menschen dazu, sich mit dem Zusammenhang zwischen der Flagge und rassistischer Gewalt auseinanderzusetzen.

Die übliche Verteidigung der Konföderierten-Flagge lautet, sie sei doch ein historisches Wahrzeichen. In South Carolina wurde sie im 19. Jahrhundert allerdings nicht gehisst: Zum ersten Mal wehte sie 1961 über dem Parlamentsgebäude des Bundesstaates, vordergründig aufgezogen anlässlich des 100-jährigen Bürgerkriegsjubiläums, im Grunde aber nichts anderes als ein Symbol des Widerstands gegen die Integration. Nach dem Massaker von Charleston kletterte die Aktivistin Bree Newsome auf den Fahnenmast vor dem Parlament und holte die Flagge herunter; sie wurde verhaftet. Einen Monat später ordnete der Gesetzgeber schließlich an, die Fahne endgültig abzunehmen – ein Meilenstein auf dem Weg fort von Rassentrennung, Segregation und Diskriminierung.

In den Südstaaten hat sich die öffentliche Erinnerung überall latent verschoben – oder zumindest erweitert –

und trägt jetzt auch bislang übersehenen Facetten der Geschichte Rechnung. Im Oktober 2016 enthüllte die Stadt Abbeville in South Carolina ein Denkmal für Anthony Crawford, 100 Jahre nachdem er von einem Mob verprügelt, gefoltert, gehängt und als Zielscheibe missbraucht und zerschossen worden war, weil er sich mit einem Weißen über den Preis für sein Getreide gestritten hatte. In Montgomery, Alabama, errichtet die Equal Justice Initiative derzeit ein Denkmal für die mehr als 4000 Schwarzen Opfer der Lynchmorde. In Montgomery ist auch ein Rosa-Parks-Museum beheimatet.

Viele dieser Vorstöße treffen auf erbitterten Widerstand. Als in New Orleans 1989 der Obelisk zu Ehren der Crescent City White League von seinem prominenten Ort am Ende der Canal Street entfernt wurde, klagte ein Gefolgsmann von David Duke, dem Großen Hexenmeister des Ku-Klux-Klans, erfolgreich vor Gericht und setzte durch, dass das Wahrzeichen, das so viele Märsche des Klans zum Ausgangspunkt gehabt hatten, weiterhin in der Stadt sichtbar und präsent blieb. 1993 wurde es an einer weniger prominenten Stelle eine Straßenecke weiter wiedererrichtet.

2014 bat der Jazzmusiker Wynton Marsalis den damaligen Weißen Bürgermeister der Stadt, Mitch Landrieu, sich die hoch über allem schwebende Statue von General Lee einmal richtig anzusehen: »Vielleicht darf ich Ihnen helfen, sie durch meine Augen zu sehen: Wer ist dieser Mann? Wofür steht er? Spiegelt sich in ihm hier, am berühmtesten Platz der Stadt New Orleans, das, was wir waren, was wir sein wollen oder was wir sind?«

Ein Jahr später machte der Bürgermeister den Vorschlag, die Statue zu demontieren – zusammen mit einigen anderen, die an das Anliegen der Konföderierten erinnerten. Daraufhin wurden städtische Angestellte bedroht, und der Bauunternehmer, der den Auftrag zur Demontage der Statuen angenommen hatte, erhielt mehrfach Morddrohungen und machte schließlich einen Rückzieher.

Der Frust der Stadtbewohner*innen über die Verzögerungen hat sich in regelmäßigen Abständen in richtiggehenden Auseinandersetzungen entladen. Im September 2016 protestierte die von Afroamerikaner*innen angeführte Aktivistengruppe »Take 'Em Down NOLA« erstmalig gegen die Statue von Andrew Jackson im Zentrum des French Quarters. Jackson kämpfte gegen Native Americans, besaß und handelte mit Sklaven und unterschrieb 1830 den Indian Removal Act, der Cherokee, Choctaw, Seminole und anderen Stämmen im Südosten ihr angestammtes Land nahm und sie enteignete. Die mehreren Hundert auf den Jackson Square geströmten Demonstrant*innen mussten feststellen, dass die Statue hinter Barrikaden stand und Polizeischutz genoss. Zudem gab es eine Gegenkundgebung, die versuchte, die Aktivist*innen zu behindern. Als David Duke höchstselbst am Jackson Square auftauchte, entstand ein Handgemenge, in dessen Wirren die Polizei sieben Menschen verhaftete, darunter die grauhaarige Frau, die Duke das Megaphon entwunden hatte.

Die Statue blieb stehen, aber Dukes Anhänger hatten wohl den Eindruck, dass ihre Tage gezählt waren. Auf Dukes Website schrieb jemand in einem Kommentar: »Die Sieger machen fette Beute – und bekommen die Möglichkeit zur Demütigung der Besiegten. Eine der traditionsreichsten Vorgehensweisen ist es, die Statuen und Denkmäler der geschlagenen Seite zu zerstören.«

Damit hat er nicht ganz unrecht. Wer sich das Besiegtsein ansehen will, sollte sich mal in Berlin umsehen. Mit einer eindrucksvollen Bandbreite an Museen, Statuen, Denkmälern und anderen Erinnerungshilfen im öffentlichen Raum hat sich die Stadt von ihrer Rolle im Dritten Reich distanziert. Am spektakulärsten ist das rund 19 Quadratkilometer große Denkmal für die ermordeten Juden Europas: fast eine Stadt *en miniature*, ein Raster aus fast dreitausend glatten graubraunen Betonstelen, alle gleich breit und tief, aber unterschiedlich hoch. Es ist ein wortloses Gedenken, eine Stadt der Abwesenheit, die zu durchwandern Unheimlichkeit aufkommen lässt. Im Jahr 2005 fertiggestellt, erinnert sie ausschließlich an die jüdischen Opfer des Holocaust; später eingeweihte Gedenkorte korrigieren das Versäumnis mit Denkmälern für die verfolgten Homosexuellen und die Opfer unter den Sinti und Roma. Auch das ehemalige SS-Hauptquartier erinnert heute an den Völkermord. Das Jüdische Museum tut das ebenfalls.

Und dann gibt es die Stolpersteine – über die man sowohl buchstäblich als auch metaphorisch stolpert, die man also eher zufällig entdeckt. Der deutsche Künstler Gunter Demnig hat seit 1996 mehr als 50000 kleine, knapp zehn mal zehn Zentimeter große Bronzewürfel ins Straßenpflaster vor Häusern eingelassen, aus denen man Opfer des Holocaust herausgeschafft hat – Juden und Jüdinnen, Zeugen Jehovas, Roma, Homosexuelle, Dissident*innen. Laut Demnigs Website ist das Stolperstein-Projekt noch nicht abgeschlossen. Mit der Unterstützung von privaten Geldgeber*innen und den gesammelten Archivdaten aus Yad Vashem verlegt er pro Monat etwa 450 der sorgfältig handgeprägten, kleinen goldfarbenen Gedenksteine.

Das Gedenken holt das Vergessen ein – zumindest bei diesen kleinen Zwischenrufen, die das Orts- und Zeitgefühl der unvorbereitet auf einen solchen Stein stoßenden Menschen durchbrechen und sie aufrütteln. Die Steine sind auch in anderen Städten Deutschlands und im Ausland verlegt worden. Ein großräumig verteiltes Projekt, das darauf beharrt, dass Orte ein Gedächtnis brauchen und wir uns daran erinnern müssen, was an ihnen geschehen ist. Auch das Erinnern kann sterben – oder am Leben gehalten werden. An wen wie erinnert wird und wer darüber entscheidet, ist eine zutiefst politische Angelegenheit. Die Räume, die wir bewohnen, beherrschen die Vergangenheit über Statuen, Namensgebungen und Abbildungen.

Dort, wo in New Orleans diese Denkmäler noch stehen, herrscht der ehemalige Bund der Südstaaten. Aber von Künstler*innen und Aktivist*innen im ganzen Land kommen jetzt Interventionen im öffentlichen Raum, manche geplant und ausgeklügelt, andere mehr aus dem Stegreif. Der Affront in Bismarck wurde übergangsweise gelöst, indem das Pionierdenkmal mit einem Bettlaken verhängt wurde, auf das die Worte »Protect Our Mother« – »Schütze unsere Mutter« – gemalt worden waren. Das Jefferson-Davis-Monument in New Orleans wurde mit dem Wort »Sklavenhalter« besprüht, was endlich Aufmerksamkeit lenkte auf das, was die Gedenktafel unerwähnt ließ. Am Memorial Day im Jahr 2015 organisierte der Konzeptkünstler John Sims in 13 Südstaaten die Verbrennung und Bestattung der Konföderierten-Flagge. »Die Konföderierten-Flagge ist das N-Wort am Mast«, sagte er. Eine der Beisetzungen fand am Lee Circle statt.

In Zeiten, in denen auf Bundesebene keine progressiven Kräfte an der Macht sind, obliegt die Arbeit an der Rechtssicherheit und Gerechtigkeit hauptsächlich den Bundesstaaten und Gemeinden. In der Ära Trump wird diese Verschiebung unumgänglich – wenn wir überhaupt noch vorankommen wollen, dann durch das Handeln unserer Städte und Communitys: im Stadtrat, bei Nachbarschaftsversammlungen und auf den Straßen. Der Kampf ist vielleicht dann am stärksten und durchschlagskräftigsten, wenn er geführt wird von Guerilla-Revisionist*innen.

Zur Feier des 400. Jahrestags der Ankunft des spanischen Kolonialgouverneurs Juan de Oñate im Jahr 1598 wurde nördlich von Santa Fe, New Mexico, eine Statue errichtet. In diesem Teil des Landes reihen sich die Pueblos der Native Americans wie Perlen entlang des silbernen Bands des Rio Grande. Die Erinnerungen der Natives reichen weit zurück, man hat Oñate nie verziehen, dass er den Männern des Pueblo-Stamms der Acoma, die sich gegen ihn erhoben hatten, den rechten Fuß abhacken ließ. Und so wurde ein paar Jahre nach ihrer Einweihung der gestiefelte und gespornte Fuß der Statue eines Nachts von ihrem Bein abgetrennt. In einem Leserbrief ans *Albuquerque Journal* schrieb eine Person, die sich zur Beteiligung an der Tat bekannte: »Wenn schon von seiner Expedition gesprochen werden muss, dann muss die Wahrheit auch *in ihrer Gänze* gesagt werden.«

Was ist das, die ganze Wahrheit? Wie kommen wir zu ihr? Im Zuge der Denkmalkriege haben wir, indem wir unsere Geschichte ausgraben wie eine archäologische Stätte – oder wie den Schauplatz eines Verbrechens –, die Chance, zu neuen Schlussfolgerungen zu gelangen, neue Held*innen zu benennen, neu über die Vergangenheit nachzudenken und uns neu auf die Zukunft auszurichten. Manche Kategorien von Menschen werden mit Bildung versorgt, andere hingegen ständig getadelt. Gelegentlich bringt der öffentliche Dialog auch Greifbares hervor. In Lower Manhattan wacht eine gewaltige Statue von George Washington, einem weiteren Sklavenhalter, über die Federal Hall – und das seit 1882. Aber ein paar Straßenblocks weiter erinnert, als kleiner Kontrapunkt zum dominanten Narrativ, ein vor kurzem installiertes Schild an den Sklavenmarkt, der sich im 18. Jahrhundert an der Wall Street befand.

Auf dem Spielfeld gelten für alle die gleichen Regeln, rufen die Männer auf dem Gipfel des Berges den Menschen unten zu. Aus den tiefsten Tiefen schreien diese Menschen zurück und protestieren.

Trumps beschämender Geniestreich war es, seinen Anhänger*innen eine simple – und darüber hinaus falsche – Geschichtserzählung an die Hand zu geben, ihre nostalgische Sehnsucht nach einem phantasmatischen Früher anzuheizen und sich dessen triumphale Rückkehr herbeizuwünschen. Durch Trumps Wahlsieg haben Weiße Nationalisten die Macht bekommen, die Geschichte nach diesem Muster umzuschreiben bzw. unsere schon geschafften Korrekturen und Ergänzungen wieder auszulöschen. Ihrer verfälschenden

Darstellungen widersetzt man sich am besten, indem man nicht eine zu simple Geschichte gegen eine andere tauscht, sondern indem man widersprüchliche Details hinzufügt und die Faktenlage verkompliziert. Es wäre so unmöglich wie unklug, alle sichtbaren Reste der hässlichen Vergangenheit dieses Landes zu tilgen; Erfolg hingegen wäre eine Landschaftslobotomie. Und so, wie wir nicht vergessen dürfen, dass unsere Bildhauerei die Exklusionen und beleidigenden Affronts in der Gegenwart stützt und verstärkt, sollten wir uns gleichermaßen gewahr sein, dass unsere aus dieser Erkenntnis erwachsende Perspektive sicher noch nicht die finale Umsetzung von Inklusion und Gleichheit ist. Die Nachwelt wird unsere Vorstöße modifizieren oder rückgängig machen und uns für Verbrechen anprangern, die wir bislang noch gar nicht sehen. Statuen stehen still; die Kultur aber ist in Bewegung und bewegt sich an ihnen vorbei.

Dann wiederum sind im Mai 2017 die vier Konföderierten-Statuen in New Orleans abgebaut worden. New Orleans ist aus der Konföderation ausgetreten. Viele andere Städte und Universitäten folgten. Wir haben die Konföderation noch nicht ganz hinter uns gelassen, sind aber wieder einmal vereint im Kampf gegen sie.

Acht Millionen Arten der Zugehörigkeit

20. Oktober 2016

Lieber Donald Trump,
ich frage mich, ob Sie die Stadt New York, in der zu leben Sie behaupten, jemals wirklich erkundet haben. Ich kann es Ihnen nur empfehlen, denn sie hat Schön- und Herrlichkeiten zu bieten, die wirklich viele der Behauptungen, die ich aus Ihrem Mund im Wahlkampf und ganz besonders in der abschließenden Debatte gehört habe, konterkarieren. Zunächst einmal besteht ein sehr großer Anteil ihrer Acht-Millionen-Plus-Bevölkerung aus Einwanderern: aus Muslim*innen, Schwarzen, Mexikaner*innen und einigen liebenswürdigen Menschen, die sogar mehreres zugleich sind, Schwarz, muslimisch und eingewandert. Nur ein Drittel der Bewohner*innen ist Weiß. Sie aber reden, als hätten wir ein Riesenproblem, wenn ganz plötzlich viele illegale Einwanderer und Muslime hier auftauchen sollten. Ich habe eine Neuigkeit für Sie: Sie sind schon da, und es scheint eigentlich ganz gut zu laufen.

Kommen Sie jemals von Ihrem Turm herunter und zwängen sich nicht gleich in eine Limousine, die Sie zu einem Privatjet bringt? Sie wettern gegen Einwanderer, aber mehr als ein Drittel der Bewohner*innen von New York City sind Einwanderer – 37 Prozent nämlich. Ungefähr eine halbe Million von ihnen hat keine Papiere, und diese Leute gehören zu denjenigen, die am härtesten arbeiten, um diese Stadt am Laufen zu halten. Wenn Sie sie vertreiben würden, würde das das Hotel- und Gastronomiegewerbe sofort in die Krise stürzen. Laut Ex-Bürgermeister Michael Bloomberg – der überdies die geringe Kriminalitätsrate in dieser Bevölkerungsgruppe herausstreicht – zahlen, im Unterschied zu Ihnen, 75 Prozent der papierlosen Bewohner*innen von New York City Steuern. Alles in allem versorgen Einwanderer, egal, ob sie Hausmeister sind oder Ärztin, die Stadt mit Energie und sind eine Bereicherung.

Sie sollten sich mal wieder in Queens umsehen, dem Bezirk, in dem Sie aufgewachsen sind. Queens ist heute der linguistisch vielfältigste Ort auf der Erde. Es ist der Teil der Stadt, wo die meisten der auf der Erde vorzufindenden achthundert Sprachen gesprochen werden. Viele dieser Sprachen sind verschwindende Sprachen, wie ich von einem der bezauberndsten Vereine in New York erfahren habe, der Endangered Language Alliance. Menschen kommen als Flüchtlinge hierher und bringen ihre jeweilige Kultur mit. Einige der letzten Menschen, die seltene Sprachen aus dem Himalaya und aus den Anden sprechen, leben hier und machen diese Stadt zu einer Welt, in die viele Welten passen, zu einer Unterhaltung, die in vielen Sprachen geführt wird, und zu einem Zufluchtsort, wie er auch für die Großeltern meiner Mutter schon einer war, als sie vor Hunger und Diskriminierung in Irland flohen, und für die Eltern meines Vaters, die auf Ellis Island ankamen auf der Flucht vor der Sorte von Pogromen, wie Sie sie anzuzetteln scheinen.

Sie behandeln Muslime wie gefährliche Außenseiter, scheinen dabei aber nicht zu wissen, dass die Stadt, in der zu wohnen Sie behaupten, ungefähr 285 Moscheen hat und nach Auskunft des großartigen New Yorker Religionsgelehrten Tony Carnes irgendetwas zwischen 400 000 und 800 000 Muslim*innen. Das heißt, dass eine*r von zehn bis eine*r von zwanzig New Yorker*innen dem islamischen Glauben anhängt. Eine Handvoll Muslime – darunter der in Queens geborene Massenmörder von Orlando – hat schreckliche Sachen gemacht, aber wenn Sie sich vor Augen führen, wie viele Muslime es insgesamt gibt, dann können Sie getrost aufhören, Millionen für die Taten einiger weniger zu dämonisieren.

Und zu diesem Mörder von Orlando: Seine Homophobie, seine Geschichte der erfahrenen häuslichen Gewalt und die Leichtigkeit, mit der er Zugang zu Waffen hatte – das sind ja keine importierten, sondern hausgemachte Probleme, an denen wir arbeiten müssen. Die Stadt New York war Vorreiterin darin, Schwule und Lesben aus der Diskriminierung zu befreien. Eigentlich haben sie sich natürlich selbst befreit, durch Kampagnen, Projekte, sichere Zufluchtsorte und Communitys, die die Emanzipation ins ganze Land und über die Landesgrenzen hinaus getragen haben. Vor kurzem war ich zum ersten Mal auf einen Drink im Stonewall Inn im West Village, und es war sehr aufregend, an einem Ort zu sein, wo vor fast fünfzig Jahren Aufstände und Gegenwehr den gesellschaftlichen Diskurs verschoben und die Gesetzeslage nach vorn gebracht haben.

Aber eigentlich waren wir ja gerade bei den Muslimen und nicht bei den Schwulen und Lesben dieser Stadt, obwohl ich mir sicher bin, dass wir auch ein paar schwule Muslime hinzuzählen können, denn in dieser Stadt gibt es alle. Alle. Die Muslim*innen von New York City sind Taxifahrer und Verkäufer in den überall in Manhattan herumfahrenden Halal-Imbisswagen, aber auch Rechtsanwältinnen, Lehrer und Professorinnen, Programmierer und Designerinnen. Sie sind Väter, Kleinkinder, Großmütter und Jugendliche auf der Highschool. Diese Stadt ist unter anderem deswegen so schön, weil sich hier so viele Kategorien überkreuzen. Viele der Muslim*innen sind frisch eingewandert oder sind die Kinder und Enkelkinder von Einwanderern, aus Afrika genauso wie aus Asien, aber ein erheblicher

Prozentsatz von ihnen sind Afroamerikaner*innen, deren Wurzeln in diesem Land sehr viel tiefer reichen als die Ihrigen oder die meinigen. Es sind deren Vorfahren, die diese Stadt erbaut haben, darunter auch jene Mauer, nach der die Wall Street benannt wurde.

Wo wir schon bei den Afroamerikaner*innen sind: Waren Sie eigentlich jemals in Harlem oder der Bronx? Sie sprechen über Schwarze immer so, als hätten Sie noch nie welche getroffen und als wären Sie noch nie in einem Schwarzen Stadtteil gewesen. Im letzten TV-Rededuell haben Sie ernsthaft gesagt: »Unsere Innenstädte sind eine Katastrophe. Auf dem Weg zum Supermarkt wird man erschossen. Die Leute sind ungebildet. Sie haben keine Arbeit. Ich werde mehr für Afroamerikaner und Latinos tun als sie [Clinton] in zehn Leben tun könnte. Mit Afroamerikanern und Latinos hat sie bisher immer nur geredet.« O Mann, ist das Ihr Ernst? Haben Sie diese Einschätzung der Lage vielleicht aus dem Fernsehen – aus dem Fernsehen von 1975 wohlgemerkt? In New York City machen 70 Prozent eines Jahrgangs den Highschool-Abschluss, eine Rate, die etwas unter der Prozentzahl von Schwarzen und Latinx-Jugendlichen allein liegt. Die Arbeitslosenquote liegt bei fünf Prozent. Es ist übrigens immer eine wirklich gute Idee, mit Menschen zu reden, wenn man herausfinden will, wer man selbst ist und wer diese anderen sind. Sollten Sie mal versuchen. Von den Problemen in den »inner cities« zu sprechen ist altbacken, dieser »inner city«-Begriff ist übrig geblieben aus Zeiten, als Städte wie New York wegen Kapitalflucht und Bevölkerungsschwund verfielen und die Kriminalitätsrate noch wirklich hoch war (Eilmeldung: Landesweit ist die Kriminalität im Lauf des vergangenen Vierteljahrhunderts zurückgegangen, auch wenn Sie immer noch gern auf dem kleinen Problem in Chicago herumreiten). Wenn Sie über die »inner city« reden, klingen Sie, als hätten Sie ungefähr vierzig Jahre nichts mitgekriegt.

Sie sollten der boomenden Stadt, die New York heutzutage ist, mal einen Besuch abstatten. Nehmen Sie Harlem, eines der großen kulturellen Zentren der Vereinigten Staaten, seit mindestens einem Jahrhundert das großartige Herzstück der Black Culture in den USA, jener Ort, an dem einige der besten Schriftsteller*innen dieses Landes aufgewachsen oder gelandet sind. Harlem ist voll von Menschen mit exzellenten Jobs und Bildungswegen, und irgendetwas anderes zu behaupten ist gleichermaßen ignorant und rassistisch. Der Bezirk ist nicht übermäßig kriminalitätsbelastet, es sei denn, Sie wollen Gentrifizierung und Verdrängung zum Verbrechen deklarieren – was Sie, wie ich weiß, nicht wollen, ich aber manchmal schon, vor allem dann, wenn ich sehe, wie diese Prozesse das kulturelle Gedächtnis und die Kontinuität eines Ortes zerstören und wie machtlos die davon betroffenen Menschen sind. Aber dass wir zwei nicht einer Meinung sind, wenn es um Immobilienspekulation geht, liegt in der Natur der Sache, also lassen Sie uns weitermachen.

Ganz ehrlich: Besuchen Sie New York doch einfach mal. Die Stadt ist riesig. Sie ist großartig. Unter anderem ist sie eine große lateinamerikanische Stadt. Wussten Sie, dass die Radiosender, die hier am meisten gehört werden, spanischsprachig sind? Dass der im Tagesprogramm moderierende DJ Alex Sensation – ein kolumbianischer Einwanderer – die Sendung mit den meisten Zuhörer*innen im Spitzenmarkt der USA hat? In seiner Sendung spielt er die unterschiedlichsten Arten von Latin Music, denn New York ist die lateinamerikanische Hauptstadt, in der alle schon einmal gewesen sind, Kubaner und Dominikaner, Kolumbianer und Guatemalteken. In diesem großartigen kulturellen Mix entwickelte sich die Salsa-Musik und wanderte in die Welt, wurde zu einem der erfolgreichsten US-Exportprodukte, zusammen mit Hiphop und Rap, beide geboren im Süden der Bronx und heute zentraler, quicklebendiger Bestandteil der Populärkultur im Kanada der Inuit bis nach Zentralafrika.

Diese Stadt ist schon immer ein Ort der Befreiung gewesen: für die Flüchtlinge, die von überallher kamen; für Institutionen und Gruppierungen, die hier entstanden und groß geworden sind, wie die Familienberatungsstelle Planned Parenthood zum Beispiel, der Sie mit dem Einfrieren der Geldmittel drohen, oder wie Black Lives Matter, eine Gruppe, die Sie öffentlich angeprangert haben. Vielleicht haben Sie New York deswegen noch nicht besucht: weil es nicht Ihrer Meinung ist und Ihre Ideologie untergräbt. Es gibt so viele New Yorks, und wir alle dürfen uns unser eigenes aussuchen. Das New York der reichen Weißen jedoch ist lediglich ein kleines Stück der Stadt. Daneben gibt es tausend andere New Yorks mit tausend anderen Arten zu leben und zu arbeiten, mit Hunderten von Sprachen, Dutzenden von Religionen, und all das kommt tagtäglich auf den Subway-Bahnsteigen zusammen, auf den Straßen, in den Parks, den Krankenhäusern, Küchen und städtischen Schulen. Denn normale New Yorker*innen gehen vor die Tür und mischen sich unter die Leute, und diese Koexistenz in der Differenz ist eine gute Basis für einen wahrhaft demokratischen Geist, diesen Glauben daran, einander vertrauen zu können. Im buchstäblichen wie im übertragenen Sinne finden New Yorker*innen das Gemeinsame darin, im öffentlichen Raum unterwegs zu sein und sich zu mischen.

Wenn Sie nicht bereit sind, raus und unter Leute zu gehen, bekommen Sie von mir eine sehr überschaubare Lektüreaufgabe: Lesen Sie Geld. Nicht die großen Scheine. Sehen Sie sich einfach nur ein Zehn-Cent-Stück an. Darauf steht: »e pluribus unum«. Aus vielen eines. Seit seiner Gründung ist das einer der wesentlichen Leitsätze dieses Landes gewesen. In unseren Städten, diesen grandiosen Orten der Koexistenz, hat er sich realisiert. Nicht nur als tolerante Haltung gegenüber den Unterschieden, sondern als Freude an und Liebe zu ihnen, eine Liebe zur Fremdbestäubung, zu den Mischehen, zu Hybridisierung und der Erfindung neuer Formen aus ebenjenen Unterschieden, die wir mitbringen, wenn wir zusammenkommen. Das ist ein ganz wichtiger, zentraler Aspekt dessen, was Amerika *great* macht – dann, wenn es wirklich *great* ist und nicht wütend, spalterisch, ungleich und irregeleitet. Und dieses Großartige ist hier, direkt vor unserer Haustür und um uns herum, in der großen Stadt.

Mit freundlichen Grüßen
Rebecca Solnit

Das Licht von Standing Rock

2016

Niemand hat es kommen sehen. Und doch verbreitete sich am Sonntag, den 4. Dezember 2016, plötzlich die Nachricht, dass das US Army Corps of Engineers die Genehmigung zum Bau der Dakota Access Pipeline (DAPL), die direkt oberhalb des Sioux-Reservats Standing Rock unter dem Missouri River hindurchführen sollte, wieder zurückzog. Was fängt man an mit einem Sieg? Viele warnten in den sozialen Netzwerken alle anderen, das sei nicht der absolute, letztgültige Es-gibt-den-Weihnachtsmann-doch- und Ab-jetzt-ist-alles-für-ewige-Zeiten-in-Ordnung-Sieg. Man solle das besser nicht feiern. Aber wenn wir auf solche Siege warten würden, könnten wir nie feiern. Die von dieser Entscheidung am meisten betroffenen Menschen schienen dann auch zu begreifen, dass das, wenn schon nicht das Ende der Geschichte, dann zumindest ein wirklich schöner Etappensieg war. Und man diese Etappe durchaus feiern durfte. Was dann getan wurde, mit viel Tamtam und Frohsinn in Standing Rock und auf der ganzen Welt.

Es ist definitiv kein endgültiger Sieg. Donald Trump gibt sein Bestes, um den Bau von dieser und allen anderen Pipelines doch noch zu garantieren. Das ist inzwischen eine unbestreitbare Tatsache. Aber trotzdem könnte dieser Sieg ein wahrlich großer sein.

In einem im November 2016 veröffentlichten Bericht konstatiert das Institute for Energy Economics and Financial Analysis: »Seitdem ETP [der Energiekonzern Energy Transfer Partners] das Projekt 2014 erstmals vorgestellt hat, hat sich der größere ökonomische Kontext tiefgreifend gewandelt. Nur wenige Monate nachdem die Lieferanten sich bindend zur Nutzung der Dakota Access Pipeline verpflichtet hatten, begann der Ölpreis weltweit einzubrechen, und Marktbeobachter gehen nicht davon aus, dass die Preise innerhalb des nächsten Jahrzehnts wieder auf das Niveau von 2014 klettern werden. Infolgedessen ist die Produktion im Ölfeld der Bakken-Formation während fast zwei aufeinanderfolgender Jahre beständig zurückgefahren worden.« Der Gewinn der Pipeline sollte generiert werden durch die Lieferanten, die zum avisierten Fertigstellungstermin am 1. Januar 2017 vertraglich an die 2014er Preise gebunden waren.

Was das Geschenk, das das US Army Corps da ausgeteilt hat, dann doch relativ unwahrscheinlich machte. Es ist ein schwerer Schlag für die Industrie. Der Bericht schließt so: »Wenn die Produktion weiter zurückgefahren wird, könnte die DAPL durchaus zu einem Stranded Asset werden – zu einem Projekt, das übereilt abgeschlossen wurde, vor allem, um die günstigen, 2014 ausgehandelten Vertragsbedingungen zu sichern.« Und das sind für alle, die keine Investoren sind, wirklich schöne Nachrichten – Nachrichten, die die Bedeutung dieses Siegs noch weitreichender machen.

Man kann eine Menge lernen aus dem schönen Kampf in Standing Rock, obwohl natürlich alle ihre eigenen Schlüsse daraus ziehen werden. Zu dem Wichtigen, was ich gelernt habe, gehört die Erkenntnis, dass man nie weiß, was als Nächstes passiert und dass wir leben müssen mit unseren Prinzipien, unseren Vermutungen und dem, was die Geschichte uns lehrt. Eine Menge Menschen haben ihre Meinung geäußert zu dem, was in Standing Rock geschehen würde und was ganz sicher nicht geschehen würde, und viele Meinungen haben sich als falsch herausgestellt. Was geschehen ist, hat niemand kommen sehen.

Außerdem habe ich gelernt, dass man aufstehen muss für das, woran man glaubt, auch wenn der Sieg außer Reichweite zu liegen, ja unmöglich zu sein scheint. Am Sonntag, dem 4. Dezember, ereignete sich der Pipeline-Sieg. Am nächsten Tag war der 61. Jahrestag des Beginns des Busboykotts in Montgomery. Was hatten sich die Afroamerikaner*innen, die unter den Gesetzen der Rassentrennung lebten, damals erhofft? Ganz gewiss mehr, als nur die Rassentrennung im öffentlichen Nahverkehr aufzuheben. Aber sie hätten sicherlich nicht geahnt, dass sie letztendlich zentral daran beteiligt waren, eine Bewegung aus der Taufe zu heben, die nicht nur unsere ganze Nation veränderte und landesweit neue Gesetze zur Folge hatte, sondern die der ganzen Welt einen Werkzeugkasten hinstellte, gefüllt mit gewaltlosen Strategien und Visionen, die seitdem in Südafrika und in Ägypten, in der Tschechoslowakei und auf den Philippinen zum Einsatz kamen. Aber sie haben darauf gesetzt, dass die Zukunft anders aussehen wird als die Vergangenheit, und sie haben alles dafür getan. Zurzeit scheinen die Errungenschaften der Bürgerrechtsbewegung wieder in Gefahr zu sein – was nur ein Grund mehr ist, sich daran zu erinnern, dass es Siege waren, errungen mit Blut, Schmerz und Hingabe, in einer Zeit, als der Sieg noch außer Sichtweite war.

Und auch das ist eine wichtige Erkenntnis: Wirkungen entfalten sich oft erst langfristig. Die Bewegung von Standing Rock könnte immer noch die gesamte Pipeline stoppen. Aber egal, ob das gelingt oder nicht: Sie hat immerhin die vielleicht bislang größte Zusammenkunft von Native North Americans (aus Kanada und den Vereinigten Staaten) zustande gebracht, was ein tiefgreifender, bewegender Wendepunkt gewesen ist für das Wachsen eines transnationalen Netzwerks der Solidarität, für die Affirmation von kulturellen Identitäten und für politische Rechte. Diese Kampagne hat wieder einmal gezeigt, dass Umweltbewegung und Menschenrechtsaktivismus oft untrennbar miteinander verbunden sind; sie hat uns daran erinnert, dass indigene Völker weltweit an vorderster Front der Klimaschutzbewegung stehen und dass viele nicht indigene Menschen die indigenen Kulturen respektieren und sie sich in Führungsrollen wünschen. Vieles, was wir jetzt noch nicht vorhersehen können, könnte aus diesem Zusammenschluss und seinen Visionen, Taktiken und seiner Schlagkraft entstehen.

In der heutigen Zeit, die geprägt ist von rechtem, neonazistischem Triumphalismus, hören wir viel von Hassverbrechen und Schlägereien, von Beleidigungen, Hakenkreuzen, Drohungen und vielem mehr. Aber ebenfalls ins Blickfeld schiebt sich ein anderes Amerika, ein Amerika, das andere Glaubensvorstellungen hat, Menschen, die aufstehen für die Gleichberechtigung aller Bevölkerungsgruppen, die sich einsetzen für Schwache, Frauen und LGBTQs, für Wissenschaft und Demokratie. Man erkennt dieses Amerika in dem Stadtviertel von Washington, D.C., das Vizepräsident Mike Pence, als er dort hinzog, mit Regenbohnenfahnen begrüßte, man kann es sehen in den Verteidiger*innen aller Verfolgten und in dem stark ausgeprägten Wunsch, Menschen, Orte, Werte und die Demokratie zu schützen. Wir stecken in turbulenten Zeiten, in denen vieles möglich ist. Standing Rock war ein Anklang dieser Möglichkeiten, gab diesen Möglichkeiten eine Gestalt und erstrahlte in dieser Schönheit.

Ich fuhr Anfang September 2016 dorthin, als die Temperaturen überaus angenehm und die Landschaft grün war. Während ich da war, fragte ich Dallas Goldtooth vom Indigenous Environmental Network, ob es hierfür irgendwelche Vorläufer gegeben habe. Während seine kleinen Kinder auf der Rückbank seines Minivans herumkletterten und ein Junge von der anderen Straßenseite herüberkam, um ihm die Hand zu schütteln, sagte er mir: »Ganz ehrlich, ich wüsste nicht. Es gab nichts, was hiermit irgendwie vergleichbar wäre. Hundertachtzig unterschiedliche Stämme haben uns ihre Solidaritätsadressen geschickt.« Goldtooth, der Dakota und Dene ist, schilderte mir, welche noch nie da gewesene Unterstützung sie für ihren Widerstand bekämen, von Stämmen überall aus den Vereinigten Staaten und aus Kanada genauso wie von Klima- und Umweltschutzgruppen – einer Koalition mit gewaltigen zukünftigen Möglichkeiten, sowohl für die Bewegung für indigene Rechte als auch für den Klimaschutzaktivismus.

Die Freude ist breit verbreitet. Die erste Person, die mir nach meinem Eintreffen begegnete, war eine junge Hoopa/Yurok-Frau ganz aus dem Norden Kaliforniens, die mir sagte, sie sei noch nie bei etwas Tollerem dabei gewesen. Am nächsten Vormittag kam ein kleiner Mann auf mich zu, grüßte und stellte sich als Frank vor, »direkt von hier«, ein Mitglied der Standing Rock Sioux. Im Laufe unseres Gesprächs sagte er irgendwann: »Das hier lässt mich jeden Tag glücklich aufwachen.« Ich fragte ihn, ob es irgendetwas an der Vergangenheit ändere, und dachte dabei an die Verluste, die die Lakota / Sioux in den vergangenen 150 Jahren hinnehmen mussten. Er aber verstand meine Frage anders. Er sagte, sogar die alten Feinde, Crow und Cheyenne, seien gekommen, um sich an ihre Seite zu stellen, die alten Trennlinien seien überwunden. Bei meiner Frage hatte ich eigentlich an das gedacht, was Carolyn Raffensperger, eine Klimaschutzaktivistin und Anwältin für Umweltrecht, gesagt hatte, die schon vor mir eine Zeit im Zeltlager gewesen war und über ihre Familiengeschichte eine enge Bindung zur Gegend hat: »Es gibt historische Augenblicke, die Vergangenheit und Zukunft heilen können.«

Die Menschen, die auch noch während des dann hereinbrechenden brutal harten Winters ausharrten, waren heldenhaft: Ideale waren ihnen wichtiger als Bequemlichkeit, Prinzipien, das Wohl des Flusses und die Rechte der Stämme lagen ihnen mehr am Herzen als ihre persönliche Sicherheit. Es war in jeglicher Hinsicht ein edelmütiger Einsatz, begleitet von Gebeten, dem Frieden verpflichtet und auf lange Frist angelegt, komme, was da wolle. Und es kamen: Tausende Veteraninnen und Veteranen, die sich gemeinsam mit den Indianern den Behörden entgegenstellten. Und dann kam: die Entscheidung des Army Corps of Engineers.

Schlussendlich gemahnen uns die Proteste von Standing Rock daran, dass wir sehr viel Macht haben, wenn wir zusammenfinden, um unsere Ideale zu verteidigen, auch wenn das manchmal nur indirekt geschieht – Möglichkeiten nehmen Form an, Hoffnung entsteht und moralischer Rückhalt wird gegeben für das, was später oder an anderer Stelle kommt. Manchmal geschieht es aber auch ganz direkt, immer dann, wenn wir Geschichte umschreiben.

Nach fünf Jahrhunderten der Enteignung und Entmenschlichung der indigenen Völker Nordamerikas war dieser Moment – als 4000 Veteran*innen der US-Armee kamen, um sich ihnen an die Seite zu stellen, als etwas Großes erreicht wurde, als die Augen der Welt auf einen jener viel zu oft unsichtbaren Orte des Verbrechens und der Plünderung gerichtet waren – von Bedeutung. Er war entscheidend. Genauso war es in jenem Moment, als die Veteran*innen sich förmlich für die Verheerungen durch die US-Armee entschuldigten und um Verzeihung baten. Und genau deswegen haben am 4. Dezember 2016 die Menschen dort vor Ort – genau wie alle, die in Banken protestiert, Briefe geschrieben, Geld gespendet und im ganzen Land Demos organisiert haben – etwas erreicht, das feierwürdig ist. Wir stehen an allen Fronten vor erheblichen Problemen. Standing Rock hält uns dazu an, uns zusammenzutun und diesen Problemen die Stirn zu bieten.

4

Möglichkeiten

Break the Story

2016[8]

»Break the story« ist eine von Journalistinnen und Journalisten vielbenutzte Wendung. Sie bedeutet, mit einer Geschichte zuerst rauszukommen, eine Geschichte exklusiv zu haben, mit einem Knüller aufzumachen. Für mich schwingt in dieser Wendung allerdings noch deutlich mehr mit. Wer über ein Ereignis berichtet, egal ob groß oder klein, ob Präsidentschaftswahl oder Schulausschusssitzung, ist gehalten, eine Geschichte darüber zu liefern, was gerade passiert ist. Aber natürlich umgeben uns die Geschichten wie die Luft; wir atmen sie ein, wir atmen sie aus. Die Kunst, ein Leben bei vollem Bewusstsein zu führen, bedeutet, diese Geschichten zu erkennen und sie dann zu erzählen – und sie nicht unsichtbare Kraft sein zu lassen, die einem diktiert, was man zu tun hat. Eine öffentliche Geschichtenerzählerin, ein öffentlicher Geschichtenerzähler zu sein verlangt

8 Dieser Text ist eine überarbeitete Fassung meiner Antrittsvorlesung an meiner Alma Mater, der Graduate School of Journalism an der University of California, Berkeley.

ebendiese Fähigkeit, zeitigt aber weitreichender Konsequenzen und Verantwortlichkeiten. Denn in diesem Fall wird die Geschichte, die man erzählt, Teil der uns umgebenden Luft, sie untergräbt oder stützt bereits bestehende Geschichten. Ihre Aufgabe ist es zunächst, über die eigentliche Geschichte zu berichten, die Geschichte an der Oberfläche, die abgeschlossene Geschichte, die Geschichte, die gestern passiert ist. Ihre Aufgabe ist es aber auch, die umgebenden Geschichten, die bereits geschriebenen Geschichten, zu knacken oder sogar zu zerbrechen sowie das Verhältnis zwischen den beiden zu begreifen.

Da sind Geschichten unterhalb der Geschichten und um die Geschichten herum. Das gerade zurückliegende Ereignis an der Oberfläche ist oft nur die Kühlerfigur an einem mächtigen gesellschaftlichen Motor, wie diese große, unsere gesamte Kultur motivierende Geschichte einer ist. Wir bezeichnen diese Geschichten als »dominante Narrative« oder »Paradigmen«, als »Meme«, »lebensnotwendige Metaphern« oder als »Systeme«. Wie auch immer wir sie beschreiben: Sie sind überaus machtvolle Kräfte. Und der dominanten Kultur ist meisthin daran gelegen, ebenjene Geschichten zu stärken, auf denen sie wie auf Säulen ruht, Säulen, die allerdings allzu häufig zugleich die Käfigstäbe anderer sind. Sehr oft sind genau das die Geschichten, die *»broken«* gehören, die also erzählt und gleichzeitig gebrochen, kaputtgemacht werden sollten. Oft sind sie auch schon zerbrochen, kaputt, ruinös und weit jenseits ihres Haltbarkeitsdatums. Ganz oben hocken sie auf Bergen ungeprüfter Vorannahmen. Warum nur machen die Medien so brav ein derartiges Gewese um den Terrorismus, dem in den Vereinigten Staaten so wenige zum Opfer fallen, während sie gleichzeitig häusliche Gewalt verharmlosen, durch die Millionen amerikanischer Frauen über lange Zeiträume terrorisiert und alljährlich fast tausend getötet werden? Wie erzählt man journalistisch die Geschichte darüber, was uns wirklich bedroht und umbringt?

Immer im Kopf behalten sollte man den Lebenszyklus und die Nahrungskette von Geschichten. Die neuen Geschichten, jene Geschichten also, die die alte Geschichte aufbrechen, zerbrechen, entstehen tendenziell an den Rändern. Gandhi hat offenbar nicht wirklich gesagt: »Zuerst ignorieren sie dich, dann lachen sie über dich, dann bekämpfen sie dich, und dann gewinnst du.« Aber trotzdem funktioniert Aktivismus so. Und wenn Aktivismus gewinnt, dann liegt das zumindest teilweise daran, dass seine Geschichte zum neuen Narrativ geworden ist, zu der Geschichte, die von der Mehrheit akzeptiert wird. Journalismus spielt hierbei eine zentrale Rolle. Es lässt sich beobachten, wie Black Lives Matter heutzutage die Geschichte verändert, indem sie als Bewegung ein Schlaglicht wirft auf die epidemisch verbreiteten Tötungen durch Polizisten und die Art und

Weise, wie diese Morde an jungen People of Color ganzen Communitys ihre Rechte absprechen – unter anderem das Recht, von Beamten der öffentlichen Hand beschützt statt bedroht zu werden. Man kann sehen, wie Aktivist*innen es geschafft haben, dass diese in der Schwarzen Community allseits bekannte Geschichte in den sozialen Medien Feuer fing und von den Nachrichtenmedien aufgenommen wurde, was Geschichten, die ansonsten bestenfalls als Randnotiz erschienen und ganz sicher nicht zum landesweit heiß diskutierten Topthema geworden wären, zu viel Aufmerksamkeit und intensiver Berichterstattung verholfen hat. Die Namen der hierfür verantwortlichen Journalistinnen und Journalisten sind heute bekannt: Eric Garner, Mario Woods, Walter Scott, Sandra Bland, Tamir Rice und viele andere. Diese Geschichte ist vom Rand ins Zentrum getragen worden, es sind genügend nicht direkt betroffene Menschen zu denjenigen ins Boot gestiegen, die unmittelbar betroffen sind.

Ein Teil der Aufgabe eines guten Geschichtenerzählers, einer guten Geschichtenerzählerin ist es, sich die Geschichten anzuschauen, die der zu schreibenden Geschichte zugrunde liegen. Man muss sie vielleicht sichtbar machen und sich manchmal auch selbst von ihnen befreien. Also die Geschichte durchbrechen. In dieser Art zu schreiben ist das Aufbrechen ein ebenso kreativer Akt wie das Ausdenken.

Viele Schriftsteller und Autorinnen haben sich blumig darüber ausgelassen, die ganze Welt sei aus Geschichten gemacht – als ob das etwas ganz besonders Tolles sei. Aber es ist immer nur so toll, wie die Geschichten toll sind. Es gibt Geschichten, die den Zorn von Frauen und Schwarzen dämonisieren und männlicher Wut huldigen. Es gibt Geschichten über die Alternativlosigkeit des Kapitalismus, Geschichten über die zweite Seite der Klimawandel-Medaille, jede Menge Geschichten, die gar nicht erst erzählt werden, weil sie Staub aufwirbeln, den Mächtigen nicht in den Kram passen und den Status quo infrage stellen. Diese Geschichten werden Sie erheblich unbeliebt machen bei Menschen, bei denen man sehr gern unbeliebt ist – und Sie werden für diese Geschichten geliebt werden von anderen, deren Liebe noch viel großartiger ist.

2005 brach über New Orleans eine Dreifachkatastrophe herein. Der Hurrikan war noch die am wenigsten schlimme. Das Versagen der Infrastruktur, die Jahrzehnte schlechter Planung im Vorfeld und die noch schlechtere Umsetzung dieser Planung ließen aus dem Sturm ein bis ins Detail vorhergesagtes, größtenteils menschengemachtes Desaster werden, das durch den Kollaps des Gesellschaftsvertrags noch desaströser wurde. Erst wurden die Armen zurückgelassen und dem Leid und dem Ertrinken ausgeliefert. Dann tauchten die Massenmedien auf und kriminalisierten diejenigen, die zu überleben versuchten. Sie kriegten sich gar nicht mehr ein angesichts der Möglichkeit, jemand könnte tatsächlich einen Fernseher gestohlen haben, womit sie überdeutlich werden ließen, dass sie den Schutz von Fernsehern wichtiger fanden als die Rettung sterbender Großmütter und traumatisierter Kleinkinder. Sie ließen sich zurückfallen auf eine Handvoll Klischees, die schon 1906 sehr gut eingeführt waren, als in San Francisco die Erde bebte.

Ich war zum betreffenden Zeitpunkt glücklicherweise gerade einigermaßen gut gerüstet, um skeptisch zu reagieren auf die Erzählungen über einen vergewaltigend, plündernd und mordend durch die Gegend ziehenden wild gewordenen Mob. Gerade erst hatte ich über das Erdbeben von 1906 recherchiert und geschrieben. Derartige urbane Mythen waren 1906 nicht wahr und entsprachen auch 2005 nicht der Wahrheit, selbst wenn der *Guardian*, die *New York Times*, die *Washington Post*, NBC, CBS, CNN und viele anderen Medien darüber berichteten. Wie Adam Hochschild neulich über die Journalisten im Spanischen Bürgerkrieg sagte: »Sie neigten dazu, in Horden herumzuziehen und alle dieselbe Geschichte zu erzählen.«

Zum zehnten Jahrestag dieser menschgemachten Katastrophe namens Katrina schrieb ich:

Große Teile der mehrheitlich afroamerikanischen Bevölkerung von New Orleans saß auf Dächern und höhergelegenen Straßen, im Convention Center und im Superdome fest, gefangen in der glühendheißen, zu 80 Prozent überfluteten Stadt, von der Regierung und den Mainstream-Medien dämonisiert als zu wild und zu gefährlich, um gerettet zu werden oder wenigstens die Erlaubnis zu bekommen, die Stadt zu verlassen. Freiwillige Helfer und Helferinnen von außerhalb wurden von Beamten am Betreten der Stadt gehindert – und genauso wurden die Fluchtversuche der Leute aus dem Zentrum unterbunden. Grausame Behörden hatten aus New Orleans ein Gefängnis gemacht. Wenn man bedenkt, wie im vergangenen April [2015] die Bewohnerinnen und Bewohner von Baltimore dämonisiert wurden, weil sie protestiert hatten, und wie in diesem Zusammenhang Lebensmittelketten und eine räuberisch agierende Bankfiliale für viele Amerikaner und Amerikanerinnen plötzlich zum heiligsten aller heiligen Orte werden konnten, kann man sich leicht vorstellen, dass sich ein solches Desaster erneut ereignet.

Nie zur Verantwortung gezogene Mittäter bei dieser Entmenschlichung, Einkerkerung und diesem Sterben so vieler Menschen in New Orleans – mehrheitlich Afroamerikanerinnen und Afroamerikaner, oft älteren Semesters – waren die Mainstream-Medien. Sie verlegten sich ein weiteres Mal auf die üblichen Katastrophengeschichten über plündernde, vergewaltigende, marodierende Horden und dämonisierten Schwarze Menschen bereitwillig als Monster, die der Feind waren und nicht wehrlose, verletzliche Opfer einer Katastrophe. Sie erfanden neue Geschichten über Menschen, die auf Hubschrauber schossen, sowie über Blutbäder und Leichenberge im Superdome. Allesamt stellten sie sich als vollkommen haltlos heraus.

Für mich waren das kaputte Geschichten bzw. Geschichten, die kaputt gemacht gehörten. Als ich nach Katrina wiederholt nach New Orleans fuhr, wurde mir nach und nach klar, dass tatsächlich grauenvolle Verbrechen verübt worden waren, die die Heerscharen von Reportern und Reporterinnen, die die ganze Stadt geflutet hatten, absichtlich ignoriert hatten oder die zu sehen sie nicht in der Lage gewesen waren. Und das waren nicht Verbrechen der Unterschicht gegen den Status quo, sondern des Status quo gegen die Unterschicht: Polizeimorde und kriminelle Taten der Weißen Bürgerwehren. Ich sammelte Quellen und Kontakte, Fotos und Spuren, verstreute Hinweise, die offen sichtbar versteckt worden waren, und händigte sie dem wirklich sehr guten Investigativjournalisten A. C. Thompson aus, der mein Material mitnahm und damit arbeitete. Als er daraufhin selbst nach New Orleans kam, schrieb er seine eigenen Geschichten, am bekanntesten wurde die über den von Polizisten verübten Mord an Henry Glover, einem unbewaffneten Schwarzen, dem man eine Kugel in den Rücken geschossen hatte. Wegen dieser Geschichte kamen Polizisten ins Gefängnis, was wirklich nur selten passiert. Ich berichtete auch selbst noch weiter und schrieb schließlich ein Buch darüber, wie Menschen sich in einer Katastrophe tatsächlich verhalten (*A Paradise Built in Hell*, 2014).

Irgendwann im Zuge dieser Veröffentlichung kam ich aus einer Radiosendung, in der ich darüber gesprochen hatte, was in der Zeit nach Hurrikan Katrina tatsächlich passiert war. Ich schaltete das Autoradio an, wo – allerdings auf einem anderen Sender – das gleiche Thema behandelt wurde. Ich saß da und dachte nur: *We actually broke that story*, diese Geschichte haben wir tatsächlich zerbrochen, wir haben die offizielle Version von innen nach außen gekehrt und vom Kopf auf die Füße gestellt. Die Geschichte, an die man sich zehn Jahre später erinnert, ist nicht die Geschichte, mit der die Mainstream-Medien 2005 arme Schwarze und die menschliche Natur ganz allgemein in Verruf gebracht haben. Natürlich ist das nicht allein unser Verdienst. Eine Geschichte zu zerbrechen ist im Normalfall ein langwieriger, kollaborativer Prozess, der üblicherweise mit Aktivistinnen, Zeugen, Whistleblowern und Opfern, mit Betroffenen und den Menschen an vorderster Front beginnt, jenen Menschen, denen die Geschichte widerfahren ist. Der darauffolgende Schritt wird oft von Leuten gegangen, die gut Geschichten erzählen können und die bereit sind zuzuhören. Wenn man über das berichtet, was anderen Menschen passiert ist, dann ist man als Journalistin oder Journalist nie die erste Person, die irgendetwas weiß. Aber vielleicht ist man die erste, die zuhört. Es ist immer zuerst die Geschichte von anderen und wird das auch immer bleiben, egal, wie gut Sie sie erzählen und wie breit Sie sie streuen.

Im März 2016 ist Ben Bagdikian gestorben, einer der besten Journalisten unserer Zeit. Damals, als ich an der UC Berkeley Graduate School of Journalism bei ihm studierte, ging er gerade mit der Geschichte über die immense Bedrohung, die Medienmonopole für die Demokratie darstellen, an die Öffentlichkeit. Sehr viel früher war er der Journalist, dem Daniel Ellsberg die Pentagon-Papiere anvertraute, durch die die Lügen von gleich vier US-Präsidenten über den Vietnamkrieg ans Tageslicht kamen – was die Geschichte über diesen Krieg zerbrechen ließ. Ich hatte das große Glück, an seinem Seminar über Ethik teilzunehmen, wo er uns beibrachte: »Objektiv können Sie nicht sein, fair aber schon.« Objektivität ist die Fiktion eines neutralen Beobachterstandpunkts –

als gäbe es ein solches politisches Niemandsland, in dem man sich zusammen mit den Mainstream-Medien ganz entspannt aufhalten könnte. Schon die Entscheidung, was man für berichtenswert hält und wen man zitiert, ist eine politische. Wir neigen dazu, Menschen am politischen Rand als Ideologen zu behandeln und die in der politischen Mitte neutral zu finden – als ob die Entscheidung, kein Auto zu haben, eine politische wäre, die, eines zu besitzen, aber nicht; als ob es neutral wäre, sich für einen Krieg auszusprechen, aber nicht, gegen ihn zu protestieren. Das Apolitische gibt es nicht, es gibt keine Unbeteiligtheit und keinen neutralen Boden; wir alle sind aktiv verstrickt.

Die Wendung »tendenziöser Meinungsjournalismus« wird häufig als Anklage benutzt, obwohl doch so gut wie jede gute Enthüllungsstory tendenziös und meinungslastig ist. Wer die Lügen eines Präsidenten enthüllt – wie Bagdikian und Ellsberg es getan haben –, findet wahrscheinlich, dass Präsidenten nicht lügen sollten; wer enthüllt, dass ein Konzern das Grundwasser verseucht – sagen wir, durch Fracking –, ist wahrscheinlich kein Fürsprecher der Vergiftung – oder findet es zumindest wünschenswert, dass die Menschen Bescheid wissen. Es überrascht, wie viele die Vergiftung von Menschen, Tieren und Landstrichen verteidigen, meist, indem sie leugnen, dass Gift giftig ist, oder indem sie uns das Recht absprechen zu erfahren, welche Giftstoffe im Umlauf sind. Und das macht wiederum sogar die Position, gegen Vergiftung zu sein, hin und wieder zu einer umstrittenen.

Die Aufgabe eines Journalisten, einer Journalistin ist nicht, durch das Fenster zu schauen, das jemand anderes gebaut hat, sondern vors Haus zu gehen, den Fensterrahmen infrage zu stellen oder sogar das ganze Haus zu demontieren und freizulegen, was sich darin befindet – alles im Dienst der Sichtbarmachung dessen, was weggeschlossen und unsichtbar war. Nachrichtenjournalismus konzentriert sich eher auf das, was am Vortag konkret passiert ist, und nicht so sehr auf die Frage, welche unterschwelligen Dynamiken und unsichtbaren Nutznießer der aktuelle Status quo hat. Ein Polizist erschießt einen Schwarzen Menschen: Was muss man – über die faktischen Details hinaus – wissen, um diesen Vorfall zu verstehen? Verstehen im Sinne von: Wie oft passiert so etwas, welche Auswirkung hat eine solche Tat langfristig auf die betreffenden Communitys und Einzelpersonen, wie klingen die üblichen Rechtfertigungen? Deswegen müssen Sie Ihre eigene Geschichte kennen, auch wenn Sie keine Historikerinnen und Historiker, sondern Journalistinnen und Journalisten sind. Sie müssen die Muster kennen, um zu begreifen, wie die Leute das Durcheinander der Tatsachen in den Rahmen hineinpressen, den sie schon im Vorwege haben: wie sie auswählen, falsche Schlüsse ziehen, verzerren, ausschließen, ausschmücken, an jener Stelle Mitgefühl ausgießen, an anderer Stelle aber nicht, wie für sie im einen Fall etwas früher Geschehenes anklingt, im anderen Fall aber alles vergessen scheint.

Manche der Geschichten, die wir schreiben und umschreiben müssen, handeln nicht von außergewöhnlichen Ereignissen, sondern nur von der hässlichen Tapete unseres Alltags. Da gibt es zum Beispiel den weitverbreiteten Glauben, dass Frauen lügen, wenn sie sagen, sie seien vergewaltigt worden. Nicht nur einige Frauen lügen, anormale Frauen, sondern alle Frauen, ganz allgemein. Diese Überzeugung entspringt der Annahme, dass Verlässlichkeit und Glaubwürdigkeit Männern so natürlich zu eigen sind wie Verlogenheit und Rachsucht Frauen. Anders gesagt: Feministen und Feministinnen denken sich alle Vorfälle nur aus, weil man ansonsten ja eine wirklich große Geschichte, eine echt fette Story, infrage stellen müsste, die auf den Spitznamen ›Patriarchat‹ hört. Das Datenmaterial bestätigt allerdings, dass Menschen, die angeben, vergewaltigt worden zu sein, im Großen und Ganzen die Wahrheit sagen (und dass es die Vergewaltiger sind, die tendenziell lügen, und zwar nicht zu knapp). Viele haben sich mit der Datenlage arrangiert, viele andere nicht, und deswegen steht hinter jedem Bericht über einen sexuellen Übergriff der Kampf um die Begriffe, mit denen wir über sexualisierte Gewalt reden, und der

Kampf um das, was wir über dieses Thema zu wissen glauben.

Jede schlechte Geschichte ist ein Gefängnis; diese Geschichte zu erzählen und sie damit zu zerbrechen, befreit Menschen aus diesem Gefängnis. Es ist eine befreiende Arbeit. Eine bedeutsame Arbeit. Eine Arbeit, die die Welt verändert. Von Percy Bysshe Shelley stammt der berühmte Ausspruch, Dichter seien die eigentlichen Gesetzgeber der Welt; Journalistinnen und Journalisten hingegen sind *»story-breakers«*, Geschichten-Macher und -Zerstörer, die mit ihrer Arbeit oft Glaubenssysteme verändern, was dann wiederum legislativen und institutionellen Wandel vorantreibt. Wenn sie mit Leidenschaft, Unabhängigkeit und Mut verrichtet wird, ist es eine machtvolle, ehrenwerte und absolut notwendige Arbeit. *Spotlight* war nicht deswegen ein großartiger Film, weil er zeigte, wie ein Team aus investigativ arbeitenden Reportern und Reporterinnen vom *Boston Globe* mit einer Geschichte über weitverbreiteten sexuellen Missbrauch durch katholische Priester herauskam. Sondern weil dieser Film auch zeigte, wie lange der *Globe* die Story zuvor nicht brachte, weil ihre Veröffentlichung bequeme Beziehungen und Ansichten zu Bruch gehen ließ.

Ich glaube, dass die Mainstream-Medien gar nicht so sehr rechts- oder linkslastig sind, sondern vielmehr Status-quo-lastig. Sie tendieren dazu, Menschen in Machtpositionen Glauben zu schenken, auf Institutionen, Unternehmen, die Reichen und Mächtigen zu vertrauen – also so gut wie jedem selbstbewusst auftretenden Weißen Mann in einem Anzug. Sie tendieren dazu, Menschen, die längst bewiesen haben, dass sie die Unwahrheit sagen, noch mehr Lügen erzählen zu lassen und dann noch ausführlich darüber zu berichten; von Thesen auszugehen, die längst als widerlegt gelten; und so gut wie alle Außenstehenden abzuwerten, zu diskreditieren, sich über sie lustig zu machen oder sie schlicht mit Missachtung zu strafen. Deswegen wiegeln sie auch immer wieder so stark ab, wenn es um die seit einem Dritteljahrhundert vonstattengehende Transformation unseres Wirtschaftssystems in etwas deutlich Ungerechteres geht; deswegen haben alle großen Medienhäuser mitgezogen und an dem Vorwand gestrickt, der Irak hätte irgendetwas zu tun mit Al Qaida und 9/11; deswegen der langgehegte, vielgeliebte Vorwand, die Leugnung des Klimawandels, wie sie von fossilen Brennstoffkonzernen betrieben wird, sei eine legitime Position, der man genauso viel mediale Aufmerksamkeit beimessen sollte wie der Meinung einer großen Mehrheit aller qualifizierten Wissenschaftler und Wissenschaftlerinnen.

Das, was eigentlich alle wissen, aber worüber niemand spricht, ist für Journalist*innen und Menschen ganz allgemein alles andere als neu: Unsere Biosphäre schließt alles derzeit bekannte existierende Leben im

Universum ein, an dieser Biosphäre hängt alles – aber genau sie wird jetzt vom Klimawandel zerstört. Wobei uns der größte Teil dieses Wandels erst noch bevorsteht. Der Maßstab dieses Prozesses ist mit nichts zu vergleichen, womit es Menschen je zu tun hatten und worüber Journalisten und Journalistinnen je berichtet haben, ausgenommen vielleicht die Bedrohung eines alles Leben zerstörenden Atomkriegs, der allerdings etwas ist, das passieren *könnte*, und nichts, das *längst passiert*. Der Klimawandel ist da, und er verändert alles. Er ist größer als alles andere, denn bis in alle abseh- und vorstellbare Zukunft hinein *ist* er alles.

Heute bewohnte Teile der Erde werden unbewohnbar sein; Ernteausfälle häufen sich und haben Hunger, Klimaflüchtlinge und Konflikte zur Folge (auch im syrischen Bürgerkrieg spielt das Klima eine Rolle); das Grönland-Eis schmilzt, bricht auseinander und erodiert durch Strömungen; das westantarktische Eisschild schmilzt ebenfalls, und zwar sehr viel schneller als von den Modellen vor ein paar Jahren vorhergesagt; der Meeresspiegel wird zum Ende dieses Jahrhunderts so dramatisch gestiegen sein, dass jeder heutige Weltatlas überholt sein wird und wir in den tieferliegenden Gegenden völlig neue Küstenlinien haben werden; ein Großteil von New York City ist auf lange Sicht wahrscheinlich dem Untergang geweiht, genauso wie große Teile der Landesfläche von Bangladesch, Ägypten und

Vietnam, wie Süd-Florida und andere Gebiete an der US-Ostküste; die Ozeane werden zu Säurebädern; die Korallenriffe, Kinderstuben für Fische, die einen signifikanten Anteil der Bevölkerung auf der Erde ernähren, sterben rasant ab; das Artensterben beschleunigt sich; turbulentes Wetter wird zum neuen Normalzustand, Katastrophen wie der Mega-Waldbrand in Alberta im Frühjahr 2016, die größte Katastrophe in der Geschichte Kanadas (über die, nebenbei bemerkt, in den Vereinigten Staaten entsetzlich wenig berichtet wurde), oder auch die vielen desaströsen Brände und Hurrikane des Jahres 2017.

All diese Nachrichten tun sich sehr schwer im Wettstreit mit egal welch flüchtigem menschlichem Drama, das selbstgerechter Entrüstung viel besser den Boden bereitet und viel mehr Klicks generiert. Was in Teilen dem Versagen der menschlichen Natur angerechnet werden muss, in Teilen aber auch dem Versagen der Medien, die Dinge in die richtige Perspektive zu rücken und über Ausmaß und Bedrohlichkeit der Wucht des Klimawandels zu berichten – und über die ständig schrumpfenden Optionen, ihn zu minimieren statt zu maximieren. Geschichten darüber, dass wir unsere Heimat zerstören, meisthin mit sich langsam entfaltenden, indirekten, komplexen Methoden, werden im großen Stil übersehen oder heruntergespielt. Da es ein andauernder Prozess ist und nichts, das erst gestern plötzlich losgebrochen ist, ist es nicht gesetzt, dass überhaupt darüber berichtet wird, nicht mal dann, wenn es um ganz »normale« Nachrichten geht, also um Skandale, Lügen und Geld – zum Beispiel um die Tatsache, dass Exxon und andere Fossilenergiekonzerne ihr Wissen über den Klimawandel, das sie lange vor den ersten Berichten und vor der Anerkennung als Tatsache besaßen, geheim gehalten haben. Die wunderbare globale Bewegung zur Klimarettung und die bemerkenswert flott durchgeführte und effektive Energiewende werden in den Medien nur ausschnittsweise beleuchtet – wenn sie denn überhaupt Erwähnung finden.

Zukünftige Generationen werden uns mehrheitlich dafür verfluchen, dass wir uns mit Belanglosigkeiten abgelenkt haben, während der Planet brannte. Journalistinnen und Journalisten besetzen einen Dreh- und Angelpunkt, wenn es um Möglichkeiten und Verantwortlichkeiten in dieser Krise geht. Wir, die Schöpfer und Zerstörerinnen von Geschichten, haben eine enorme Macht.

Also bitte: Kommen Sie raus aus den alten Geschichten. Kommen Sie raus mit Ihren Geschichten.

Hoffnung in der Trauer

2018

Ich ziehe große Hoffnung und viel Ermutigung aus der Angst, der Wut und der Trauer meiner US-amerikanischen Mitbürger*innen. Nicht, weil ich besonders versessen darauf wäre, Menschen leiden zu sehen. Ich bin einfach erleichtert darüber, dass doch so viele alles andere als gleichgültig sind. Nach der Wahl hatte ich befürchtet, dass diejenigen, die nicht direkt zur Zielscheibe werden, das tun, was Menschen unter einem despotischen Regime schon oft getan haben: sich zurückziehen ins Privatleben, alles aussitzen, sich um sich selbst kümmern und um sonst niemanden.

Aber stattdessen ist etwas anderes passiert.

Die Verzweiflung ist groß. Die Leute berichten von tiefer emotionaler Verunsicherung und von Schlafproblemen, von Ängsten, Gedanken im Hamsterrad und Wut, von erschöpfter Wut, großem Kummer, Beklemmung und anderen emotionalen Zuständen – und von obsessivem Nachrichtenkonsum. Amy Siskind, eine ehemalige Wall-Street-Managerin, hat sich in Vollzeit darauf verlegt, das Abrutschen des Landes in Richtung

Autoritarismus zu dokumentieren: Allwöchentlich listet sie die Grenzüberschreitungen, verstörenden Aktionen und Äußerungen der Trump-Regierung auf. Im November berichtete sie, dass sie jetzt nachts eine Schiene trage, weil sie im Schlaf so stark mit den Zähnen geknirscht habe, dass ihr ein Zahn zerbrochen sei. Eine Kunstlehrerin erzählt mir: »Der Stress, in einer Gesellschaft zu leben, die sehr konkret Gefahr läuft, in Chaos und potenziell weitverbreiteter Gewalt zu versinken, wirkt sich bei mir definitiv körperlich aus. Ich fühle mich, als hätte ich ständig eine leichte Erkältung. Die seelische Pein verhindert, dass ich noch klar denken kann. Ich vermute, Millionen von Menschen ergeht es ähnlich.«

Die Leute sind nicht gleichgültig. Nicht alle sind politisch aktiv, und natürlich unterstützt ungefähr ein Drittel des Landes Trump immer noch und möchte zurück zu einem halb-phantastischen Amerika, zurück in eine Zeit, in der Weiße Männer noch alles in der Hand hatten, in der Frauen schwiegen, nichtweiße Menschen sich dienstbar und unterwürfig zeigten, Heterosexualität Vorschrift war und Umweltzerstörung unreguliert passieren durfte. Aber Gloria Steinem, Feministin und Aktivistin von 83 Jahren, sagte bei einer Veranstaltung Anfang 2018 in San Francisco, sie habe in diesem Land noch nie einen solchen Grad an Engagement erlebt wie derzeit, in den sechziger Jahren nicht und auch sonst nie. Bei vielen Menschen in meinem Umfeld beobachte ich eine leidenschaftliche Sorge um die unumstößlichen Prinzipien, um das, was Ehre ist, um die Menschen, die angreifbar sind, um die Zukunft, den Rechtsstaat und die Integrität der Institutionen, von der die Nation abhängt.

Will sagen: Es gibt sie noch, die Idealist*innen. Uns. Wir sind sozial gesinnt. Wir sind engagierte Mitglieder der Gesellschaft. Unsere Einstellung läuft dem zuwider, was uns in den USA unser ganzes Leben lang in jeder nur erdenklichen Form eingetrichtert wurde – und Ihnen, die Sie andernorts ebenfalls im Kapitalismus, im Sozialdarwinismus und in, nennen wir es, Freudianismus leben, sicherlich auch: dass der Mensch ein egoistisches Tier ist, das mit nichts anderem beschäftigt ist als mit der Befriedigung eigener körperlicher, emotionaler und materieller Bedürfnisse, vielleicht noch mit der Weitergabe der eigenen Gene, und dass unsere Begehrlichkeiten privat und persönlich sind. Tatsächlich ist mir während des Aufstiegs der Unternehmensglobalisierung und der transnationalen Antiglobalisierungsbewegung oft aufgefallen, dass man, bevor man eine Bank oder eine Bahnlinie privatisieren kann, zuerst die Vorstellungen und Phantasien privatisieren und die Leute davon überzeugen muss, dass wir alle nichts miteinander gemeinsam haben, was von Belang ist; dass wir einander nichts schuldig sind; dass unser Leben im Idealfall im häuslichen, privaten Rahmen gelebt wird;

dass wir Konsument*innen sind und keine Bürger*innen; dass es keinen Grund dafür gibt, in der Öffentlichkeit zu leben oder am öffentlichen Leben teilhaben zu wollen. In vielerlei Hinsicht ist dieser Plan aufgegangen. Immer und immer wieder wird uns eingetrichtert, der öffentliche Raum sei überflüssig, ungeordnet, unangenehm, ja gefährlich, Vergnügen und Lebenssinn ließen sich dort sicher nicht finden, und gerade im Silicon Valley hat man hart daran gearbeitet, aus dieser Einstellung Profit zu schlagen.

Und trotzdem verlegen sich Menschen in einer Krise – das habe ich bei der Beschäftigung mit Katastrophen wie Erdbeben und Hurrikanen herausgefunden – oft spontan auf eine eher kommunitaristische Identität und finden in der tieferen Verbindung zu anderen Bedeutung, Sinn und Macht, manchmal sogar Freude inmitten der Ruinen. Während der letzten fünfzehn Monate ungefähr habe ich oft gedacht, dass wir eine Krise, eine Katastrophe oder einen echten Notfall auch daran erkennen, wie die Menschen sich als Reaktion darauf gegenseitig wachrütteln. Sie stellen fest, dass sie Mitglieder einer Zivilgesellschaft sind, dass ihnen Fremde und die Gesellschaft als Ganzes nicht egal sind, dass sie manchmal sogar bereit sind, ihr Leben für diese Dinge zu ändern oder aufs Spiel zu setzen, und dass ihr Selbstempfinden eine Weitung erfährt, wenn sie sich auf öffentlicheren, kollektiveren Schauplätzen bewegen.

Nach der Wahl fürchtete ich, die Leute wären jetzt so eingeschüchtert, dass sie sich öffentlich fügsam und privat gleichgültig geben würden. Nach 9/11 hatte die Bush-Regierung diesen Vorfall und die Reaktionen darauf so gekonnt manipuliert, dass Patriotismus zu blindem Gehorsam wurde, gegen den Widerspruch anzumelden sich in den darauffolgenden Jahren nur wenige trauten. Es freut einen ja in dieser hässlichen Zeit, dass immerhin kaum jemand Angst vor der Trump-Regierung zu haben scheint; jeder von Trumps Tweets wird von Heerscharen völlig normaler Leute kommentiert, Kommentare, die von Spott über Verachtung bis dahin reichen, ihn als Verbrecher zu denunzieren. Tatsächlich liegt es an dem widerspenstigen, nicht unterwerfungswilligen Charakter so vieler Menschen hier – und an dem Feuereifer, mit dem sie sich zu den Prinzipien dieses Landes bekennen, an die es sich selbst so häufig nicht gehalten hat –, dass dieses Land nicht komplett in die Diktatur abgleitet.

Es reicht nicht, Tyrannei und Korruption von Herzen abzulehnen, entsetzt zu sein und das Gegenteil von Gleichgültigkeit zu empfinden. Es gilt, etwas zu tun. Aber diese Emotionen sind erst mal ein guter Ausgangspunkt, und die reale, handfest agierende Opposition ist überall um uns herum. Hunderte Frauen kandidieren erstmalig für ein öffentliches Amt und gewinnen, Demokraten bekommen Mehrheiten in traditionell republikanischen Wahlbezirken, was dem massiven Engagement der Wähler*innen zuzuschreiben ist, die nicht einer Meinung sind mit Trump und den Republikanern. (Die Demokraten sind – das ist offenkundig – auch nicht das Nonplusultra, aber eben doch die wichtigste Alternative zu den vollkommen aus der Spur geratenen, weit rechtsaußen agierenden Republikanern, und viele einzelne Kandidat*innen sind progressiver und couragierter als die demokratische Parteiführung.)

Im Frühjahr 2018 berichtete die *Washington Post*:

> Seit Anfang 2016 hat jeder fünfte Amerikaner mindestens einmal an Demonstrationen auf der Straße oder an politischen Kundgebungen teilgenommen. 19 Prozent dieser Menschen haben angegeben, vorher noch nie bei einer Demonstration oder einer politischen Veranstaltung gewesen zu sein. Die überwältigende Mehrheit der neuen Aktivistinnen und Aktivisten ist Trump gegenüber kritisch eingestellt. Laut jüngster Meinungsumfragen unterstützen 30 Prozent den Präsidenten, 70 Prozent sind gegen ihn. Viele gaben an, sich dieses Jahr politisch stärker engagieren zu wollen, ein Drittel erklärte, ehrenamtlich oder im Rahmen eines Jobs beim Kongress-Wahlkampf mitarbeiten zu wollen.

Ein derartiger Grad von Engagement ist beispiellos.

Die Schüler*innen in Parkland, Florida, die das Schulmassaker am Valentinstag 2018 an ihrer Highschool überlebt haben, brachten der Bewegung, die sich für kontrollierten Waffenbesitz einsetzt, neue Energie und neue Anhänger*innen. Es heißt, am 14. März, einen Monat nach dem Massaker, hätten eine Million Schüler*innen ihre Klassenräume aus Protest verlassen. Zehn Tage später nahmen landesweit weit über eine Million Menschen an den mehr als 450 Demonstrationen teil, die am 24. März unter dem Namen »March for Our Lives« stattfanden. Das Crowd Counting Consortium berichtet, dass es in diesem Frühjahr allein in einem Monat mehr als 2500 politische Demonstrationen in den Vereinigten Staaten gab. Die feministische Antwort auf die im Oktober 2017 öffentlich gewordenen sexuellen Belästigungen und Übergriffe des Filmproduzenten Harvey Weinstein haben dazu geführt, dass viele weitere Männer seines Schlags geoutet und gefeuert wurden, was durchaus auch mit der Tatsache in Zusammenhang stehen kann, dass im Weißen Haus ein sexueller Serienstraftäter sitzt. Beide, sowohl die Feminist*innen als auch die Anti-Waffen-Aktivist*innen, scheinen zu begreifen, dass das Spezifische immer auch in Verbindung zu sehen ist mit weitreichenderen Fragen hinsichtlich Macht, politischer Kontrolle, Gender, *race* und Gleichberechtigung (oder eben deren Gegenteil).

Die Arbeiterschaft und das Bildungssystem sind Angriffen ausgesetzt, aber unterbezahlte Lehrer*innen haben trotzdem einen erfolgreichen Streik im verarmten Bundesstaat West Virginia organisiert; auch die Lehrer*innen in Oklahoma streiken just in dem Augenblick, in dem dieser Text entsteht; Erzieher*innen in Arizona und North Carolina sind gleichfalls im Ausstand. Es gibt viele kleinere Kampagnen – in Kansas zum Beispiel wird um das Bleiberecht eines Einwanderers gekämpft –, denen Menschen sich sehr engagiert angeschlossen haben. Ein beherzter Kampf für das Wahlrecht ist losgebrochen. (Dass Trump einen Sieg verbuchen konnte, obwohl er weniger Stimmen bekommen hatte, lag teils an der Unterdrückung von Millionen Wähler*innenstimmen – und damit an der schon länger von den Republikanern gefahrenen Strategie, Wahlen zu gewinnen, indem man Krieg führt gegen die Demokratie.)

Ich bin nicht überzeugt, dass wir gewinnen werden, aber ich bin froh, dass wir wenigstens kämpfen. Zumindest einige von uns. Die Zeiten sind chaotisch. So haben einige altmodische Konservative die Trump-Regierung kritisch ins Visier genommen und schießen manchmal sogar auf eine Republikanische Partei, von der sie sich nicht länger repräsentiert fühlen, wohingegen einige Hardcore-Linke sich selbst aus dem Rennen nehmen, vor lauter Abscheu für die gewählte Politik und aus fehlendem Glauben an die Verbesserung der Zustände. Liberale und Gemäßigte hingegen schließen sich leidenschaftlich zusammen, eben weil sie genau diese Werte teilen, und erleben vielleicht ihre beste Zeit. Sie sind das Rückgrat dessen, was man als ›Widerstand‹ bezeichnet.

Manchmal kommen einem die Zustände in unserem Land vor wie ein absurder Thriller, den wir, hätte man uns vor ein paar Jahren davon erzählt, nicht für möglich, geschweige denn für wahrscheinlich oder gar faktisch umsetzbar gehalten hätten. Dass ein gestandener Bundesbeamter aus privilegiertem Elternhaus in New England und eine Pornodarstellerin bzw. -regisseurin aus dem tiefsten Süden – Robert Mueller III und Stormy Daniels – gemeinsame Sache machen bei der Belagerung der Festung der Trump-Regierung, ist gleichermaßen schreiend komisch, erschreckend und unfassbar schräg.

Erschwerend kommt hinzu, dass diese Regierung sich gebärdet wie ein sich in Zeitlupe vollziehender Staatsstreich, was offensichtlich wird darin, wie sie an die Macht kam, wie sie ihre Macht ausübt und wie sie den Rechtsstaat und die Standards der Amtsführung aushöhlt – erst ein bisschen, dann ein bisschen mehr und dann noch ein bisschen mehr – und wie zerstörerisch und ausschließlich profitorientiert sie agiert. Das Weiße Haus mitsamt dem Kabinett führt sich auf wie eine feindlich gesinnte ausländische Macht, die es darauf anlegt, das öffentliche Bildungssystem zu zerstören und finanzielle Unterstützung für prekarisierte Bevölkerungsgruppen (u.a. Arme, Behinderte, Kinder, Studierende, Immigrant*innen, Flüchtlinge und Transmenschen) in Grund und Boden zu stampfen – genauso wie es das diplomatische Corps und die Bürokratie vernichten will, die dieses Land am Laufen halten, das Sicherheitsnetz für das amerikanische Volk und den Umweltschutz, die Gewaltenteilung sowie die Rechenschaftspflicht und Transparenz der Regierungsarbeit.

Sie kamen, um zu zerstören, und sie sind mit ihrem Projekt schon ein gutes Stück weit gekommen – mit Hilfe der Republikaner aus der Legislative, denen Recht und Gesetz mittlerweile offenkundig genauso egal sind wie die Wahrheit oder das Wohlergehen des Landes. Manche befürchten, dass die Regierung plötzlich die Macht vollständig an sich reißen und ein autoritäres Regime jenseits jeglicher Kontrolle ausrufen könnte; andere glauben, dass genau das bereits schrittweise passiert. Zwei Faktoren, die diesen Versuch immer wieder konterkarieren, sind die chaotische Inkompetenz der Trump-Regierung einerseits und die wachsame Entrüstung der Öffentlichkeit andererseits. Ein dritter Faktor könnte noch die Abscheu vieler langjähriger Regierungsangestellter in vielen Ressorts sein, angefangen beim Militär über die Gemeinde der Geheimdienstmitarbeiter*innen bis hin zu Wissenschaftler*innen und

Verwaltungsbeamt*innen im ganzen Land. Ein hoher Beamter in der Einwanderungsbehörde gab 2018 mit folgenden Worten seinen Posten ab: »Ich habe gekündigt, weil ich irreführende Tatsachen nicht mehr länger in die Welt setzen wollte.«

Sorge und Wut, Schlaflosigkeit und Empörung sind zwar nicht per se politisch machtvoll, legen aber Zeugnis ab von einer Bevölkerung mit Gemeinsinn, die es vielleicht schaffen kann, sich ein Land zurückzuholen, das durch eine korrumpierte Wahl und ungeahndete Rechtsverletzungen entwendet wurde. Der Augenblick, in dem wir das versuchen müssen, könnte bald gekommen sein.

Lob der langfristigen Wirkungen

2017

Im Februar 2017 diskutierten Daniel Ellsberg und Edward Snowden in der Öffentlichkeit über Demokratie, Transparenz, Whistleblowing und anderes. Im Laufe ihres Gesprächs sagte Snowden – natürlich via Skype aus Moskau zugeschaltet –, dass er ohne Ellsbergs Vorbild nicht getan hätte, was er tat, um offenzulegen, in welchem Ausmaß die National Security Agency (NSA) Millionen ganz normaler Menschen ausgespäht hat. Diese Erklärung war außerordentlich. Bedeutete sie doch, dass Ellsbergs Veröffentlichung der geheimen Pentagon-Papiere 1971 nicht nur enorme Auswirkung auf eine Präsidentschaft und einen Krieg in den siebziger Jahren gehabt hatte. Dass sie sich nicht nur auf die zum damaligen Zeitpunkt lebenden Menschen ausgewirkt hatte. Sondern dass sein Handeln auch Jahrzehnte später noch Effekte zeitigte für Menschen – immerhin wurde Snowden erst elf Jahre, nachdem Ellsberg seinen Prinzipien zuliebe seine Zukunft aufs Spiel setzte, geboren. Eine Tat schlägt oft noch lange, lange nach ihrem unmittelbaren Zweck viele kleine Wellen. Und wenn man das nicht vergisst, kennt man den Grund, warum man prinzipientreu leben und in der Hoffnung handeln sollte, dass alles, was man tut, von Bedeutung ist, auch dann, wenn man nur mit sehr geringer Wahrscheinlichkeit sofortige oder klar erkennbare Ergebnisse sieht.

Die bedeutsamsten Wirkungen sind oft die indirektesten. Wenn ich bei einer großen Demo wie dem Women's March im Januar 2017 bin, frage ich mich manchmal, ob der Grund, warum diese Veranstaltung wichtig ist, vielleicht der ist, dass irgendeine noch unbekannte junge Frau hier ihren Lebenssinn entdeckt, was sich dem Rest von uns aber erst zwanzig Jahre später zeigen wird, wenn nämlich diese Frau die Welt verändert und zu einer großen Befreierin wird.

Im Jahr 2003, in jenen trostlosen Tagen nach dem Beginn des Irakkriegs, habe ich angefangen, über Hoffnung zu sprechen. Fünfzehn Jahre später bediene ich mich immer noch dieses Begriffs, denn er weist uns einen Weg zwischen den falschen Sicherheiten von Optimismus und Pessimismus, zwischen der damit einhergehenden Selbstgefälligkeit einerseits und der Passivität andererseits. Optimismus geht davon aus, dass schon alles gut werden wird, auch ohne dass wir etwas dafür tun; Pessimismus wiederum geht davon aus, dass sowieso alles rettungslos verloren ist; beide führen dazu, dass wir zu Hause sitzen bleiben und gar nichts unternehmen. Hoffnung dagegen hat für mich immer bedeutet, dass die Zukunft nicht vorhersehbar ist und wir eigentlich nie wissen, was passieren wird – aber trotzdem davon ausgehen, dass es vielleicht in unserer Hand liegt, diese Zukunft zu schreiben.

Hoffnung ist der Glaube daran, dass das, was wir tun, möglicherweise von Belang ist. Das Wissen, dass die Zukunft jetzt noch nicht geschrieben ist. Hoffnung ist ein informierter, aufmerksamer und offener Kopf für das, was passieren kann, und welche Rolle wir dabei spielen könnten. Hoffnung schaut nach vorn, zieht ihre Energie aber aus der Vergangenheit, aus der Kenntnis alter Geschichte(n) und aus dem Wissen auch über unsere Siege, über deren Vielschichtigkeiten und Unvollkommenheiten. Hoffnung bedeutet, nicht das Perfekte zu fetischisieren, das der Feind des Guten ist, und dem Rachen des Sieges nicht doch noch im letzten Moment die Niederlage zu entreißen. Sie bedeutet, nicht davon auszugehen, dass man weiß, was passieren wird, denn die Zukunft ist ungeschrieben und einiges von dem, was noch geschehen wird, liegt an uns.

Wir sind komplexe Geschöpfe. Hoffnung und Angst können in uns, in unseren Bewegungen und in unseren Analysen nebeneinander existieren. In dem Dokumentarfilm *I Am Not Your Negro* (2017) über James Baldwin gibt es eine Szene, in der Robert Kennedy 1968 prophezeit, dass es in 40 Jahren einen Schwarzen Präsidenten geben wird. Eine erstaunliche Weissagung, schließlich hat Barack Obama die Präsidentschaftswahl exakt vier Jahrzehnte später gewonnen. Und trotzdem spottet Baldwin über diesen Kommentar, denn darin, wie Kennedy ihn geäußert hat, liegt keinerlei Erkenntnis über den Umstand, dass solch wunderbare Luftschlösser zwar alle Weißen, die Rassismus nicht mögen, durchaus erfreuen, den Schmerz und die Empörung von Schwarzen, die im Hier und Jetzt unter Rassismus leiden, aber nicht einfach so hinwegfegen. Patrisse Cullors, eine der Gründerinnen von Black Lives Matter, beschrieb die Mission der Bewegung schon sehr früh als eine, die »in Trauer und Wut wurzelt, aber ausgerichtet ist auf Visionen und Träume«. Die Vision einer besseren Zukunft muss nicht notgedrungen die Verbrechen und das Leid in der Gegenwart verleugnen; sie bekommt ihr Gewicht gerade durch sie.

Wie stark, breit aufgestellt, tief wurzelnd und großzügig der Widerstand gegen die Trump-Regierung und ihre Agenda ist, hat mich zutiefst bewegt, begeistert und in Staunen versetzt. Dass er derart beherzt, lautstark und flächendeckend auftreten würde, hätte ich mir vorher nicht denken können. Genauso wenig hätte ich mir vorstellen können, dass sich ihm sogar die Regierungen einzelner Bundesstaaten und viele Regierungsangestellte – von Gouverneur*innen und Bürgermeister*innen bis hin zu Mitarbeiter*innen in vielen Bundesverwaltungen – anschließen würden.

Dazu kleine Gemeinden in traditionell republikanisch wählenden Bundesstaaten, neu entstandene Gruppierungen wie die angeblich 6000 seit der Wahl gegründeten Ortsgruppen der Grassroots-Organisation *Indivisible,* neue und wieder erstarkte Vereine, die sich für die Rechte von Migrant*innen engagieren, religiöse Gruppen, schließlich der Women's March am 21. Januar 2017, der zu einer der größten Demonstrationen in der Geschichte der USA wurde, und noch so vieles mehr.

Und dann habe ich mir ständig Sorgen gemacht, ob das alles von Dauer sein würde. Neulinge denken ja oft, dass ein Ergebnis entweder umgehend verzeichnet werden muss – oder überhaupt nicht eintritt. Dass man also, wenn der Erfolg nicht auf dem Fuße folgt, komplett gescheitert ist. Eine solche Einstellung lässt viele genau dann aufgeben und wieder nach Hause gehen, wenn eine Sache gerade an Schwung gewinnt und die ersten Siege in Reichweite sind. Ein gefährlicher Fehler, der mir aber immer und immer wieder begegnet ist. Um zu erkennen, wo wir stehen und wie viel Veränderung wir schon bewirkt haben, braucht es eine kompliziertere Berechnung als die schlichte, zu kurz gedachte Arithmetik von Ursache und Wirkung.

In Manhattan gibt es das Housing Works Bookstore Cafe, einen Buchladen, den ich wegen seiner hervorragenden antiquarischen Sammlung sehr schätze und in den ich seit Jahren einen Happen essen gehe. Im Herbst

2016 brachte mich mein Freund Gavin Browning, der an der Columbia University und ehrenamtlich bei Housing Works arbeitet, darauf, wofür der Name eigentlich steht. Housing Works ist ein Ableger des Vereins ACT UP (Aids Coalition to Unleash Power), der in der Hochzeit der Aids-Krise mit dem Ziel gegründet wurde, die Zugänglichkeit von Versuchsmedikamenten zu verbessern, Aufmerksamkeit zu schaffen für die Entsetzlichkeit dieser Krankheit und sich mit diesem viel zu frühen Sterben nicht einfach so abzufinden.

Was hat ACT UP, diese Gruppe wütender, wild entschlossener Aktivist*innen, von denen viele ernsthaft krank waren oder im Sterben lagen, getan? Sie haben unser Denken über Aids verändert. Sie haben Druck gemacht, damit Arzneimitteltests beschleunigt wurden, sie haben nach Wegen gesucht, gemeinsam mit den Symptomen und Komplikationen dieser Krankheit umzugehen, sie haben Druck gemacht auf die Politik und das Bildungssystem, auf Präventionsmaßnahmen, deren Reichweite und deren Finanzierung. Sie haben Menschen mit Aids und ihren Verbündeten im Ausland beigebracht, wie man gerichtlich gegen die Pharmaindustrie vorgeht, um einen bezahlbaren Zugang zu bekommen zu dem, was man benötigt. Und wie man darin erfolgreich ist.

Browning schrieb kürzlich: »Zu Beginn der neunziger Jahre gab es in New York City weniger als 350 Wohneinheiten, die vorbehalten waren für schätzungsweise 13 000 obdachlose Personen, die mit HIV/Aids auf der Straße lebten. In Anbetracht dessen gründeten vier ACT-UP-Mitglieder aus der Arbeitsgemeinschaft Wohnen 1990 Housing Works.« Auch all die Jahre später stellen sie HIV-positiven Menschen noch eine große Bandbreite an Dienstleistungen zur Verfügung, unter anderem Wohnraum.

Und ich hatte nur einen Buchladen wahrgenommen – und damit eine Menge übersehen. Das Engagement von ACT UP ist in keinerlei Hinsicht beendet.

Wie viele Gruppen, Bewegungen und Aufstände haben ihre Ableger, Töchter, Dominoeffekte, Kettenreaktionen, Neuausprägungen, Beispiele, Schablonen und Werkzeugkästen, die aus dem Experimentieren hervorgegangen sind. Jede neue Runde Aktivismus ist ein Experiment, dessen Ergebnisse sich an andere Situationen anpassen lassen. Um hoffnungsvoll zu sein, müssen wir nicht nur bereit sein, uns der Unsicherheit anheimzustellen, nein, wir müssen auch willens sein zu erkennen, dass die Konsequenzen unseres Tuns vielleicht nicht messbar sind, dass sie sich noch entwickeln und dass sie möglicherweise so indirekt sind wie arme Menschen auf einem anderen Kontinent, die jetzt Zugang bekommen zu Medikamenten, weil einst Aktivist*innen in den Vereinigten Staaten sich erhoben haben und sich weigerten, die Dinge so zu akzeptieren, wie sie sind.

Man stelle sich die Hoffnung vor wie eine aus hauchzarten Fäden gewirkte Fahne: gewebt aus dem Bewusstsein für die Verbundenheit aller Dinge heraus, aus den nachhaltigen Effekten der besten und eben nicht nur der schlechtesten Handlungen. Aus einer unteilbaren Welt, in der alles von Bedeutung ist.

Während der ersten Wochen wurde Occupy Wall Street noch belächelt, als chaotisch und ineffektiv dargestellt; noch als die Bewegung sich übers ganze Land und sogar darüber hinaus verbreitete, bewerteten Expert*innen, die offenbar sehr schlichte Bemessungskriterien dafür hatten, wie Erfolg auszusehen hat, sie als scheiternd oder bereits gescheitert. Die ursprüngliche Besetzung in Lower Manhattan wurde im November 2011 aufgelöst, aber viele der hiervon inspirierten Zeltlager hielten sich sehr viel länger. Von Occupy ging eine Protestbewegung gegen die Verschuldung von Studierenden und gegen opportunistische, profitorientierte Colleges aus. Occupy warf ein Licht auf den Horror und die Brutalität der Finanzkrise und das amerikanische System der Versklavung durch niemals abbaubare Schulden. Was die ökonomische Ungleichheit noch einmal auf neue Art und Weise beim Namen nannte. Kalifornien erließ ein Hauseigentümergesetz, das sich starkmachte gegen räuberisch vorgehende Kreditgeber; aus Occupy heraus entstand eine Bewegung zur Verteidigung von Wohnraum, die sich – Haus für Haus –

schützend vor viele Hauseigentümer*innen in prekärer Lebenssituation stellte. Jedes lokale Occupy entwickelte seine Projekte und seine ganz eigenen Wege, mit der jeweiligen Gemeindeverwaltung zu verhandeln. Die prächtig gedeihenden Seitentriebe von vielen lokalen Occupys bewirken bis heute eine Menge. Occupy ist immer noch da – man muss nur die Abertausenden von Formen erkennen lernen, in denen es sich zeigt, denn keine hat Ähnlichkeit mit Occupy Wall Street, also einer Menschenmenge auf einem Platz an der Südspitze Manhattans.

Ebenso halte ich es für einen Fehler, das Zusammenkommen von Stämmen und Aktivist*innen in Standing Rock, North Dakota, allein daran zu bemessen, ob es eine Pipeline verhindert hat oder nicht. Man könnte doch einen Schritt weitergehen und feststellen: Allein die Verzögerung der Fertigstellung über den 1. Januar 2017 hinaus hat die Investoren ein Vermögen gekostet. Die gewaltige Protestbewegung hat zu einem massiven Kapitalabzug aus dem Projekt und zu viel kritischer Inaugenscheinnahme bis dahin unsichtbar agierender Konzerne und unter der Hand ablaufender Umweltzerstörung geführt, was den Bau von Pipelines heute als ein deutlich risikobehafteteres, potenziell weniger profitables Geschäft aussehen lässt.

Außerdem reichte Standing Rock weit über diese konkret greifbaren Konsequenzen hinaus: Auf seinem

Höhepunkt war es so gut wie sicher die größte politische Zusammenkunft von Native North Americans aller Zeiten. Seit der Schlacht von Little Bighorn und dem Sieg über General Custer 1876 war es angeblich das erste Mal überhaupt, dass alle sieben Stämme der Lakota zusammenkamen – was einem oft so unsichtbaren Volk zu weltweiter Sichtbarkeit verhalf. Was dort geschehen ist, verhinderte vielleicht nicht bloß eine einzelne Pipeline, sondern eröffnete möglicherweise ein radikal neues Kapitel in der Geschichte von mehr als fünfhundert Jahren kolonialer Brutalität, Jahrhunderten voller Verlust, Entmenschlichung und Enteignung. Tausende Veteran*innen der Armee kamen, um das Zeltlager zu verteidigen und den Kampf zur Verhinderung der Pipeline zu unterstützen. Viele der ehemaligen Soldat*innen gingen bei einer folgenschweren Zeremonie auf die Knie, um sich zu entschuldigen und um Vergebung zu bitten für die Rolle, die die US-Armee bei der Unterdrückung der Native Americans über lange Zeit gespielt hat. Ähnlich wie bei der Besetzung der Insel Alcatraz durch Native Americans von 1969 bis 1971 hat Standing Rock ein Gefühl von Handlungsmacht, Stolz und Schicksalhaftigkeit zuwege gebracht. Standing Rock ist eine Affirmation von Solidarität und gegenseitiger Verbundenheit, eine Lektion für Menschen, die vorher nicht viel Ahnung hatten von den Beweggründen der Natives, und eine Bestärkung für die Native People, die sich an die Geschichte oft bis ins leidenschaftlichste Detail erinnern. Es ist eine Versicherung, dass es tiefe Verbundenheit gibt zwischen der Klimarettungsbewegung und denjenigen, die sich für indigene Rechte einsetzen, was ganz stark mit hineingespielt hat, als Pipeline-Projekte in und aus Kanada gestoppt wurden. Standing Rock als Ereignis hat junge Menschen, die noch ein halbes Jahrhundert oder mehr gute Arbeit machen können, inspiriert und informiert. Es war ein Signalfeuer, dessen Bedeutung weit über seinen konkreten Ort und seine konkrete Zeit hinausweist.

Die Geschichte zu kennen heißt, in der Lage zu sein, über die eigene Gegenwart hinauszublicken; wer sich an die Vergangenheit erinnert, vermag gleichzeitig nach vorn zu blicken, zu erkennen, dass alles in ständigem Wandel befangen ist und dass die tiefgreifendsten Veränderungen oft diejenigen sind, die am wenigsten abzusehen waren.

Die Anti-Atomkraft-Bewegung der siebziger Jahre hatte zu ihrer Zeit eine starke Wirkung, woran allerdings heute nur noch selten erinnert wird, obwohl ihr Einfluss noch immer spürbar ist. In ihrem wichtigen Buch *Direct Action: Protest and the Reinvention of American Radicalism* (2017) berichtet L. A. Kauffman, dass die erste bedeutende US-amerikanische Bewegung gegen Atomkraft 1976 ein Vorbild fand in einem außergewöhnlichen Protest, der ein Jahr zuvor in Westdeutschland stattgefunden und die deutsche Regierung dazu veranlasst hatte, Pläne zum Bau eines Kernkraftwerks aufzugeben. In den USA formierte sich die sogenannte »Clamshell Alliance« und stellte sich dem Bau eines Reaktors in New England entgegen. Trotz überaus kreativer Taktiken, einem großartigen Zulauf für die Bewegung und ausführlicher Berichterstattung in den Medien konnten die Aktivist*innen den Bau des Kernkraftwerks Seabrook in New Hampshire nicht stoppen. Aber sie wurden zum Vorbild für eine Schwesterorganisation in Kalifornien, der »Abalone Alliance«, die mit ganz ähnlichen Strategien versuchte, die Inbetriebnahme des Kernkraftwerks Diablo Canyon zu stoppen.

Beide Gruppen protestierten gegen je ein ganz bestimmtes Kernkraftwerk; beide Kraftwerke gingen trotzdem in Betrieb. Man kann das als Scheitern des Protests beschreiben. Kauffman jedoch stellt fest, dass die Aktionen Menschen im ganzen Land dazu gebracht haben, ihre eigenen Anti-AKW-Gruppen aufzubauen und eine Bewegung zu bilden, die es geschafft hat, dass im Laufe der kommenden Jahre über 100 Nuklearanlagen abgeschaltet werden; eine Bewegung, die in der Öffentlichkeit viel Aufmerksamkeit bekommen und die öffentliche Meinung über Kernkraft insgesamt verändert hat. Und dann kommt Kauffman noch zu einem wirklich fesselnden Punkt, wenn sie nämlich schreibt, das bemerkenswerteste Vermächtnis der Clamshell Alliance sei »die Ausformulierung und Bekanntmachung dessen gewesen, was während der nächsten vierzig Jahre zum dominanten Modell für die Organisation groß angelegter Protestaktionen werden sollte ... Einem Modell, dessen sich auch die ›Pledge of Resistance‹ bediente, ein landesweites Netzwerk von Gruppierungen, die in den achtziger Jahren gegen die US-Politik in Mittelamerika mobil machten.«

Kauffman fährt fort: »Hunderte weitere wandten es im Herbst jenes Jahres bei einer Aktion des zivilen Ungehorsams an, mit der gegen das homophobe Sodomie-Urteil des obersten Gerichts im Fall *Bowers vs. Hardwick* protestiert wurde. Auch die Aids-Aktivistengruppe ACT UP bediente sich dieses Modells, als sie 1988 die plakative Besetzung der Arzneimittelzulassungsbehörde und 1990 die der Nationalen Gesundheitsinstitute organisierte, um auf beide Institutionen Druck auszuüben, sich schneller und hartnäckiger für die Freigabe längst getesteter Aids-Medikamente zu engagieren.« Und diese Liste geht weiter, bis hinein in unser Jahrtausend.

Aber welche Strategien und Organisationprinzipien waren es, die die Clamshell-Aktivist*innen sich da ausgedacht haben? Die kurze Antwort: gewaltfreie direkte Aktion nach außen und konsensuelle Entscheidungsfindung nach innen. Die Geschichte von Ersterer reicht einmal rund um die Welt; die von Letzterer geht zurück zu den frühen europäischen Dissident*innen in Nordamerika. Sprich: Gewaltlosigkeit als politische Strategie wurde von Gandhi formuliert; erstmalig angewendet wurde sie von den Bürger*innen indischer Herkunft, die am 11. September 1906 in Südafrika gegen Diskriminierung protestierten. Direkt im Anschluss bekam der junge Anwalt Gandhi bei einer Reise nach London ein noch deutlich stärkeres Gefühl dafür, wie groß Möglichkeiten und Einfluss sein können: Drei Tage nach seiner Ankunft besetzten britische Frauen, die für ihr Wahlrecht kämpften, das britische Parlament. Elf wurden verhaftet, weigerten sich aber, das verhängte Bußgeld zu bezahlen, und mussten deswegen ins Gefängnis. Sie hinterließen bei Gandhi einen tiefen Eindruck.

In einem Artikel mit dem Titel »Deeds Better than Words« schrieb er über diese Frauen. Er zitierte auch Jane Cobden, die Schwester einer der Verhafteten: »Nie werde ich mich an ein Gesetz halten, bei dessen Zustandekommen ich keinerlei Handhabe hatte; ich werde die Autorität des Gerichts, das diese Gesetze anwendet, nicht akzeptieren.« Gandhi erklärte: »Heute noch lacht das ganze Land über sie, und nur wenige stehen auf ihrer Seite. Aber unverzagt und unerschütterlich setzen sich diese Frauen für ihr Anliegen ein. Ganz sicher werden sie Erfolg haben und das Wahlrecht bekommen.« Und er erkannte: Wenn diese Frauen erfolgreich sein konnten, dann konnten das auch die indischen Bürger*innen im britisch regierten Südafrika, die für ihre Rechte kämpften. Im selben Artikel (von 1906!) prophezeite er: »Die Zeit wird kommen, in der Indiens Fesseln von allein reißen.«

Ideen sind ansteckend, Gefühle sind ansteckend, Hoffnung ist ansteckend, Mut ist ansteckend. Wenn wir diese Eigenschaften – oder ihre Gegenteile – verkörpern, geben wir sie an andere weiter.

Will sagen: Britische Suffragetten, die 1918 das eingeschränkte und 1928 das volle Wahlrecht für Frauen erstritten, haben einen Inder begeistert und angeregt, einen Mann, der dann zwanzig Jahre später eine zentrale Rolle spielte bei der Befreiung des asiatischen Subkontinents von der britischen Herrschaft. Dieser Inder wiederum inspirierte einen Schwarzen im US-amerikanischen Süden dazu, sich mit seinen Ideen und ihrer Umsetzung zu beschäftigen. Nachdem er 1959 eine Pilgerreise nach Indien unternommen hatte, um Gandhis Erben zu treffen, schrieb Martin Luther King: »Schon als der Boykott in Montgomery lief, war Indiens Gandhi die Leitfigur für unsere Technik gewaltloser gesellschaftlicher Veränderung. Wie oft haben wir von ihm gesprochen.« Diese von der amerikanischen Bürgerrechtsbewegung weiterentwickelte Technik wiederum wurde dann von der ganzen Welt aufgegriffen, unter anderem beim Kampf gegen die Apartheid am einen und im Arabischen Frühling am anderen Ende des afrikanischen Kontinents.

Die Beteiligung an der Bürgerrechtsbewegung Anfang der sechziger Jahre hat das Leben vieler stark geprägt. Zum Beispiel das von John Lewis, einem der ersten Freedom Rider und in jungen Jahren schon Anführer der Imbiss-Sit-ins; bei einem der Protestmärsche von Selma nach Montgomery wurde er brutal zusammengeschlagen und trug einen Schädelbruch davon. Jahrzehnte später war Lewis einer der Abgeordneten im Repräsentantenhaus, die Trumps Legitimität am lautstärksten infrage stellten. Er brachte Dutzende weitere demokratische Abgeordnete dazu, der Amtseinführung fernzubleiben. Und als schon eine Woche nach Trumps Inauguration seine Angriffe auf muslimische Flüchtlinge und Einwanderer begannen, kam Lewis zum Flughafen von Atlanta, um dort zu protestieren.

Als die Frauen seinerzeit im Parlament verhaftet wurden, kämpften sie für das Wahlrecht britischer Frauen. Ihre Emanzipation war erfolgreich. Gleichzeitig aber gaben sie auch ihr taktisches Wissen, ihre leidenschaftliche Tatkraft und ihren zivilen Ungehorsam weiter. Man kann eine Linie ziehen zurück zur Anti-Sklaverei-Bewegung, die wiederum Inspiration war für den Einsatz amerikanischer Frauen für ihr Wahlrecht, und weiter in Richtung unserer Gegenwart bis hin zu John Lewis, der am Flughafen von Atlanta aufsteht für Geflüchtete und Muslime. Wir werden mitgerissen von den Heldinnen und Helden, die vor uns kamen und die den Möglichkeiten und der Phantasie Tür und Tor geöffnet haben.

Michel Foucault schrieb: »Die Leute wissen, was sie tun; häufig wissen sie, warum sie das tun, was sie tun; was sie aber nicht wissen, ist, was ihr Tun tut.« Man tut, was man kann. Was man getan hat, tut vielleicht mehr für nachfolgende Generationen, als man sich vorstellen kann. Man pflanzt einen Samen, und es wächst ein Baum daraus; aber ob er Früchte trägt, Schatten wirft, zum Lebensraum für Vögel wird, mehr Samen bringt, ob aus ihm ein Wald wird, Holz, um eine Wiege oder ein Haus zu bauen? Man weiß es nicht. Ein Baum kann sehr viel länger leben als man selbst. Eine Idee auch. Manchmal verändert schon die Akzeptanz einer neuen Ansicht über das, was wahr und richtig ist, die ganze Welt. Man tut, was man tun kann; man tut sein Bestes; darauf, was das eigene Tun bewirkt, hat man keinen Einfluss.

In diesem Sinne sollte man sich erinnern an das Vermächtnis der Praxis gewaltlosen Widerstands, wie er in den siebziger Jahren von der Anti-Atomkraft-Bewegung und in den sechziger Jahren von der Bürgerrechtsbewegung angewandt wurde – die beide so viel dafür getan haben, diese Technik zu erweitern und zu verfeinern.

In Sachen der internen Abläufe schreibt Kauffman in *Direct Action* über das, was die Clamshell Alliance beeinflusst hat, und zitiert hierzu ein ehemaliges Mitglied der Gruppe, Ynetra King: »Gewisse Schemata schauten wir uns beim Feminismus ab und passten sie ganz organisch der aktuellen Situation an, gleichzeitig wurde ein gewisser Grundethos des respektvollen Umgangs miteinander noch durch die Quäker-Tradition verstärkt.« Kauffman berichtet, wie von den Quäkern beeinflusste Gründungsmitglieder der Alliance, Sukie Rice und Elizabeth Boardman, die Quäker-Praxis der konsensgestützten Entscheidung in die neue Gruppe einbrachten: »Wir wollten sicherstellen, dass keine Stimme zum Schweigen verdammt wurde, dass es keine Trennlinie gab zwischen den Entscheidern und dem Fußvolk.« Seit dem 17. Jahrhundert sind die Quäker radikale Dissidenten und haben sich gegen Kriege, hierarchische Strukturen und einiges mehr gestellt. Eine Aktivistin namens Joanne Sheehan erzählt: »Antigewalttrainings, Aktionen in der Kleingruppe und die Zustimmung zum Grundprinzip der Gewaltlosigkeit waren nicht neu. Neu war, all das zusammenzubringen mit dem Bekenntnis zur Konsensentscheidung und der nicht-hierarchischen Struktur.« Sie bahnten so einen Weg für Vorgehensweisen und Aktionsformen, die sich in der gesamten progressiv-aktivistischen Welt verbreiten sollten.

Es kursieren fürchterliche Geschichten darüber, wie Viren – HIV zum Beispiel – von Spezies zu Spezies springen und dabei mutieren. Aber auch Ideen und Taktiken springen von Community zu Community und mutieren dabei – was uns zugutekommt. Man kennt dieses böse Wort für alle Nichtkombattant*innen, die im Krieg als eine Art Nebenprodukt der kriegerischen Gewalt getötet werden: *Kollateralschaden*. Vielleicht ist das, was ich hier vorschlage, die Idee eines *Kollateralnutzens*.

Was wir Demokratie nennen, ist oft die Herrschaft einer Mehrheit, die die Minderheit – auch wenn diese aus 49,9 Prozent der Bevölkerung besteht oder, wie bei einer dreistufigen Abstimmung, sogar aus noch mehr – im Regen stehen lässt. Bei einem Konsensverfahren bleibt niemand außen vor. Nach den Clamshell-Protesten sprang dieses Vorgehen über auf jedwede radikale Politik und verpasste ihr ein neues Auftreten: Sie wurde wohlwollender, inklusiver und gleichberechtigter. Das Entscheiden via Einstimmigkeit wurde dann von so gut wie jeder Bewegung, bei der ich dabei war oder deren Zeugin ich wurde, weiterentwickelt, verbessert und benutzt: angefangen bei den Anti-Atom-Protesten am Testgelände in Nevada in den achtziger und neunziger Jahren über die organisierte Verhinderung der WTO-Ministerkonferenz in Seattle Ende 1999 – ein Sieg über den Neoliberalismus, der das Schicksal der Welt veränderte – bis hin zu Occupy Wall Street im Jahr 2011 und danach.

Was also hat die Clamshell Alliance erreicht? Alles – außer ihrem vermeintlichen Ziel. Sie hat Methoden und Werkzeuge zur Verfügung gestellt, um die Welt immer wieder zu verändern, und außerdem hat sie uns eine Vision davon geliefert, wie diese Tools gleichberechtigt und inklusiv zu benutzen sind. Verbrechen werden verübt gegen die Menschlichkeit und gegen die Natur, daneben gibt es noch viele weitere Formen der Zerstörung, die wir so schnell wie möglich stoppen und abstellen müssen. Bestrebungen, das zu tun, gibt es bereits. Ihr Wissen haben sie von früheren Aktivist*innen, ihnen stehen die Werkzeuge zur Verfügung, die diese entwickelt haben. Aber die Bemühungen, gegen all das anzugehen, könnten ein noch nachhaltigeres Vermächtnis haben, wenn wir lernen würden, Kollateralnutzen und indirekte Wirkungen anzuerkennen.

Sollten Sie ein Mitglied der Zivilgesellschaft sein und auf Demos gehen, oder sollten Sie den direkten Kontakt zu Ihren gewählten Volksvertreter*innen nicht scheuen und Menschenrechtsorganisationen Geld spenden, dann werden Sie immer wieder erleben, wie Politiker*innen, Richter*innen und Mächtige für die Veränderungen, die eigentlich Sie bewirkt haben, die Lorbeeren ernten oder sich Ihre Verdienste selbst auf die Fahnen schreiben – manchmal auch, nachdem sie sich zunächst dagegen ausgesprochen und diese Veränderungen abgelehnt haben. Trotzdem müssen Sie an Ihre Macht und Ihre Einflussmöglichkeiten glauben. Immer wieder werden Sie sich vergegenwärtigen müssen, dass viele der größten Siege darin bestehen, dass etwas *nicht* passiert: dass etwas nicht gebaut oder zerstört wird, dass etwas nicht dereguliert oder legitimiert, nicht in ein Gesetz gegossen oder kulturell toleriert wird. Eine Folge unserer Bemühungen ist, dass Dinge verschwinden – und wir vergessen, dass sie mal da waren, was wiederum bedeutet zu vergessen, was wir einst versucht und erreicht haben.

Sogar Verlieren kann zum Prozess gehören: Während Gesetzesentwürfe zur Abschaffung der Sklaverei im Britischen Weltreich wieder und wieder scheiterten, sickerten die dahinterstehenden Ideen in die Köpfe ein, bis schließlich, 27 Jahre nach der allerersten Gesetzesvorlage, eine überarbeitete Version durchs Parlament kam. Wir dürfen nicht vergessen, dass die Medien im Normalfall gern einfache, unmittelbare Geschichten erzählen, in denen es neben einem Gerichtsentscheid oder der Verabschiedung eines Gesetzes durch eine gewählte Körperschaft immer auch um die damit einhergehende Wohltätigkeit, kluge Einsicht oder Entwicklungsfähigkeit der jeweiligen Handlungsträger geht. Selten gehen Medien tiefer und recherchieren, wie die jeweilige Ansicht der aktuell politisch Handelnden durch viele Namenlose geprägt wurde, die nie Erwähnung finden werden, durch Menschen, deren Taten eine neue Welt oder eine neue Weltsicht erwirkt haben, auf einem Weg, wie ihn auch unzählige Korallen wählen, wenn sie ein Riff bauen.

Die einzige Kraft, die Tyrannei und Zerstörung stoppen kann, ist die Zivilgesellschaft, und zu dieser Gesellschaft gehört eine große Mehrheit von uns. Wir müssen uns bloß unserer Macht entsinnen und zusammenkommen. Unsere Aufgabe beginnt mit dem Widerstand gegen bestimmte zerstörerische Instanzen, sie ist aber noch nicht beendet, bevor wir nicht tiefreichende systemische Veränderungen bewirkt und uns mit ganzem Herzen eingesetzt haben – nicht nur für eine Revolution, denn eine Revolution ist nichts Dauerhaftes, sondern für eine Zivilgesellschaft mit den Werten Gleichheit, Demokratie, Inklusion und volle Teilhabe, also für ein radikales, zusätzlich noch empathisches *e pluribus unum.* Diese Aufgabe bedeutet in erster Linie, Geschichten zu erzählen – was manche meiner Freund*innen den »Kampf um die Geschichte« nennen. Uns unsere eigenen Geschichten auszudenken, sie uns einzuprägen, immer wieder zu erzählen und sie zu feiern gehört mit zu unseren Aufgaben.

Diese Art der Arbeit wird nur dann Gewicht bekommen, wenn sie weitergeführt wird. Und um sie weiterzuführen, müssen Menschen daran glauben, dass die Abertausenden von kleinen, schrittweise erfolgenden Aktionen bedeutsam sind. Dass sie auch dann von Bedeutung sind, wenn sie nicht sofort oder nicht offensichtlich wirken. Man muss sich vor Augen halten, dass man, auch wenn man es nicht schafft, ein konkretes Ziel zu erreichen – also einen ganz bestimmten Kandidaten, eine Pipeline oder ein Gesetz zu verhindern –, trotzdem eventuell den Gesamtzusammenhang verändert hat, und zwar so, dass weiterer Wandel zumindest wahrscheinlicher wird. Vielleicht hat man die Geschichte oder die Regeln latent verschoben, Methoden, Vorlagen oder Ermutigung an zukünftige Aktivist*innen weitergegeben und es für alle im eigenen Umfeld möglich gemacht, ihr Engagement fortzusetzen. Daran zu glauben, dass all das wichtig ist: In die Zukunft blicken können wir nicht, aber wir haben die Vergangenheit. Und die versorgt uns mit Mustern, Modellen, Parallelen, Prinzipien und Quellen, mit Held*innengeschichten, Geschichten über Ausdauer und Bravour – und mit der tiefempfundenen Freude darüber, dass etwas getan werden kann, das nicht belanglos ist. Mit alldem in der Hand können wir unsere Möglichkeiten nutzen und damit anfangen, aus Hoffnung Wirklichkeit werden zu lassen.

Danksagung

Schreiben tut man zwar allein, aber trotzdem geschieht es ganz sicher nicht in der Isolation. Nur im Alleinsein allerdings habe ich die Ruhe, zu denken und auf die Welt sowie auf das, was andere Leute gesagt haben, zu reagieren, obwohl alles, was ich schreibe, aus der Konversation mit anderen entsteht. Die Essays in diesem Buch haben sich aus erlebten Abenteuern und fortdauernden Gesprächen mit den Menschen heraus entwickelt, die mir besonders wichtig sind. Mein Dank geht an: Taj James, Erica Chenoweth, Jon Wiener, Astra Taylor, Sam Green, Marina Sitrin, Antonia Juhasz, L. A. Kauffman, Joan Halifax, Gavin Browning, Joshua Jelly-Schapiro, Garnette Cadogan, Cleve Jones, Maurice Ruffin, Alan Senauke, Melody Chavis und viele andere, mit denen ich im Laufe der letzten Jahre herumgegrübelt, demonstriert, gehofft und mir Sorgen gemacht habe. Ein ganz besonderer Dank geht an die Klimaschützer*innen, mit denen zusammenzuarbeiten ich in den vergangenen Jahren das große Glück hatte, darunter May Boeve, Anna Goldstein, David Solnit und Bill McKibben von 350.org; an Steve Kretzmann und das Team von Oil Change International, eine Organisation, in deren Vorstand ich neuerdings voller Stolz bin, und an meinen alten Freund und neuen Vorstandskollegen Renato Redentor Constantino. Und ich entschuldige mich bei den vielen Menschen, die ich hier unerwähnt lasse.

Sobald ein Text geschrieben ist, geht er natürlich zuerst an eine*n Redakteur*in, der/die ihn dann für die Veröffentlichung fertig macht, und ich schätze mich glücklich, für die hier versammelten Essays folgende Redakteurinnen und Redakteure gehabt zu haben: Dorothy Wickenden beim *New Yorker*, John Freeman und Jonny Diamond von Lithub, die herausragende Truppe von der *London Review of Books*, Christopher Beha (dem eine Extraportion Dank gebührt, weil er mir 2014 die Kolumne »The Easy Chair« übertragen hat) und Emily Cooke bei *Harper's*, Amana Fontanella-Khan und Merope Mills beim *Guardian* und schließlich meine Lektor*innen bei Haymarket Books, Anthony Arnove und Caroline Luft.

Ein besonders großer Dank gilt Elvira und Refugio Nieto, Adriana Camarena, Ely Flores, Oscar Salinas, Ben Bac Sierra und Jorge del Rio, dafür, dass sie mit mir über Alejandro Nieto gesprochen haben – sowie Sana Saleem, die wie ich als Berichterstatterin über den Prozess und den Mord gearbeitet hat. Und noch mehr Dankeschöns an Lewis DeSoto, dafür, dass er mir schon sehr früh in meinem Leben beigebracht hat, nicht nur mit jüdisch-christlichen Scheuklappen zu denken.

Den Essay »Break the Story« habe ich als Antrittsvorlesung an meiner Alma Mater gehalten, der Graduate School of Journalism an der Universität von Kalifornien, Berkeley, und ich bin dankbar sowohl dafür, dass ich vor einer so ausnehmend großartigen Gruppe zukünftiger Journalist*innen sprechen durfte, als auch für die ausgezeichnete Ausbildung, die ich selbst vor langer Zeit an dieser Universität erhalten habe, in Ethik wie in den Methoden der Berichterstattung, in Rechtlichem und in findiger Recherchekompetenz.

Was Jarvis Masters anbelangt, der mir weiterhin ein geschätzter Freund und ein erstaunliches Vorbild darin ist, was es heißt, unter außergewöhnlich harten Umständen seinen Anstand zu bewahren: Ich bedaure, dass mein Text über ihn in diesem Buch nicht rüberbringt, wie witzig er ist und welchen Spaß es macht, sich mit ihm zu unterhalten. Während der Zeit seiner Inhaftierung hat er viele verschiedene Formen der Befreiung Zustande gebracht, und das ist wundervoll.

Und wie immer: Danke an C.

Zitatnachweise

Das Zitat auf S. 26 f. stammt aus: F. Scott Fitzgerald, *Der große Gatsby*, übersetzt von Bettina Abarbarnell, Copyright der deutschen Übersetzung © 2006, 2007 Diogenes Verlag AG Zürich.

Das Zitat auf S. 55 f. stammt aus: George Orwell, *1984*, übersetzt von Michael Walter, mit einem Vorwort von Thomas Michael Disch, München: Heyne Verlag 2002.

Die Zitate auf S. 104 und 114 stammen aus: Martha Nussbaum, *Zorn und Vergebung. Plädoyer für eine Kultur der Gelassenheit*, übersetzt von Axel Walter, Darmstadt: wbg 2017.

Die Zitate auf S. 228 stammen aus: George Orwell, *1984*, übersetzt von Kurt Wagenseil, Zürich: Diana Verlag 1950/1973.

Mehr von Rebecca Solnit

Unziemliches Verhalten. Wie ich Feministin wurde
Aus dem amerikanischen Englisch von Kathrin Razum
272 Seiten, gebunden
Hoffmann und Campe Verlag
ISBN 978-3-455-00953-8

»Rebecca Solnit hat den Begriff ›Mansplaining‹ erfunden. In ihrem beeindruckenden Memoir erzählt sie ihren persönlichen Weg zur feministischen Freiheit.« *Die Welt*

Wie sich die eigene Stimme finden lässt, wenn die Gesellschaft Schweigen befiehlt

Im San Francisco der achtziger Jahre herrscht eine harsche Atmosphäre der Misogynie, Gewalt gegen Frauen ist an der Tagesordnung. Hier zieht eine junge Frau in ihre erste eigene Wohnung, schafft sich einen Freiraum zum Denken, Schreiben, Formulieren. Hier wird Rebecca Solnit eine andere, überwindet ihr Schweigen, die eigene Unsichtbarkeit. Vor dem Hintergrund von Punk, Gay Pride und der zweiten Welle des Feminismus wagt sie, ihre Stimme zu erheben gegen Unterdrückung und Unrecht. Sie wird zur Aktivistin, zur öffentlichen Person und zur wichtigen Intellektuellen. Ein elektrisierender Bericht über vierzig Jahre gelebten Feminismus, über Rückschläge, Meilensteine und den Triumph des eigenen Ichs.

»Wie sie ihren eigenen Befreiungs- und Selbstfindungsprozess von der persönlichen auf die gesamtgesellschaftliche Ebene hebt, ist brillant.« *Deutschlandfunk Kultur*

Wenn Männer mir die Welt erklären
Aus dem amerikanischen Englisch von Kathrin Razum und Bettina Münch
224 Seiten, gebunden
Hoffmann und Campe Verlag
ISBN 978-3-455-50352-4

Rebecca Solnit ist eine der wichtigsten feministischen Denkerinnen unserer Zeit. Ihr Essay »Wenn Männer mir die Welt erklären« hat weltweit für Furore gesorgt: Scharfsinnig analysiert Solnit männliche Arroganz, die die Kommunikation zwischen Männern und Frauen erschwert. Voller Biss, Komik und stilistischer Eleganz widmet sie sich in ihren Essays dem augenblicklichen Zustand der Geschlechterverhältnisse. Ein Mann, der mit seinem Wissen prahlt, in der Annahme, dass seine Gesprächspartnerin ohnehin keine Ahnung hat – jede Frau hat diese Situation schon einmal erlebt. Rebecca Solnit untersucht dieses Phänomen und weitere Mechanismen von Sexismus. Leidenschaftlich, präzise und mit einem radikal neuen Blick zeigt Rebecca Solnit auf, was längst noch nicht selbstverständlich ist: Für die Gleichberechtigung von Frauen und Männern gilt es, die Stimme zu erheben.

Die Mutter aller Fragen
Aus dem amerikanischen Englisch
von Kirsten Riesselmann
320 Seiten, gebunden
ISBN 978-3-455-00177-8
Hoffmann und Campe Verlag

»Ein mitreißendes Plädoyer für die Wandelbarkeit unserer Vorstellungen.« *die taz*

»Warum haben Sie keine Kinder?« Diese »Mutter aller Fragen« wird Rebecca Solnit hartnäckig von Journalist*innen gestellt, die sich mehr für ihren Bauch als für ihre Bücher interessieren. Warum gilt Mutterschaft noch immer als Schlüssel zur weiblichen Identität? Die Autorin findet die Antwort darauf in der Ideologie des Glücks und tritt dafür ein, lieber nach Sinn als nach Glück zu streben.
Außerdem erklärt sie in ihren Essays, warum die Geschichte des Schweigens mit der Geschichte der Frauen untrennbar verknüpft ist, warum fünfjährige Jungen auf rosa Spielzeug lieber verzichten, und nennt achtzig Bücher, die keine Frau lesen sollte. Sie schreibt über Männer, die Feministen und Männer, die Vergewaltiger sind, und setzt sich gegen jegliches Schubladendenken zur Wehr. Ein wichtiges, Mut machendes Buch aus dezidiert feministischer Perspektive, über und für alle, die Geschlechteridentitäten infrage stellen und für eine freiere Welt eintreten.

»Für Solnit ist Feminismus nicht beschränkt auf die Erfahrungswelt von Frauen, sondern Teil eines größer angelegten Befreiungsprojekts. Sie macht gleich zu Beginn klar, dass sie Männer ebenso wie Frauen, Kinder oder People of Color und Menschen, die die Geschlechterbinarität und -grenzen infrage stellen, einbezieht.«
Spiegel Online